CARPE DIEM

카르페 디엠

현재를 잡아라

SPERO SPERA, DUM SPIRO SPERO

스페로 스페라, 둠 스피로 스페로

숨 쉬는 한 희망은 있다

OMNE INITIUM DIFFICILE EST

옴네 이니티움 디피킬레 에스트

처음은 항상 어렵다

AUDACES FORTUNA IUVAT

아우다케스 포르투나 유바트

행운은 용감한 자에게 미소 짓는다

알아두면 잘난 척하기 딱 좋은
라틴어 격언집

알아두면 잘난 척하기 딱 좋은
라틴어 격언집

초판 1쇄 발행 · 2021년 5월 10일
초판 4쇄 발행 · 2022년 3월 25일

원작자 · 데시데리위스 에라스뮈스
엮은이 · 로버트 블랜드
옮긴이 · 강대웅 · 임경민
펴낸이 · 이춘원
펴낸곳 · 노마드
기 획 · 강영길
편 집 · 온현정
디자인 · 블루
마케팅 · 강영길

주 소 · 경기도 고양시 일산동구 무궁화로120번길 40-14(정발산동)
전 화 · (031) 911-8017
팩 스 · (031) 911-8018
이메일 · bookvillagekr@hanmail.net
등록일 · 2005년 4월 20일
등록번호 · 제2014-000023호

ISBN 979-11-86288-45-0 (03190)

알아두면 잘난 척하기 딱 좋은

라틴어 격언집
Latin Proverbs from Adagia
A Perfect Book for Humblebrag

데시데리위스 에라스뮈스 원작

로버트 블랜드 엮음

김대웅 · 임경민 옮김

nomad
노마드

전 세계인의 명언집 『아다지아』

이 책의 근간이 되는 에라스뮈스(Desiderius Erasmus)의 『아다지아(Ada-gia)』는 그리스·로마의 철학자, 작가, 정치가 등의 명언들을 한데 모아 1500년에 파리에서 『고전 격언집(Collectanea Adagiorum)』이라는 제목으로 처음 선보였다. 첫 출간 후 사람들에게 꾸준히 관심을 받고 읽힌 이 책은 저자 살아생전에 증보판을 거듭 펴냈다.

1508년 에라스뮈스는 항목을 3천 개로 늘리고, 여기에 풍부한 주석을 단 논평들과 정치적이고 도덕적인 주제에 대한 짧은 단상들을 덧붙여 『수천 개의 격언집(Adagiorum chiliades)』이라는 제목으로 출간했다. 이후 저자가 세상을 떠난 1536년까지 계속 증보되었는데, 최종적으로는 4,151개의 항목을 수록한 방대한 모음집이 되었다.

에라스뮈스의 『아다지아』에 실린 항목들은 유럽에서 아주 일상적이고 상투적인 표현이 되었고, 이제는 우리에게도 아주 친숙한 표현들이 많이 있다.

『아다지아』는 고전·고대 문학에 대한 전형적인 '르네상스적 태도'를 반영하고 있다. 다시 말하면, 고전 작가들에 의해 처음으로 드러난 '시대를

알브레히트 뒤러, 〈데시데리우스
에라스뮈스〉(동판화, 1526)

한스 홀바인, 〈에라스뮈스의 손〉(1523)

초월한 지혜의 표현들'이 르네상스 시대에 변용되고 확장되었던 것이다. 그것은 또한 현대 휴머니즘의 표현이기도 하다. 결국 『아다지아』는 고전 문학을 더욱 광범위하게 고찰할 수 있는 지적 환경을 통해서 완성될 수 있었다. 그러므로 고전·고대의 지혜를 발휘하여 자기의 주장을 펴는 능력이 학문적으로나 심지어 정치적 담론의 중요한 부분이었던 시대에 출간된 에라스뮈스의 『아다지아』가 당시에 가장 인기 있는 책들 중 하나였다는 사실은 그리 놀라운 일이 아니다.

　에라스뮈스는 중년 이후에 당시 본격화되던 루터의 종교개혁에, 즉 교회 권력에 대한 루터의 비판에 호의적이기는 했으나 극단적인 신앙을 싫어했다. 그래서 종교개혁에 반대하는 로마 가톨릭과 찬성하는 개신교 양 세력이 에라스뮈스를 끌어들이기 위해 도움을 요청했을 때 그는 중도적인 입장을 취했다.

　이 때문에 그는 로마 가톨릭과 개신교 양쪽으로부터 비난을 받고 곤경에 처한다. 특히 로마 교황청은 그를 공격하면서 『아다지아』에서 삭제할 부분을 세부적으로 지정해 교구에 지시했으며, 다른 저작물들은 목록을 만들어 작품 자체를 통째로 금지하거나 허용했다. 하지만 지극히 세부적인 해설이 달린 고대 그리스 및 라틴어 격언의 기념비적인 모음집 『아다지아』는 금지 도서(index expurgatorius)로 지정할 수도 없고 그렇다고 일독을 권장하기도 힘든 그런 책이었다.

에라스뮈스가 유려한 문체로 고대 그리스 로마 세계를 보여 준 『아다지아』는 이미 그때쯤에는 사람들 사이에 필독해야 할 교과서로 자리 잡은 상태였다.

이곳 우리 수도원에서 그들은 『아다지아』 두세 권을 포함해서 에라스뮈스의 몇몇 작품들을 불태웠죠. 이제 알렉산드리노 추기경의 허가가 있어, 다시 『아디지아』를 소장할 수도 있지 않을까 생각하고 있습니다. 만일 소장하는 게 가능하다면 당신은 그 책을 구입하는 게 적절하다고 생각하시는지

에라스뮈스의 이름이 빠진 1575년판 『아다지아』

궁금하군요. 이곳 교수들이 그 책을 무척이나 갖고 싶어 하는군요.*

1562년에 이미 '트리엔트 공의회(Council of Trient)'**의 금서목록위원회는 레지오의 주교 가스파레 아 포소(Gaspare a Fosso)와 교황의 인쇄업자 파올로 마누치오—저 유명한 알도 마누치오(Aldo Manuzio)***의 아들—에게 가톨릭 신앙과 배치되는 내용을 삭제한 『아다지아』의 출판를 의뢰하는 타협을 선택했다. 이것은 1575년에 출판되어 이후 가톨릭교회는 오로지 이 판만을 출판하도록 허용해 왔다.

그런데 편집자들의 눈에 가톨릭 신앙과 배치되는 내용이란 과연 무엇이었을까?

무엇보다 에라스뮈스라는 이름 자체가 가톨릭 신앙과 충돌한다. 에라스뮈스라는 이름이 일정한 교파적 색채를 띠면서 그에게 이단이라는 혐의와 함께 신뢰할 수 없다는 일정한 편견이 들씌워졌고 결국 편집자들은 미래의 학생들이 그가 설파하는 지식을 모르는 편이 낫다고 생각하게 되었다.

동시에 그들은 일인칭 단수로 표현된 모든 단어를 일인칭 복수나 삼인칭 단수 수동형으로 바꿔 버렸다. 예를 들면, 에라스뮈스 유파들이 사용한 라틴어의 'invenio', 즉 '나는 이러저러한 점을 발견하다'라는 표현을 'invenimus', 즉 '우리는 이러저러한 점을 발견하다' 또는 'invenitur', 즉

---

*   1560년 나폴리의 예수회 수녀원에서 살메론(Salmerón)이 라이네즈(Laínez) 총장에게 보낸 서한 중에서.

**   가톨릭교회가 1545~1563년 이탈리아 북부 트리엔트에서 종교개혁에 맞서 가톨릭의 교리와 체계를 재정비하기 위해 개최한 종교회의.

*** 베네치아의 인쇄·출판업자로 출판계의 미켈란젤로로 불린다. 이탤릭체와 세미콜론의 개발자로도 알려져 있다.

'그것이 이러저러하다는 사실이 발견되다'로 바꿨다. 그러나 이로 인해 그들은 오히려 옛 격언을 고대 집단지성의 형식이라 생각했던 에라스뮈스의 정신을 그대로 받아들인 셈이 되었다.

편집자들은 성경과 교부(教父)들에 대해 언급한 부분을 모두 삭제했는데, 이러한 언급들 대부분이 딱히 이단적 색채를 띠고 있다고 할 수 없지만 세속의 영역과 종교의 영역을 보다 명확히 구분하기 위한 조치였다. 또한 편집자들은 격언을 명백히 성경적으로 활용하는 모든 인용을 배제했다. 예를 들면, "아버지가 신 포도를 먹었으므로 아들들의 이가 시다"(예레미야 31:29)든가 "우리가 너희를 향하여 피리를 불어도 너희가 춤추지 않고 우리가 슬피 울어도 너희가 가슴을 치지 아니하였다"(마태복음 11:17) 등이 그것이다.

또한 편집자들은 재치 있는 정치적 표현과 궤도를 벗어난 사회적 비판, 그리고 작품을 한결 생동감 있게 해 주었던 당대의 저자, 저작물, 인물 등에 대한 언급 대부분을 삭제했다. 이로 인해 "사람은 왕이든 바보든 어느 한쪽으로 태어난다(Aut regem, aut fatuum nasci oportere)"와 같은 항목들은 단락 전체 또는 일부 구절이 책에서 모습을 감추고 어떤 항목의 경우에는 항목 전체가 사라지기도 했다.

그리고 편집자들이 책을 만들면서 저마다 실수를 저질렀다. 항목 자체를 삭제해 놓고는 그 항목과 아무런 관련도 없는 글들을 실수로 남기기도 했다. 또한 'clepsydra perstillantior(모래시계 안의 모래보다 더 빨리 흘러내린다)'를 'clepsydra pestilentior(모래시계보다 더 해롭다)'로 잘못 읽는 실수를 저질렀다. 이로 인해 미심쩍은 부분들을 원본과 대조할 기회를 아예 박탈당한 가톨릭교 독자들은 그런 부분을 만나면 골머리를 싸맬 수밖에 없었다.

〈에라스뮈스 자화상〉

1575년 삭제 지침이 적용된 『아다지아』가 출판된 이후 그 외의 다른 판형을 습득하는 일 자체가 금지되었을 뿐만 아니라 이미 출판된 판형도 삭제 지침을 받아들여 재출판해야 했다. 하지만 이러한 검열은 그 요구 조건을 완벽히 충족한다 해도 썩 가치 있는 일은 아니었다. 당시 사람들은 처음으로 고대 그리스·로마 시대를 향해 창문을 활짝 열어젖힌 그 책과 관련해서 누구에게 감사해야 할지를 정확히 알고 있었다. 그리고 프로테스탄트 국가들에서는 『아다지아』가 꾸준히 출판되었고 거기에 수많은 새로운 격언을 증보하기조차 했다. 이러한 여러 인쇄본은 가톨릭 수녀원과 교구의 도서관에서도 찾아볼 수 있었는데, 에라스뮈스의 이름이 일정한 방식으로 삭제된 경우는 없었다.

이렇듯 우여곡절을 겪은 『아다지아』는 오늘날 전 세계인의 애독서로 번듯하게 자리 잡고 있다. 앞으로도 너무 일찍 태어난 계몽주의자 '에라스뮈스의 이름은 영원히 지워지지 않을 것이다(Nomen Erasmi nunquam peribit).'

이 책을 번역하는 데 참고한 책과 사이트는 다음과 같다

* Erasmus, Desiderius. *Adages*. Ed. William Barker. Toronto: University of Toronto Press, 2001.
* *List of the proverbs From the 1703 Leiden Opera omnia*, Leiden University.
* Hugh Moore, *A dictionary of quotations from various authors in ancient and modern languages*(1831)
* Henry Thomas Riley, *A Dictionary of Latin and Greek Quotations, Proverbs, Maxims and Mottos, Classical and Mediæval: Including Law Terms and Phrases*, Adamant Media Corporation, 2004.
* Jon R. Stone, *Latin for the Illiterati: A Modern Guide to an Ancient Language*, Routledge, 2009.
* Latin proverbs–Wikiquote(https://en.wikiquote.org/wiki/Latin_proverbs)
* ONLINE LATIN DICTIONARY(https://www.online-latin-dictionary.com/)
* List of Latin phrases(https://en.wikipedia.org/wiki/List_of_Latin_phrases)
* Enchiridion, seu, Fasciculus adagiorum selectissimorum
* Adagia in Latine and English containing five hundred proverbs

본문에는 라틴어 발음을 일일이 표기하지 않았다. 기본적으로 라틴어는 철자에 따라 발음이 일정하기 때문이다. 즉 c는 (ㅋ 또는 ㅅ이 아니라) [ㅋ], g는 (ㄱ 또는 ㅈ이 아니라) [ㄱ]이며, nc는 [ㅇ], th는 [ㅌ], ph는 [ㅍ], x는 [ㅋㅅ]다. 문제는 교회 라틴어의 발음이 고전 라틴어와 차이가 있다는 점이다. 특히 v의 발음이 그렇다. 예를 들어, via는 고전 라틴어로는 [위아], 교회 라틴어로는 [비아]라고 읽는다. 또한 Scientia는 각각 [스키엔티아], [시엔티아]로 읽는다. 이중모음(ae 등), 예컨대 coronae를 고전 라틴어로는 [코로나이], 교회 라틴어로는 [코로네]라고 읽는다. 이런 이유로 라틴어 발음은 본문에 표기하지 않았다. 다만, 이 책의 부록에 병기된 라틴어 발음이 도움이 되었으면 한다. 기본적으로 고전 라틴어 발음으로 표기했으나, v의 발음 등은 현재에 더 많이 사용되고 있는 교회 라틴어를 따른 것도 있다.

차 ___ 례

운이 좋은 쪽으로 기운다
Ad felicem inflectere parietem

검은 피부를 하얗게 할 수 없다
Asinum sub froeno currere doces

한 발을 카론의 배에 올리다
Alterum pedem in cymba Charontis habere

사람들은 왕이나 바보 둘 중 하나로 태어난다
Aut regem aut fatuum nasci oportuit

사람으로 한 번, 어린아이로 두 번 산다
Bis pueri senes

좋은 징조, 나쁜 징조
Bonis avibus

바다를 건넌 자들에게 달라진 건 하늘뿐,
그들의 영혼은 그대로다
**Caelum non animum mutant qui trans
mare currunt**

나는 신이 불합리하기에 믿는다
Credo qvia absurdum

운명은 세상을 지배하고,
만물은 법칙에 따라 존재한다
**Fata regunt orbem!
Certa stant omnia lege!**

운명의 여신은 대담한 자 편이다
Fortes fortuna adiuvat

행운은 유리로 만들어졌다
Fortuna vitrea est

오늘은 재수 옴 붙은 날
Hodie nihil succedit

늑대는 털은 바꿔도 마음은 못 바꾼다
Lupus pilum mutat, non mentem

불행은 기다리지 않아도 부지불식간에 찾아온다
Mala ultra adsunt

여자는 악이지만 필요악이다
Malum est mulier, sed necessarium malum

죽음은 모든 이에게 찾아온다
Mors omnibus communis

죽는다는 것을 기억하라
Memento mori

죽음은 확실하나 때는 불확실하다
Mors certa, hora incerta

죽는 꿈을 꾸면 근심 걱정이 사라진다
Mortuus per somnum, vacabis curis

집안에 족제비가 산다
Mustelam habes

우리는 태어난 순간부터 죽기 시작한다
Nascentes morimur

천성(天性)은 갈퀴로 긁어내도 제자리로 돌아온다
**Naturam expellas furca tamen usque
recurret**

홀로 태어나는 사람은 없다
Nemo sibi nascitur

창백한 죽음은 가난한 자의 움막이나
왕의 궁전이나 똑같은 발로 걷어찬다
**Pallida mors aequo pulsat pede pauperum
tabernas, regumque turres**

유피테르로부터 멀어지면 그의 벼락으로부터도 멀어진다
Procul à Jove, procul à fulmine

네 번째 달에 태어난 사람
Quarta luna nati

가장 덜 빗맞는 예언자가 최고의 예언자다
Qui bene conjiciet, hunc vatem perhibeto optimum

그의 죄악에 마침내 신이 찾아오셨다
Reperit Deus nocentem

탄탈로스가 받은 벌
Tantali poenae

모든 것을 잡아먹는 시간
Tempus edax rerum

시간이 모든 것을 밝혀 준다
Tempus omnia revelat

겁 많은 플루토스처럼
Timidus Plutus

여우는 털을 바꿀 수 있지만, 버릇은 못 고친다
Vulpes pilum mutat, non mores

성실한 농부는 그 자신이 결코 열매를 따지 못할
나무를 심는다
**Abores serit diligens agricola, quarum
adspiciet baccam ipse numquam**

해에게 거슬러 말하지 마라
Adversus solem ne loquitor

밭이 아니라 한 해가 일한다
Annus producit, non ager

불로써 확인된 황금
Aurum igni probatum

턱수염이 지혜의 척도
Barae tenus sapientes

애완견은 여주인을 닮는다
Catulae Dominas imitantes

쐐기로 쐐기를 뽑다
Clavum clavo pellere

단단한 옹이에는 쐐기가 답이다
Malo nodo malus quaerendus cuneus

나쁜 조언은 맨 먼저 조언자의 목숨을 거둔다
Malum consilium consultori pessimum

쓸모없는 그릇은 깨질 일이 없다
Malum vas non frangitur

죽은 사자는 토끼마저 깔본다
Mortuo leoni et lepores insultant

손이 많으면 짐도 가벼워진다
Multæmanus onus levius reddunt

팽팽한 끈은 끊어지기 마련이다
Ne in Nervum erumpat

필요가 스승이다
Necessitas Magistra

말 많은 사람치고 조리 있는 사람은 드물다
**Non est eiusdem et multa, et opportuna
dicere**

아첨꾼의 혀에 맞설 비책(祕策)은 없다
**Non est Remedium adversus
SycophantæMorsum**

가난은 지혜를 낳는다
Paupertas sapientiam sortita est

은혜는 은혜로, 원한은 원한으로
Par pari referre

맷돌을 돌려야 밀가루를 얻을 수 있다
Qui vitat Molam, vitat Farinam

진실의 언어는 단순하다
Veritatis simplex est oratio

가난한 자에게 부끄러움은 무용지물이다
Verecundia inutilis Viro egenti

모욕을 묵묵히 참아 넘기면 새로운 모욕이 찾아온다
Veterem injuriam ferendo, invitas novam

술이 좋으면 간판이 필요 없다
Vino vendibili suspens Heder nihil Opus

빈 통은 쉽게 구른다
Volvitur Dolium

민중의 소리는 신의 소리
Vox populi vox dei

만인에 대한 만인의 투쟁
Bellum omnium contra omnes

습관은 제2의 천성
Usus est altera Natura

말을 걸어 오면 말하고, 부르면 오라
Ad consilium ne accesseris,
antequam voceris

다른 사람들에겐 의사인 당신은 스스로가 궤양으로
가득하다
Aliorum medicus, ipse ulceribus scates

온화한 대답이 분노를 삭여 준다
Animo ægrotanti medicus est oratio

고목은 옮겨 심지 마라
Annosam arborem transplantare

일찍 익은 열매는 일찍 썩는다
Ante barbam doces senes

거미줄로 베 짜기
Aranearum telas texere

신세를 지면 자유를 잃는다
Beneficium accipere est Libertatem vendere

좋은 평판을 받고 있다면 그것에 걸맞도록 행실에
조심하라
Cura esse, quod audis

살아 있는 동안 배워라,
내일 죽을 수 있다고 생각하고 살아라
Disce ut semper victurus,
vive ut cras moriturus

잠자는 용을 절대 간지럽히지 마라
Draco dormiens nunquam titilandus

네 개의 귀를 가진 사람에게 귀 기울여라
Eum ausculta, cui quatuor sunt aures

경험이 최고의 선생이다
Experientia docet

사정권 밖으로
Extra telorum jactum

옹기장이는 옹기장이를 시샘하고,
대장장이는 대장장이를 시샘한다
Figulus figulo invidet, faber fabro

칼로 불길을 휘젓지 마라
Ignem ne gladio fodito

쓸데없이 손가락으로 불을 쑤시지 마라
In flammam ne manum injicito

가볍고 눈에 띄지 않는 상처는 바로 잊는 게 상책
Injuriae spretæexolescunt,
si irascaris agnitævidentur

분노를 이기는 자는 최대의 적을 극복하는 것이다
Iram pui vincit, hostem syperat maximum

나는 언제나 월계수 가지를 갖고 다닌다
Laureum baculum gesto

토끼처럼 산다
Leporis vitam

물고기보다 더 말이 없는
Magis mutus quam pisces

그림에 손!
Manum de tabula!

한 손이 다른 손을 씻는다
Manus manum lavat

중도를 가는 것이 가장 안전하다
Medio tutissimus ibis

쥐는 한 구멍에만 의존하지 않는다
Mus uni non fidit antro

마음속에 담아 두면 해가 없는 말도 발설하면 해가 된다
**Nam nulli tacuisse nocet,
nocet esse locutum**

우연히 어울리게 된 사람에게는 손을 내밀지 마라
Ne cuivis dextram injeceris

구두장이는 구두만 생각하라
Ne sutor ultra crepidam

폴립에게서 배워라
Polypi mentem obtine

끝보다 처음을 고치는 게 낫다
Satius est Initiis mederi quam fini

구르는 돌에는 이끼가 끼지 않는다
Saxum volutum non obducitur musco

송아지를 몰아 본 사람이 황소도 몰 수 있다
**Taurum tollet qui vitulum sustulerit, or tollere
taurum, quae tulerit vitulum, illa putest**

능력 밖의 일에 신중하라
Ultra Vires nihil aggrediendum

꽉 조이는 반지는 끼지 마라
Arctum anulum ne gestato

현명한 양치기는 양의 털을 깎지 가죽을 벗기지는
않는다
**Boni pastoris est tondere pecus,
non deglubere**

가시를 차지 마라
Contra stimulum calces

걱정은 몸에 해롭다
Cor ne edito

두 번째 먹는 크람베는 죽음이다
Crambe bis posita, mors

유령과 씨름하기
Cum larvis luctari

염소 털 놓고 입씨름하기
De lana caprina

물 수 없을 때는 이를 드러내지 마라
Dentem dente rodere

삼나무 기름칠을 할 만하다
Digna cedro

구걸하느니 사겠다
Emere malo, quam rogare

카리브디스를 피하려고 스퀼라에게 잡히다
Evitata Charybdi in Scyllam incidi

한 가지로 모든 것을 안다
Ex uno omnia specta

아니 땐 굴뚝에 연기 나랴
Flamma fumo est proxima

잎이 아니라 열매를 보고 그 나무를 평가하라
Fuctu non foliis arborem aestima

파리에도 침은 있고, 지렁이도 밟으면 꿈틀한다
Habet et musca splenam,
and Inest et formicæsua bilis

키 크고 똑똑한 녀석 못 봤다
Homo longus raro sapiens

추락하는 벽에 기대기
In caducum parietem inclinare

이스트무스를 관통하다
Isthmum perfodere

모든 목재가 메르쿠리우스상(像)을 만드는 데
알맞은 것은 아니다
Ne quovis Ligno Mercurius fiat

너 자신을 알라
Nosce te ipsum

지금 쇠가 불 속에 있다
Nunc tuum ferrum in Igni est

증오할수록 쌓이는 건 두려움뿐
Oderint modo metuant

물고기 가시에 찔려 본 어부가 지혜롭다
Piscator ictus sapiet

항아리는 처음 담았던 술의 향기를 오래 간직한다
Quo semel est imbuta recens,
servabit odorem testa diu

사태가 경첩 위에 달려 있다
Res in cardine est

두더지보다 눈이 어둡다
Talpa coecior

제비 한 마리가 봄을 가져오진 않는다
Una harundo non facit ver

이웃집에 불이 났을 때가 자기 집을 경계할 때다
Tua res agitur paries quum proximus ardet

아미클라스는 침묵으로 멸망했다
Amyclas perdidit silentia

늙고 교활한 여우는 쉽사리 잡히지 않는다
Annosa vulpes haud capitur laqueo

뻐꾸기보다 더 교활하다
Astutior coccyce

나누어 지배하라
Divide et impera

엄격한 법, 그러나 법
Dura lex, sed lex

모든 사람의 마음에 들려는 것은 헛수고다
Frustra laborat qui omnibus placere studet

왕년에 밀레토스라는 도시가 잘나갔지
Fuere quondam strenui Milesii

가장 낮은 의자에 앉는 자
Imi subsellii viri

한 배에 타다
In eadem es navi

늙어 가는 데 보답하는 나라는 스파르타뿐이다
In sola Sparta expedit senescere

적과 샘 많은 자는 이웃을 넘어다보는 눈이다
Inimicus et invidus vicinorum oculus

자유로울 수 있도록 법의 노예가 된다
Legum servi sumus ut liberi esse possimus

거짓말쟁이는 기억력이 좋다
Mendacem memorem, esse oportet

강으로 보내라
Mitte in aquam

왕에게는 귀와 눈이 많다
Multae regum aures atque oculi

지나친 친밀감 속에 경멸이 싹튼다
Nimia familiaritas parit contemptum

복종에 익숙하지 않은 자는 통솔할 줄도 모른다
Non bene imperat, nisi qui paruerit imperio

저무는 태양보다 떠오르는 태양에 기원하다
Plures adorant solem orientem, quam occidentem

처음 만나서 산더미만 한 금을 약속하다
Prima fronte aureos montes polliceri

사람 눈에 재 뿌리기
Pulverem oculis offundere

국가는 그대에게 감사한다
Ratias tibi agit res publica

늘 구멍을 찾는 자
Reperire rimam

아름다운 영혼에게는 정치가 어울리지 않는다
Respublica nihil ad musicum

뱀이 뱀을 먹지 않으면 결코 용이 될 수 없다
Serpens ni edat serpentem, draco non fiet

자주색 관복을 입은 원숭이
Simia in purpura

늑대가 양 사랑하듯
Ut lupus ovem

Chapter 11   갈망하지만 얻기 쉽지 않은 부와 거래

죽은 자에게 세금을 매기다
A mortuo tributum exigere

돈 싫다는 사람 없다
Auro loquente nihil collet quævis ratio

살 때 조심하라
Caveat emptor

뒤통수 앞에 이마
Frons occipitio prior

칭찬 속 냉대
Laudatur et alget

구린 돈도 냄새는 좋다
Lucri bonus est odor ex re qualibet

부정한 소득은 돈을 잃은 거나 마찬가지
Lucrum malum, æquale dispendio

돈이 만사를 지배한다
Pecuniæobediunt omnia

운임마저 날린 꼴
Perdere naulum

남을 통해서 행하는 것은 바로 자기 자신이 행하는 것이다
Qui facit per alium facit per se

소금을 핥다
Salem lingere

현자는 자신의 보물을 지니고 다닌다
Sapiens sua bona secum fert

Chapter 1

나를 부끄럽게 하는 것들

시기심과 우둔함

Animo imperabit sapiens, stultus serviet
아니모 임페라비트 사피엔스 스툴투스 세르비에트

현명한 자는 감정을 지배할 것이요, 어리석은 자는 감정의 노예가 되리라.

Gula plures quam gladius perimit
굴라 플루레스 쾀 글라디우스 페리미트

폭식이 칼보다 더 많은 사람들을 죽인다.

가까울수록 시기심도 크다

Cognatio movet Invidiam / Relationship[Kinship] excites envy

우리는 잘 모르는 사람의 행운에는 거의 시기심을 느끼지 않는다. 같은 학교나 대학 또는 같은 부대에 속한, 우리에게 좀 더 가까이 있는 사람들을 질투한다. 우리와 친숙한 관계를 맺은 사람, 같은 사업을 하며 함께 어울리는 사람, 우리와 비슷한 부류에 속한 사람이 큰 성공을 거두면 심기가 불편하다. 하지만 우리가 범접할 수 없는 사람이 성공을 거두면 이런 증오의 감정, 울화통까지 치밀지는 않는다. 이런 감정은 건강을 해치고 심한 경우 사람을 우울감에 빠져들게 하거나 심지어는 미치게 만든다.

크리소스토무스는 이렇게 말한다. "옷좀나방에 옷이 좀먹듯 꼭 그렇게 사람은 질투심에 휩싸이네. … 질투란 녀석은 훌륭한 덕성을 슬쩍

4세기 그리스의 대표적인 교부(敎父)이자 제37대 콘스탄티노플 총대주교였던 크리소스토무스. 설교가 명쾌하고 호소력 있어 '황금의 입'이란 뜻의 '크리소스토무스'로 불렸다. 로마 가톨릭교회와 동방정교회, 성공회 모두 그를 성인으로 추대했다.

맛만 보아도 배가 터질 것 같다며 넌더리를 낸다네."

조너선 스위프트도 비슷한 생각을 표현했다. "오, 운명의 여신이여, 내 적에게는 얼마든지 선물을 보내도 좋소. 하지만 친구에게 보내는 건 못 견디겠소. 견디기는커녕 질투심에 못 이겨 폭발하고 말 거요."

배고픔과 조바심은 쓸개즙을 분비시킨다

Fames et Mora Bilem in Nasum conciunt / Hunger and delay stir up one's bile

배고픔을 재빨리 채우지 못하거나 무언가 간절히 원하는 것을 까닭 없이 제때 얻지 못하면 콧구멍 안에서 쓸개즙의 분비를 자극한다. 쓸개즙이 분비되고 뜨거워진다는 표현은 울화통이 터지는 상황을 비유적으로 이르는 말이다. 사람이나 여러 동물은 화가 나면 콧구멍이 커지거나 콧바람이 세지면서 콧구멍에서 쓸개즙 분비를 자극하는 것으로 알려져 있다. 성난 황소는 흔히 콧구멍에서 불을 뿜는다고 묘사하고, 말에게는 "기세 좋게 벌름거리는 콧구멍이 무시무시하다"는 표현을 쓴다.

이스라엘의 왕 솔로몬은 기대를 제때 충족시키지 못할 때 일어나는 조바심을 아름답게 묘사했다. "유예된 희망은 마음에 병을 주지만 현실이 된 희망은 생명의 나무다." 또 이런 말도 있다. "배에는 귀가 없다."

고양이가 없으면 쥐들이 날뛴다

Fele absente, mures saltant / While the cat's away, the mice will play

　자기보다 지위가 높거나 더 힘센 사람이 있을 때는 꼼짝 못하면서, 그들이 사라지면 그 밑에 있는 자들이 활개를 치는 형국을 가리키는 말이다.* 가끔 이 격언은 주장과 이유를 연결시키지 못할 때 전제로 쓰기도 한다. "주인이 자리에 없으므로(이유) 노비들은 대충 일할 것이다(주장)." 그런데 이 주장과 이유가 어떤 관계가 있는지 몰라서 "주인이 자리에 없다고 해서 노비들이 일을 하지 않는다고 말할 수 있는가"라고 반문할 수도 있다. 이때 전제를 활용하면 이유와 주장을 연결시킬 수 있는데, 그 전제가 바로 "고양이가 없으면 쥐들이 날뛴다"이다.

　요즘 우리 주변에는 유난히 쥐가 많다. 국고를 축내는 쥐, 떼 지어 다른 무리를 물어뜯는 쥐, 훔친 물건을 나눠 먹으며 생색내는 쥐, 심지어 기득권을 구가하는 특정 쥐들은 고양이 목에 방울을 달자며 기어오르고 있다. 쥐덫도 쥐약도 교묘히 피하거나 우습게 여기는 쥐들 말이다. 우리의 곳간과 국고를 지키고 우리 가족과 나라를 살릴 고양이는 반드시 필요하다.

---

* "호랑이 없는 골에 토끼가 왕이다"라는 우리 속담과 같은 말이다.

모래땅에 씨 뿌리기

Harenae mandas semina / Sowing your grain in the sand

    로마의 시인 유베날리스가 쓴 『풍자시』 3권에는 "씨앗이 싹틀 수 없는 바위에, 물속에, 모래땅에 씨를 뿌린다"는 말이 있다. 로마인은 "물 위에 글씨 쓰고 모래 위에 집짓기(In aqua scribis, in harena ædificas)"라는 격언을 흔히 쓴다. 이 격언은 실행 불가능한 일에 헛되이 많은 노력을 쏟아 붓는 사람이나 아무런 보답도 기대할 수 없는 배은망덕한 사람에게 은혜를 베푸는 사람을 빗대 표현한 말이다. "에티오피아인의 살갗이 바뀌랴, 표범의 반점이 사라지랴"라는 격언도 있다. 에스파냐에도 같은 뜻의 격언이 있다.

게으른 자에게는 나날이 휴일이다

Ignavis semper Feriæsunt / To the indolent every day is a holiday

원래는 에라스뮈스가 교회가 주도하는 축제나 휴일이 늘어나면서 생긴 해악들을 줄이는 계기로 삼고자 한 말이다. 축제나 휴일의 의도는 빈곤한 노동계층에게 필요한 휴식을 주려는 것이었으나, 그들은 이날들을 난잡하고 방탕하게 보내는 일이 잦았다. 이러한 과도한 축제와 휴일의 폐지는 네덜란드에서 종교개혁을 통해 조성된 여러 긍정적인 측면들 중 상당히 큰 의미를 갖는 것으로 평가될 수 있다.

스코틀랜드의 저술가이자 사회개혁가인 새뮤얼 스마일스는 "인생에서 생기는 어려움은 시간을 쓸데없이 허송세월(idle life)하는 데서 발생한다. 젊은이에게 가장 큰 적은 게으름이다. 젊은이들 중에는 노력을 해야만 하는 일도 요령으로 피해 가는 자들이 있다. 이들은 게으름 때문에 앞날이 어둡다고 생각하지 못한다"라고 말했다.

"게으른 자에게는 어떤 여가도 없다(Lazy people don't have any leisure)"는 말도 있다. 나날이 휴일 같지만 편안한 여가 따위가 있을 리가 없다. 시간만 바람처럼 흐르는 가운데 변함없이 빈둥거릴 뿐이다. 더구나 나태하다는 것은 능력이 없음을 무의식적으로 느끼고 있는 상태다.

영국의 성공회 성직자이자 작가인 제러미 테일러의 다음과 같은 말은 더욱 신랄하다. "게으른 사람은 산 채로 매장된 사람과도 같다. 신에게도 인간에게도 전혀 도움이 되지 않는 죽은 자와 마찬가지다."

공중누각(空中樓閣)

In aere aedificare / Build (castles) in the air

성 아우구스티누스가 한 말이다. 내용이 없는 문장이나 쓸데없는 의론(議論), 진실성이나 현실성이 없는 일, 근거가 없는 가공의 사물 등을 가리킬 때 쓰인다.

이와 비슷한 뜻으로 신기루(蜃氣樓, mirage)가 있다. 이는 밀도가 같지 않은 공기층을 광선이 통과하면서 굴절이 일어나 먼 곳의 사물이 허공이나 지면 위에 나타나는 현상이다. 신(蜃)은 무명조개 또는 용의 일종인 이무기라고도 한다. 옛날 사람들은 바다 위에 나타나는 신기루를 보고, 이것이 바다 속에 살고 있는 무명조개나 이무기가 토해 내는 기운이 뭉쳐 나타난다고 생각했다. 따라서 신기루는 무명조개 또는 이무기의 기운

〈피레네산맥의 성〉(르네 마그리트, 1959)

30

으로 만들어진 누각이라는 말이다. 신기루는 바다 위에 세워진 도시, 즉 해시(海市)를 가리키기도 한다.

신기루는 잠시 나타났다가 이내 사라진다. 전혀 예상치 못한 바다 위나 사막에 멋진 집들과 나무들이 솟아나므로 신기루는 고대인의 상상력을 부추겼다. 하지만 신기루는 실제의 모습이 아니라 빛의 굴절이 만들어 낸 허상일 뿐이다. 그래서 신기루는 가까이 다가서는 순간 눈앞에서 사라진다. 사막에서 길 잃고 헤매던 여행자들은 오아시스의 신기루에 속아 제자리를 빙빙 돌다가 죽기도 한다. 있지도 않은 신기루를 찾거나 오를 수 없는 공중누각에 오르려고 애쓰며 일확천금(一攫千金)을 꿈꾸는 젊은이들이 없기를.

그리고 사상누각(沙上樓閣, house of cards)은 모래 위의 누각이라는 뜻으로, '기초가 부실해 오래 유지되지 못할 사물' 또는 '헛된 것', '실현 불가능한 일'을 말한다.

허공에서 낚시하기, 바다 속에서 사냥하기

In Aere piscari, In Mare venari / Fishing in the air, or Hunting in the sea

공무나 사업에 관여하면서도 완벽히 사회로부터 차단된 채 한가로이 은퇴 생활을 누리길 기대하는 사람처럼, 전혀 양립할 수 없는 일을 시도하는 사람을 일컫는 격언이다. 또는 열심히 관능적 쾌락을 좇으면서 행복하기를 바라거나, 안락함보다는 근심을 키울 가능성이 훨씬 큰 재산 축적에 열을 올리면서 자족의 삶을 바라는 사람도 비슷한 축이다.

벼룩이 무는데 헤라클레스를 찾다

In pulicis morsu Deum invocat / Call on the god for a flea bite

'벼룩이 문다고 신에게 도움을 청하다.' 이 말은 벼룩과 같은 아주 하찮은 작은 일에 놀라 마치 아주 커다란 불행에 빠진 양 정신을 못 차리는 상태를 가리킨다. 이 말은 아이소포스(이솝)의 격언에서 비롯되었다. 어느 사내가 자신의 발을 물어뜯는 벼룩 때문에 아주 심한 고통을 느낀 나머지 웅크리고 앉아 헤라클레스에게 도움을 청했다. 하지만 벼룩이 이내 뛰어 옮겨 가자 헤라클레스를 향해 저주를 퍼부었다. 헤라클레스가 이런 위험에 처한 자신을 돌보지 않고 도움을 청했건만 거절했다는 이유에서였다. 벼룩이 무는 위험(?)에 처한들 헤라클레스의 도움이 크게 소용 있겠는가?

이와 비슷한 말을 아리스토텔레스는 『니코마코스 윤리학』에서 언급했다. 아주 겁이 많은 사내를 두고 "그는 마치 생쥐가 바스락거려도 겁을 먹을 만큼 모든 일에 두려움을 느낀다"★고 적고 있다. 이런 두려움을 그는 '동물적'이라고 했다.

★ 아리스토텔레스, 『니코마코스 윤리학』, IIV, 1149a7 이하.

32

눈물보다 빨리 마르는 것은 없다

Lacryma nihil citius arescit / Nothing dries more quickly than a tear

    키케로는 두 권으로 펴낸 『착상에 관하여』 제1권에서 연설가에게 경고를 남겼다. "배심원들의 동정에 호소하려면, 연설가는 아무리 호소력이 짙은 연설이라도 지나치게 오래 끌어서는 안 된다." 키케로는 여기에서 그리스의 서사시인 아폴로니오스의 말을 인용한다. "눈물은 빨리 마른다. 너무 지나치게 사람들의 마음을 흔들어 놓을 경우 또한 너무 쉽게 사람들은 무료해 하기 때문이다."

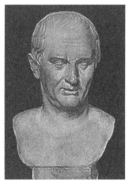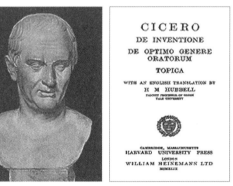

키케로의 흉상과 그의 저서 『착상에 관하여』. 키케로는 수사학과 웅변술을 스카이볼라 밑에서 익히면서 전설적인 로마의 장군 스키피오 아프리카누스의 세계관에 큰 감명을 받았다. 기원전 60년에 카이사르, 폼페이우스 그리고 크라수스가 제1차 삼두정치 협약을 맺자 공화국 체제를 지지하는 키케로는 이들로부터 따돌림을 받았다. 그는 원로원파인 폼페이우스 진영에 가담했지만, 카이사르와는 편지를 주고받을 정도로 상당한 친분이 있었다. 기원전 44년 카이사르가 암살된 후 키케로는 공화정을 되살리고자 안토니우스를 탄핵하는 「필리피카이(Philippicae)」를 발표하여 일인 독재와 폭력 정치를 규탄했지만, 안토니우스의 사주를 받은 부하에게 암살당했다.

아이들 사이에서 늙은이

Inter Pueros Senex / An old man among boys

아이들이나 젊은이들 사이에서 나이 들고 똑똑한 사람으로 대접을 받는 이도 자기보다 나이 많은 사람들 사이에서는 젊은 축에 속한다. 이 격언은 실제보다 더 똑똑하고 학식 있는 것처럼 보이고 싶어 하는 허울만 그럴듯한 사람을 지칭한다. "바보들 사이에서 박사", "박사들 사이에서 바보"라는 말도 이런 이들을 가리키는 말이다.

놀릴 혀는 있다

Lingua non redarguta / A tongue not to be silenced

논리적으로 볼 때 꼼짝없이 패배를 인정해야 함에도 불구하고 여전히 승복하지 않는 사람(Qui rationibus convicti, non cedunt tamen)을 가리키는 말이다. "비록 당신이 내 잘못을 입증했다고 해도 내게 잘못을 깨닫게 할 수는 없을 것이다(Nunquam persuadebis, quamvis persuaseris)"라고 말한다. 즉 단호하고도 완강한 부정(否定)이다.

일이 만드라불루스 꼴로 흘러간다

Mandrabuli more res succedit / The affair goes on in Mandraboulus'fashion

어떤 일이 예상과는 다르게 진행될 때, 성공 가능성이 없는 난잡하고 설익은 계획을 통해 무언가 이득을 볼 꿈에 부풀어 있지만 나날이 악화일로의 상황에 처했을 때, '만드라불루스 꼴로 흐르는(ad morem Mandrabuli)'이라고 표현한다. 또한 세월이 흐르면 젊은 시절의 약속들이 이루어질 것이라 기대하고, 현재의 결핍이 내일이면 충족될 수 있을 것으로 기대하지만 결국은 실망만 할 가능성이 큰 사람을 일컫는 데 쓴다.

만드라불루스가 어떤 사람이었는지는 알려진 것이 없다. 하지만 그와 관련해서 다음과 같은 기록이 전한다. 어느 날 엄청난 보물을 발견한 만드라불루스가 기쁨에 겨워 유노(Juno, 그리스 신화의 헤라) 신전의 제단에 황금 양을 바쳤다고 한다. 그때 마음으로는 매년 이 정도의 제물을 바칠 셈이었다. 하지만 모든 일이 그러하듯 그는 자신의 후한 씀씀이를 후회하면서 이듬해에는 은으로 된 양을 제물로 바쳤고 그다음 해에는 황동으로 된 양을 바쳤다. 결국 매해 유노 신전에 바치는 제물의 가치가 줄어들면서 이 같은 격언이 생겨났다고 한다.

결점 없는 사람은 아무도 없다

Nemo sine vitio est / No one is without fault

무엇인가를 흠결 없이 해내고자 하는 자들의 결의는 실제로 그리 도움이 되지 않으며 오히려 해가 되기도 한다. 용기와 의지만 가상할 따름이다. 부정(否定)의 현미경을 들이대는 사람에게는 시도해서는 안 되는 이유가 먼저 보인다.

"이런 생각은 이래서 어렵고, 저런 생각은 저래서 힘들다." "그런 식으로 하면 그런 단점이 도출될 것이다." 이러한 사고방식은 결국 두려움만 키울 뿐이다. 어디를 내딛어도 위험하다고 여기는 사람은 끝내 한 발자국도 움직일 수 없다. 그는 아무것도 시도하지 못한 채 제자리에 서 있을 뿐이다.

인간은 원래 불완전한 존재라고들 말한다. 불완전한 존재가 완전한 것을 만들 수는 없다. 비록 불완전하더라도 최선을 다하는 것, 우리의 역할은 바로 거기까지일지도 모른다.

발타자르 그라시안의 다음과 같은 말을 다시금 되새겨 보자. "제아무리 완벽한 사람이라 할지라도 결점이 없는 사람은 없다. 결점을 깨닫고 고치려고 노력하는 것은 장점을 더욱 빛내고 인격을 함양하는 좋은 기회다."

쇠파리에 날뛰는 꼴

Oestro percitus / He is beside himself, and mad

마치 뮤즈의 영감을 받은 시인처럼 머릿속이 갑작스레 혼란에 빠진 사람을 등에나 쇠가죽파리에 물린 소에 빗대어 쓰는 속담이다. 소는 등에나 쇠파리를 무척 두려워해서 이 곤충들이 날아다니는 소리만 들어도 마치 미치기라도 한 듯 날뛰며 온 들판을 헤집고 다닌다고 알려져 있다. 이 속담은 어떤 일이나 연구에 열정적으로 몰두해 있는 듯 보이는 사람에게도 해당된다.

수도사 장*은 이렇게 말한다. "파뉘르주가 요즘 들어 미친 듯이 공부를 하던데 웬 쇠파리에라도 물린 걸까?" 영국에서는 이런 경우에 "머릿속에 구더기가 든 사람 꼴이다"라고 말한다.

〈파뉘르주와 수도사 장〉(목판화, 귀스타브 도레, 1854)

---

* 수도사 장(Friar John)은 프랑스의 작가 라블레가 쓴 풍자소설 『가르강튀아와 팡타그뤼엘』(1532)에 나오는 베네딕트수도회 소속 수도사다. 파뉘르주(Panurge)는 인텔리이지만 교활하고 사악한 사내다.

타인보다 내 행운을 먼저 비는 게 인지상정

Omnes sibi melius esse malunt quam alteri / We all wish better for ourselves than to others

친구는 또 다른 '나'라는 말이 있다. 하지만 자신의 안전을 도모하는 쪽은 분명 다른 누구도 아닌 자기 자신일 수밖에 없다. 그래서 이런 말도 있다. "내게 가장 가까운 존재는 나 자신이다(proximus egomet mihi)." 또한 "자선은 집에서 시작된다"고도 하고, "속옷은 망토보다 더 가깝다(Tunica pallio propior est)"는 말도 있다.

영국에서는 "내 옷보다 살갗이 더 가깝다"고 말한다. 프랑스, 이탈리아, 에스파냐 등에도 "내 속옷은 외투보다 가깝다"는 격언이 있다.

늑대에게 양을 맡겼다

Ovem Lupo commisisti / You have entrusted the sheep to the wolf

에스파냐에는 "당신은 늑대에게 양을 돌보라고 맡겼다"는 말이 있다. "여우에게 거위를 돌보라고 맡겼다"는 격언도 같은 뜻이다.* 이 격언은 자신의 재산을 아끼고 지키기는커녕 갈취할 탐욕스러운 후견인에게 아이들을 남긴 부모에게 들려줄 만한 말이다. 바로 에라스뮈스 본인이 이런 불운을 겪었다.

우리가 대화하면서 상대가 알아서는 안 될 무언가를 털어놓아서 그에게 짓밟고 싶어 하는 사람들을 해칠 빌미를 주었을 때 "당신은 지금 그 사람을 적의 손아귀에 쥐어 주었다"고 말하기도 한다. 영국 속담은 이렇게 말한다. "늑대에게 바람 부는 방향을 알려 준 꼴이다."

---

* 우리나라에서는 "고양이에게 생선가게를 맡긴다"고 한다.

누더기 옷

Pannus lacer / A tattered garment

어떤 사람이 불행히도 누더기 옷을 입고 어딘가에 모습을 드러낼 수밖에 없는 처지라면 가장 먼저 눈에 띄고 주목받는 것이 바로 누더기 옷이리라. 그 초라하고 볼품없는 외양 때문에 퇴짜를 맞을 가능성이 크다. 사람들은 그가 소중한 동료로서 함께할 만한 재능을 갖추었는지 여부를 따져 보지도 않는다. "돈 많은 바보들은 하나같이 가난을 비웃지. 누더기 속에 감춰진 지혜도 조롱거리로 둔갑한다네."

물론 능력을 갖고 있음에도 누더기 옷을 입었다고 멸시당한 사람이 이를 분발의 기회로 삼아 좀 더 근면하고 절약하는 생활을 해서 극빈의 상태에서 벗어날 수 있다면 그런 경멸은 참을 만할지 모르고, 또 어느 정도 보상을 받을 수 있는 것인지도 모른다. 사실 이는 사람들이 생각하는 것만큼 그렇게 실현 불가능한 일도 아니다.

하지만 어떤 불운으로 인해 극빈층으로 전락한 사람이, 잘나가던 시절에 만났던 사람들이 자신에게서 등을 돌리는 상황을 만나게 된다면 그가 느끼는 고통은 배가된다. 그리고 애석하게도 이런 일이 우리 주변에서 빈번하게 일어나고 있다. "가난은 그 무엇도 못할 일을 해치운다네. 순식간에 친구들이 눈앞에서 사라져 버리지."

예로부터 누군가에게 퇴짜를 맞고 비웃음과 함께 내팽개쳐지면, 사람들은 다 헤진 누더기 옷처럼 버림받았다고 말해 왔다. 사람들이 무언가를 비웃으며 내팽개칠 때 더 흔히 쓰는 말이 있다. "저, 콧방귀 뀌는 것 좀 봐!"

모든 인간은 본래 알고자 한다

Pantes anthropoi tou eidenai oregontai phusei / All men by nature desire to know

아리스토텔레스는 『형이상학』에서 다음과 같이 말한다. "모든 인간은 본성적으로 앎을 원한다. 우리가 감각에서 얻는 즐거움만 보아도 알 수 있다. 우리는 어떤 필요에서가 아니라 감각을 그 자체로 즐긴다. 무엇보다도 두 눈을 통한 감각, 즉 시각이 그렇다. 무얼 하려고 해서뿐만 아니라 딱히 무얼 하려고 하지 않더라도, 우리는 다른 무엇보다도 보는 걸 좋아한다고까지 말할 수 있다. 그것은 여느 감각들보다 시각을 통해서 우리가 많은 것을 알 수 있고 사물들 간의 차이 또한 식별할 수 있기 때문이다."

그 안주인에 그 하녀

Qualis hera, tales pedissequæ / Like mistress, like maid

영국에서는 "그 장수에 그 부하"라 하고, 에스파냐에서는 "그 어머니에 그 딸(Qual la madre tal la hija)" 또는 "까마귀 알은 까마귀를 닮는다(Qual el cuervo tal su huevo)"고 말한다. 이것은 가정을 관리하는 데 좋은 본보기를 세우고자 하는 사람들에게 적절한 격언이다.

에스파냐 사람들은 "엄하지 않은 어머니 밑에서는 게으르고 품행이 단정치 못한 딸이 나온다"고 말한다. '부전자전(父傳子傳)'이라는 말이다.

살이 파이도록 머리를 깎다

Radit usque ad cutem / He shaves right up to the skin

비슷한 뜻의 라틴어 속담으로 "생살까지 자르다(ad vivum resecat)"가 있다. 영국인도 "속살을 자르다"라고 표현한다. 이 속담은 자신이 취해야 할 것을 한 치의 에누리도 없이 가져가는 사람에게 쓴다.

그리스의 철학자 테오프라스토스는 이렇게 묘사했다.

탐욕스런 사람은 소작인들이 매월 약속한 대로 소작료를 지불함에도 불구하고 끝까지 셈을 해서 남은 1파딩(farthing. ¼페니로, 가장 작은 단위)까

소요학파인 테오프라스토스는 아리스토텔레스의 제자로, 기원전 323년 아리스토텔레스가 아테네에 세운 리케이움(Lyceum)에서 강제로 물러나자 원장이 되었다. 그가 쓴 『성격(Charaktēres)』은 아리스토텔레스가 윤리학과 수사학을 위해 연구한 결과에서 도출한 30가지 도덕 유형을 간략하게 정리한 것이다.

지 내라고 다그칠 것이다. 그는 누구에게든 아무것도 거저 주지 말라며 아내에게 머리에 쥐가 나도록 잔소리를 해댄다. 양초 토막 하나 또는 소금이나 귀리가루 한 줌도 연말에 셈을 해 보면 결국 돈이 될 것이기 때문이다. 그는 이발사에게 살이 파이도록 머리를 깎아 달라고 한다. 그래야 좀 더 오랫동안 이발사를 찾지 않을 것이기 때문이다.

셰익스피어의 『베니스의 상인』에 나오는 유대인 고리대금업자 샤일록은 또 어떤가. 샤일록은 안토니아가 빚을 못 갚을 경우 치르기로 한 벌칙이 그의 생명을 앗아갈 수도 있었지만, 원래의 약속에서 한 치도 물러서지 않으면서, 관용을 베풀어 달라는 사람들을 향해 "제 행위는 제가 책임집죠. 법대로 해 주세요. 이 증서대로 처벌과 몰수가 이루어지길 바랍니다"★라고 말한다.

| ★『베니스의 상인』, 4막 1장

또한 나이 지긋한 런던의 어떤 행정관은 늙고 성실한 하인이 의식용 성장 마차를 탄 주인의 모습을 보고 너무도 기뻤다고 하자 그가 보낸 경의에 흡족해 하면서도 하인에게 "행렬을 보느라 일을 하지 못한 반의 반나절 시간을 마저 채워 일하라"고 말했다.

저마다 자기 일에 관심 갖는 게 인지상정

Suam quisque Homo Rem meminit / Each man thinks of his own business

로마의 희극작가 플라우투스의 말이다. 사람들은 대체로 자기 자신의 이익에 무척 민감하다. 따라서 그들이 당신에게 성실히 봉사하기를 바란다면 그렇게 하는 것이 그들의 이익이 되도록 해야 한다. "이것을 그대 평생의 철칙으로 삼아야 하느니, 스스로 할 수 있는 일을 남이 해 주도록 떠넘기지 마라." 이와 비슷하게 영국 사람들은 "자기 일을 스스로 챙기는 사람을 친구들도 좋아한다"고 말한다.

곡물 밭에 둥지를 튼 종달새는 농부가 곡물 수확에 이웃과 친구의 도움을 빌릴 것이라는 소식을 들을 때만 해도 둥지 옮기는 일을 서둘지 않았다. 하지만 다음 날 밭주인이 아들들과 함께 밭을 향해 오고 있다는 소식을 새끼들이 전하자 종달새는 곡물 수확이 진짜로 시작될 것이니 이제 떠날 때가 되었다고 말했다. 베네치아의 어느 귀족이 코시모 데

플라우투스는 움브리아에서 태어나 로마로 건너와서 그리스 희곡을 번안해서 상연했다. 투박하고 교양이 없는 일반 시민들을 위해 그는 대담하고 자유롭게 원작을 변형·개작했다.

메디치*를 찾아가 어떻게 하면 재산을 늘릴 수 있는지 묻자 그는 다음과 같은 규칙을 건네주었다. "스스로 할 수 있는 일을 다른 사람에게 맡기지 말 것. 오늘 할 일을 내일로 미루지 말 것. 사소한 일도 소홀히 하지 말 것."

조용히 먹었더라면

Tacitus pasci si posset / If the crow could feed quietly

자신에게 떨어진 행운이 완전히 손아귀 안으로 들어오기도 전에 떠벌리며 자랑하지 않았더라면 그는 누구의 방해도 받지 않고 그 행운을 제대로 누렸을 것이다. 그런데 공공연히 자랑하고 다님으로써 그 행운을 차지하려는 경쟁자들을 자극해 상황을 어렵게 만든다. 그럴 경우 행운의 주인공이 바뀔 가능성이 크다.

이 격언은 사냥꾼의 표적에서 가까스로 벗어나 포도나무 덩굴 사이로 몸을 숨긴 사슴이 이제는 안전하다고 생각하고 이파리들을 뜯어 먹다 그 소리와 덩굴의 움직임을 알아챈 사냥꾼들에게 목숨을 잃었다는 우화에서 비롯되었다. 하지만 까마귀에 얽힌 우화에서 비롯되었다는 설도 있다. 까마귀가 여우의 꼬드김에 넘어가 노래를 부르다 입에 물고 있던 치즈를 떨어뜨려 여우가 치즈를 받아먹게 되었다는 우화다. 영국 사람들은 "고기야, 제발 소리 좀 안 나게 구워질 수 없겠니(Can't you fare well, without crying roast meat)"라고 말한다.

---

* 코시모 데 메디치(Cosimo de Medici). 르네상스 시대 피렌체 공화국의 은행가이자 정치가로 문화예술의 후원자로 유명하다.

재앙에 대한 막연한 두려움은
사람들을 더 큰 위험에 빠뜨린다

**Multos in summa Pericula misit,
Venturi Timor ipse Mali** / Many are driven to utmost peril by
the mere dread of coming danger

사람들은 자신을 위협하고 있는 재난을 두려워한 나머지 생각의 갈피를 잡지 못하고 판단력을 완전히 상실한다. 그래서 평온한 마음 상태였더라면 불행을 피할 수단을 충분히 찾아 활용했을 터이지만 이를 보지도 이용하지도 못하는 사태가 발생한다. 옆에서 보는 사람들 눈에는 그들이 무언가 은밀한 충동에 사로잡혀 있거나 아니면 무언가에 홀린 듯 보인다.

새가 뱀과 눈을 마주치는 순간 뱀으로부터 벗어날 힘을 잃는 것은 순전히 두려움 때문이다. 새는 그 끔찍스러운 상대로부터 얼굴을 돌릴 엄두도 내지 못하고 자신도 모르게 뱀을 향해 더 가까이 다가가 결국 정신을 놓고 맥이 완전히 빠진 채 뱀의 턱 속으로 빨려 들어간다.

"두려움이 없을수록 그만큼 위험도 덜하다"는 또 다른 속담도 있다. 반대로 에스파냐에는 "두려움이 없다 보면 일을 그르칠 수 있다"는 속담이 있지만, 여기에서 '두려움'은 단순히 '조심'이나 '주의'를 의미한다.

잘난 척도 정도껏!

허세와 위선

Vasa vana plurimum sonant
와사 와나 플루리뭄 소난트

빈 솥이 요란하다.

Simia simia est, etiam si aurea gestet insignia
시미아 시미아 에스트 에티암 시 아우레아 게스테트 인시그니아

원숭이가 금빛 가장을 달고 있어도 원숭이는 원숭이다.

낙타는 뿔이 없다고 불평하다가 귀까지 잃었다

Camelus desiderans Cornua etiam Aures perdidit / The camel, discontented at not having horns, lost its ears likewise

이 격언은 신의 섭리가 우리에게 부여한 능력과 힘에 감사하고 자기 분수에 맞지 않은 속성을 요구해서는 안 된다는 교훈을 준다. 그런 속성은 우리에게 이익이 되기보다는 해가 된다.

이것은 낙타의 귀가 대다수 다른 동물들에 비해 작은 데서 탄생한 듯하다. 귀가 지나치게 작다 보니 아예 없는 것처럼 보이기도 하고 귀가 어둡다는 평판도 듣는다. 그래서 고대인은 낙타가 뿔을 달라고 요구하는 데 화가 난 유피테르(제우스)가 낙타의 귀마저 없애 버렸다는 우화를 꾸며 냈다.

정녕 있는 귀마저 잃어버리는 어리석은 행동을 하려 하는가?

헤라클레스의 몽둥이 빼앗기

Clavam extorquere Herculi / To snatch Hercules'club

누가 감히 헤라클레스의 손에서 몽둥이를 빼앗겠다고 달려들겠는 가? 이 격언은 자기 능력을 훨씬 벗어나는 일을 하겠다고 나서는 사람을 빗대서 하는 말이다.

옛사람들은 호메로스에 대한 존경을 이런 식으로 표현했다. 그의 시를 모방하는 일은 헤라클레스에게서 강제로 몽둥이를 빼앗거나 유피테르의 손에서 벼락을 강탈하는 일만큼 어렵다는 뜻이다. 또한 이 격언은 재력이나 권력에서 우위에 있는 사람과 맞붙어 보겠다고 나서는 사람에게도 적용될 수 있다. 그런 사람에게는 이빨로 물어 곰을 잡는 편이 낫다는 말을 들려줄 만하다.

또 이런 말도 있다. "자기와는 상관없는 일에 끼어드는 짓은 귀로 미친개를 잡겠다는 것에 다름 아니다." 이는 중과부적(衆寡不敵)이라 '계란으로 바위 치는(以卵擊石)' 격이라는 말이다.

악어의 눈물

Crocodili lachrymae / Crocodile tears

'악어의 눈물'은 거짓 눈물 또는 위선적인 행동을 비유적으로 이르는 말이다. 악어는 입안에 수분을 보충하여 먹이를 쉽게 삼키기 위해 먹잇감을 잡아먹을 때 눈물을 흘리는데, 언뜻 보면 잡아먹히는 동물이 불쌍해 눈물을 흘리는 것처럼 보이는 데서 유래한 말이다. 얼굴 신경 마비의 후유증으로 음식을 먹을 때 침샘과 눈물샘의 신경이 함께 자극되어 눈물을 흘리는 증상을 '악어 눈물 증후군(crocodile tears syndrome)'이라고 하는데, 악어가 먹이를 먹을 때 눈물을 흘린다는 것에 빗대어 이와 같은 이름이 붙었다.

찰스 다윈은 『인간 및 동물의 감정표현』(1872)에서 암코끼리에게서 새끼 코끼리를 떼어 데려가면 슬퍼서 눈물을 흘린다고 적고 있다. 실제로 코끼리는 인간에게 붙잡혀 고통을 당하면 슬픔을 느끼고 울면서 눈물을 흘린다고 한다. 하지만 인간의 눈물은 몇 가지 상황에서 나온다. 상처를 받아 고통을 느낄 때와 슬플 때뿐만 아니라 기쁠 때도 눈물을 흘린다.

프랑스 철학자 데카르트는 『정념론(情念論)』(1649)에서 눈물에 대해 이렇게 말하고 있다. 인체의 모든 부위에서 다량의 증기가 발생하는데, 그중 눈의 시신경이 굵기 때문에 눈에서 가장 많이 증기가 흘러나온다는 것이다. 이것이 피부로 흘러나오면 땀이고, 눈으로부터 흘러나오면 눈물이라는 것이다. 즉 '증기의 배출'이 눈물이라는 것이다.

두건이 수도승을 만드는 게 아니다

Cucullus non facit monachum / The cowl does not make the monk

사람의 외모나 행동은 첫인상을 줄지라도 그 사람의 본성을 나타내 주지는 않는다. 겉모습이 항상 개인의 내적 가치와 일치하는 것은 아니므로 사람의 외모나 사물의 껍데기를 보고 판단하지 말 것을 충고한 말이다. 여기서 쿠쿨루스(cucullus. 영어 cowl)는 수도승이 입는 모자 달린 망토다.

이와 비슷한 의미로 "미모는 그저 피부만큼의 깊이일 뿐", "반짝인다고 모두 금은 아니다", "겉모습은 믿을 게 못 된다", "표지로 책 내용을 판단하지 마라" 등의 속담이 있다. 그러나 외모는 예선이고 내면은 본선이라고 하면서 예선 통과를 중시하고 있는 것이 세상 물정이다.

짚 한 아름에 곡식은 한 주먹

E multis paleis, paulum fructus collegi / Much straw, but little grain

들인 공력에 비해 소득이 적다. 들은 것은 많은데 막상 얻은 지식은 별로 없다. 이 격언은 본격적인 연극이 탄생하기 전에 매우 인기 있던 극놀이의 하나인 '미스테리스(Misteries)'에 나오는 장면에서 비롯되었다. 이 놀이에서 악마가 수술하는 내내 가장 소름끼치는 소리를 낸 돼지의 털을 깎고 나서 "소리만 컸지 털은 한 줌도 안 된다(Assai romor et poco lana)"고 외치면 관객은 큰 환호를 보낸다.

다 잡으려다가는 몽땅 놓친다

Duos insequens Lepores neutrum capit / Grasp all, lose all

두 마리 토끼를 다 잡으려고 욕심을 부리다가는 두 마리 모두를 놓친다. 물에 비친 고기 그림자를 물려다 자기가 물고 있던 고기마저 잃은 개와 다르지 않다. "많이 품으려는 자는 조금밖에 챙기지 못한다"는 말도 있다. "큰 욕심은 무욕(無慾)과 같다(Avarice overreaches itself)", "한 푼 아끼려다가 백 냥을 잃는다(Penny-wise and pound-foolish)" 등의 말도 다 같다.

모기를 코끼리로 만들다

Elephantum ex musca facis / To makes an elephant out of a mosquito

아주 작은 물건을 과장하고 부풀려 사람들에게 이야기하다, 즉 '침소봉대(針小棒大)'한다는 뜻이다.

로마의 작가 루키아노스는 『파리 찬가』에서 말한다. "나는 아직 해야 할 이야기가 많지만, 이쯤에서 말을 마치려 한다. 격언에도 나와 있듯이, 모기를 코끼리로 만든다는 인상을 주고 싶지 않기 때문이다."

이런 표현은 아마도 호메로스에서 비롯되었을 것이다. 호메로스는 신들과 영웅들의 전쟁을 노래하는 가운데 모기의 무모함을 묘사하면서 이를 '불굴의 메넬라오스*'와 비교했다.

---

* 스파르타의 왕. 아가멤논의 동생이자 헬레네의 남편. 트로이의 왕자 파리스에게 빼앗긴 헬레네를 되찾기 위해 트로이 전쟁을 일으켰다.

수탉도 제 똥 무더기 위에서는 얼마든지 활개 칠 수 있다

Gallus in suo Sterquilinio plurimum potest / The rooster can do plenty in his own dungheap

어떤 수탉이든 자신의 무리 안에서는 의기양양 울어댄다. 누구나 가족과 친구들에게 둘러싸인 자기 집에서는 용기를 뽐낼 수 있다. 그를 기죽게 내버려 둘 사람이 아무도 없기 때문이다. "무쇠가 무쇠를 벼리듯 친구의 후원은 그 사람의 날을 세워 준다."

이 속담은 세네카가 클라우디우스 황제의 죽음을 풍자한 『아포콜로킨토시스』에서 처음 쓴 뒤 널리 회자되었다. 클라우디우스는 힘이 장사인 영웅 헤라클레스와 맞닥뜨리면서 자신이 크나큰 곤경에 처했음을 깨닫는다. 풍채 당당한 영웅을 본 클라우디우스는 자신이 방금 전에 내뱉었던 어리석은 말들을 깡그리 잊어버리고, 로마에서는 자신을 대적할 자가 없지만 그와 만나서는 그만한 힘을 발휘할 수 없음을 깨닫게 된다. 여태껏 수탉이 제 똥 무더기 위에서 활개를 쳐 온 것이다.

황제 클라우디우스를 로마라는 똥 무더기 위에서 의기양양 울어댔던 수탉에 불과한 존재로 조롱한 것은 이 놀라운 문학 작품에 담긴 세네카의 날카롭고 때로는 악의적이기까지 한 풍자적 의도에 완벽히 들어맞는다.

귀게스의 반지

Gygis annulus / Gyges's ring

이 말은 의롭지 못한 사람이 정의로운 것처럼 행동하는 것이나 자신이 원하는 모든 것을 마치 마법의 바람이 가져다주듯 모두 얻는 사람을 가리킨다. 로마 시대의 단편 작가로 그리스 문학에 능통했던 루키아노스는 『진실한 이야기』에서 이 말을 언급했다. 어떤 이가 귀게스의 반지와 같은 반지들을 소망했는데, 그 하나로는 부자가 되고, 다른 하나로는 매력적이고 사랑스러운 모습을 얻고, 또 다른 하나로는 상상하는 곳 어디로든지 갈 수 있는 반지였다는 것이다.

이 격언은 플라톤이 『국가』 제2권에서 전하는 이야기에서 비롯되었다. 리디아 왕국의 창시자인 귀게스는 원래는 그곳을 다스리는 왕의 목동이었다. 어느 날 무서운 폭풍이 몰아치고 맹렬한 폭우가 쏟아지고 번개가 치면서 지진이 일어났다. 귀게스가 양 떼를 돌보고 있던 곳의 대지도 크게 갈라졌다. 다른 목동들은 겁에 질려 모두 달아났고, 홀로 남은 귀게스는 벌어진 대지의 입으로 내려갔다. 그곳에는 이루 형언할 수 없는 신기한 것이 많이 있었다. 그 가운데 속이 빈 거대한 청동 말이 있었는데, 뒤꽁무니 쪽의 커다란 입구가 열려 있었다. 들여다보니 보통 사람보다 덩치가 훨씬 큰 사내의 시체가 말의 복부에 안치되어 있었다. 실오라기 하나 걸치지 않았으며 부장품도 없었지만, 손가락에 반지 하나를 끼고 있었다. 귀게스는 그 반지를 빼서 그곳을 빠져나왔다.

며칠 후 왕의 가축들을 돌볼 사람을 뽑는 자리에 참석하게 된 귀게스는 무심코 끼고 있던 반지의 홈집 난 곳을 안쪽으로 돌렸는데, 주변 사람들은 마치 그가 자리에 없는 듯 이야기를 주고받았다. 이렇게 자신이 다른 사람에게는 보이지 않는다는 걸 깨달은 그는 깜짝 놀랐다. 그가 다시 반지를 바깥쪽으로 돌리자 그때는 다른 목동들이 그를 볼 수 있었다. 귀게스는 조심스럽게 몇 번을 시험해 본 뒤 그 사실을 확인했다. 그리고 목동들을 꾀어 자신을 왕의 시종으로 뽑도록 만든 귀게스는 왕궁으로 들어갔다. 그 후 '보이지 않게 하는 힘'을 갖게 된 귀게스는 왕의 아내를 유혹했고 결국 왕을 살해하고 왕의 아내와 결혼해 자기가 왕이 되었다. 이 모든 것이 반지 덕분이었다.

플라톤은 이 이야기를 『국가』 제10권에서 다시 한 번 서술했고, 키케

장 제롬, 〈칸다울레스 왕〉(1859). 리디아의 왕 칸다울레스의 아내 뉘시아의 나체를 엿보는 귀게스(오른쪽). 헤로도토스는 『역사』 제1권에서, 칸다울레스가 아내 뉘시아의 나체를 몰래 귀게스에게 보여 주었는데, 왕비에게 들킨 귀게스는 그녀의 협상 조건대로 칸다울레스를 죽이겠다고 말했다고 전한다.

로는 『의무론』 제3권에 이 이야기를 실었다. 헤로도토스는 『역사』 제1권에 귀게스의 이야기를 수정해서 실으면서 반지에 관해서는 언급하지 않았다.

오래된 옛날 미신을 믿는 사람들은 반지에 여러 가지 능력이 들어 있다고 믿었다. 야수를 피하기 위해, 추문을 피하기 위해, 또는 액운을 피하거나 행운이 찾아오길 바라며 반지를 꼈다.

고대 그리스 아테네의 대표적인 희극작가 아리스토파네스의 희극 『부(富)』에서 디카이오폴리스라는 농부는 아첨꾼에게 이렇게 말한다. "나는 너를 전혀 신경 쓰지 않는다. 나는 에우다모스*에게서 1드라크마를 주고 산 반지를 끼고 있으니까." 그리고 다시 말한다. "하지만 이것은 저 아첨꾼의 공격을 당해 내는 데 전혀 효험이 없다."

---

* 알렉산드로스 대왕 시기에 인도를 공격하고 점령했던 장군.

여기가 로도스다. 여기서 뛰어라!

Hic Rhodus, hic saltus! / Here is Rhodes, jump here!

『이솝 우화』에 나오는 이야기다. 한 허풍쟁이가 "로도스섬이라면 잘 뛸 수 있다"고 하자, 옆에서 듣고 있던 사람이 한 말이다. 자기 능력을 떠벌리기만 할 뿐, 그 능력을 사람들에게 증명해 보이지 못하는 사람을 겨냥한 것이다.

눈먼 자들의 나라에선 외눈박이가 왕이다

In regione caecorum rex est luscus / In the land of the blind, the one-eyed man is king

옛날에 난폭한 왕이 있었다. 전쟁 중에 부상을 입어 외눈박이가 된 왕은 백성이 자기를 숭배하도록 위엄 넘치는 초상화를 남기고 싶었다. 그리하여 나라에서 으뜸가는 화가를 불러 초상화를 그렸다. 그러나 그 불쌍한 화가는 왕의 외눈박이 얼굴을 사실적으로 그렸다는 이유로 목숨을 잃고 말았다.

그래서 다른 화가가 뽑혔다. 그는 첫 번째 화가가 왕의 얼굴을 있는 그대로 그려 화를 당했다는 것을 알고 왕의 얼굴에 없는 눈을 그려 넣었다. 그러나 그 역시 죽임을 당했다. 세 번째 화가가 또다시 뽑혔는데, 그는 목숨을 걸고 초상화를 그린 뒤 살아남았다. 이 화가는 왕의 옆모습을 그려 보기 흉한 외눈박이 눈을 가리는 기지를 발휘했던 것이다.

이 우화는 세 번째 화가의 번뜩이는 기지를 칭찬하는 이야기로 읽을 수 있으나 이것만은 아니다. 이 이야기는 흔히 어떤 사건이나 실재의 한쪽 측면만 보려고 하는 고정관념과 아집을 꼬집고 있다. 자신의 치부를 감추고 단 하나의 시각만을 강요하는 외눈박이 왕의 후예인 군주들이 셀 수 없이 많이 있다.

벽돌 씻기

Laterem lavas / Washing bricks

벽돌은 박박 문질러 씻을수록 진흙 범벅이 된다. 여기에서 벽돌은 구워 만든 것이 아니라 진흙 반죽을 틀에 찍어 햇볕에 말린 벽돌로 예나 지금이나 동양에서 사용되고 있다. 프랑스 사람들은 이렇듯 쓸데없는 시도를 하는 경우를 "바보의 머리 씻기(Laver la tête d'un âne)"라고 빗대어 말한다. 이 격언은 무언가를 실제보다 더 아름답고 가치 있게 보이려고 온갖 가짜 장식을 동원하거나 어떤 행동을 그럴듯하게 보이려고 과장된 수사를 동원하는 사람들을 일컫는 데 쓴다.

약속이 많으면 믿음이 떨어진다

Multa fidem promissa levant / Many promises lessen confidence

로마의 시인 호라티우스가 쓴 『서간집』에 나오는 말이다. 여러 사람들과의 약속을 다 지키기란 무척 힘들다. 하지만 가장 중요한 것은 자기 자신과의 약속을 지키는 일이다. 다른 사람들과의 약속이 중요한가 아니면 자기 자신과의 약속이 중요한가를 따지는 것이 아니라, 자기 자신과의 약속을 지키지 못하면 남들과의 약속을 지키는 것도 힘들기 때문이다.

많은 것을 아는 사람은 많지만, 모든 것을 아는 사람은 없다

Multi multa, nemo omnia novit / Many know many things, but No one Knows it All

제사장의 저녁 식사

Pontificalis coena / A dinner for a pontiff

일찍이 사람들은 풍성하고 화려한 식사를 제사장의 저녁 식사라고 했다. 로마의 시인 호라티우스는 이러한 관례를 자신의 서정시에서 노래하고 있다.

> 당신은 수백 개의 자물쇠로 숨겨 두겠지만,
> 현명한 상속자는 카이쿠붐*의 포도주를 마실 것이다.
> 그리고 제사장의 저녁 식사보다 더 훌륭하게,
> 그 비싼 포도주로 바닥을 적실 것이다.

호라티우스의 서정시에 주석가들은 '제사장의 저녁 식사'가 '진수성찬'을 가리키는 말이라고 설명을 붙여 놓았다. 로마의 문헌학자이자 철학자인 마크로비우스가 『사투르누스 축제』 제3권에서 말하기를, 아주 오랜 옛날에 최고 제사장의 저녁 식사는 넘치도록 풍성했으며 온갖 진귀한 음식들이 즐비했다고 한다. 이러한 관례는 분명 제사를 지낼 때 진수성찬으로 올린 제사 음식에서 비롯되었을 것이다.

호라티우스의 서정시와 같은 맥락에서 '사제들의 포도주'라는 농담이 오늘날 파리에서 유행하고 있다. 이 포도주는 전혀 물을 섞지 않아 진하다. 이 유행어의 근원을 묻는다면 익살스러운 대답이 돌아올 듯하다. 녹

---

* 호라티우스와 베르길리우스가 좋아했던 3대 와인 중 하나. 3대 와인은 팔레르눔(Falernum), 마메르티눔(Mamertinum), 카이쿠붐(Caecubum)이다.

을 먹는 성직자, 수도원장, 부주교 등은 모두 법률에 능통한 자들이었고 일반 사제들에게는 어떤 직위도 주어지지 않았기 때문이다. 사제들 앞에 놓인 것은 그저 영적인 것들뿐이었다. 목자들은 이렇게 쓰고 있다. "그들은 백성의 속죄 제물을 먹고 살며 백성이 죄짓기만 간절히 바란다." 이렇듯 소화하기 힘든 음식을 먹으려면 당연히 강한 포도주가 필요했다. 이런 배경에서 '사제들의 포도주'라는 격언이 나왔다고 한다.

플라우투스는 『메나이크모스 형제』에서 '케레스*의 만찬'을 이와 비슷한 뜻으로 사용한다. "그는 케레스의 만찬을 주었다. 온갖 음식이 차려져 있고, 접시에는 음식들이 차곡차곡 쌓여 있어 뭔가를 집어 먹으려면 손을 높이 뻗어야만 했다."

사람들은 종종 만찬이나 성찬이라고 표현하지만, 북아프리카 노예 출신의 로마 희극작가이자 시인 테렌티우스**는 『포르미오』에서 잘 차려진 성대한 식탁을 '망설임의 잔치'라고 표현했다.

---

* 로마 신화에 나오는 '곡식의 여신'으로, 그리스 신화의 데메테르에 해당한다. 하데스의 부인이 된 페르세포네의 어머니다.
**고대 로마 시대의 희극작가이자 시인으로 수많은 경구를 남겼다.

뭘 웃나, 이름만 바꾸면 당신 이야긴데

Quid rides? motato nomine de te fabla narratur / Why are you laughing? Change the name and the story is about you

호라티우스의 『풍자시집』 제1권에 나오는 말이다. 누가 어떤 사람을 흉보거나 험담을 늘어놓을 때 맞장구치는 사람에게 해 주는 말이다. 이런 자들은 대부분 열등감이나 자격지심을 갖고 있기에 그 비난의 대상이 곧 자기가 될 수 있다는 걸 모르고 히죽거린다. 호라티우스는 이런 자들에게 정신을 차리라고, 누워서 침 뱉지 말라고 일침을 가한다.

남의 일만이 아니라 나의 일이라고도 할 수 있기 때문에 서로의 처지와 입장을 바꾸어서 생각하는 역지사지(易地思之)의 자세를 지녀야 한다는 말이기도 하다. 이것의 목적이 상대방을 배려하고 이해함으로써 갈등을 줄이는 것이라면 이러한 태도는 공감 능력의 또 다른 표현이라고 할 수 있다. 패망은 남을 헐뜯기 좋아하는 자에게 따라오는 선물이기 때문이다.

날고자 하나 날개가 없다

Sine pennis volare haud facile est / No flying without wings

플라우투스의 말이다. 이 격언은 자신의 힘이나 능력을 한참 벗어난 일을 하고자 하는 사람들에게 적용된다. 또한 명령할 권리나 복종을 강요할 힘도 없으면서 위압적으로 말하는 사람도 이런 부류에 속한다. 누군가에게 기대한 일이 있었는데 그 사람이 그 일을 수행하는 데 필요한 수단을 갖고 있지 않아 하지 못했다면, 그에 대한 변명의 수단으로 이 격언이 동원될 수도 있을 것이다. 프랑스 사람들은 이와 유사하게 "날개를 가지기 전에는 날 수 없다"고 말한다.

개똥지빠귀는 나뭇가지에 똥을 싸며 스스로 재앙의 씨앗을 뿌린다

Turdus ipse sibi malum cacat / The Thrush when he defiles the bough, Sows for himself the seeds of woe

지나치게 말이 많아 자신에게 불이익으로 돌아올 말까지 적들에게 누설하는 사람을 흔히 개똥지빠귀에 비유한다. 개똥지빠귀는 자신이 먹고 사는 겨우살이의 씨앗에 배설하는 것으로 알려져 있다. 그런데 겨우살이의 껍질에서 끈끈이가 만들어져 다른 새들뿐만 아니라 개똥지빠귀도 붙잡히는 일이 흔하다. 화살에 맞은 독수리는 자신에게 상처를 입힌 화살이 자신의 깃털(화살 깃)을 달고 날아왔다는 사실을 알고 나면 두 배의 고통에 시달린다.

침묵이 수치다

Turpe silere / It is disgraceful to be silent

키케로의 말이다. 만일 동료 시민이나 자신과 연관된 사람들에게 득이 될 만한 것을 가르칠 능력이 스스로에게 있음을 아는데도 그 일을 하지 않는다면, 그것은 수치스러운 일이거나 죄를 짓는 일일 수도 있다. 알렉산더 포프는 『비평론』에서 이렇게 말한다. "허세를 부리며 조언을 아끼는 자가 되지 마라. 가장 나쁜 탐욕은 지식에 대한 탐욕이거늘."

또한 이 격언은 어떤 예술이나 직업에 몸담아 영예를 얻은 사람들을 보면서 그들이 자신보다 그런 영예를 누릴 자격이 덜하다고 느꼈을 때 나올 법한 말이기도 하다. '지금부터 분발하자. 그래서 나의 모습이 무능력 탓이 아니라 지금까지 내가 자제해 온 탓이라는 사실을 보여 주자. 더 이상 침묵하는 것은 수치스러운 일이다.' 이 격언은 이와 같은 상황에서 나온 것으로 전해진다.

네 꿈 이야기를 들려주마

Tuum tibi narro Somnium / I tell you your own dream

누군가의 지극히 내밀한 일을 아주 잘 알고 있는 척하는, 그래서 "네가 어젯밤 꾼 꿈 이야기를 들려주겠다"고 말하는 사람들의 자신감은 과연 어디에서 나올까? 그들에게 이 격언을 그대로 돌려줄 수밖에.

아테네에 올빼미를 보내는 격

Ululas Athenas portas / To send owls to Athens

'부엉이를 아테네로 보내다'라는 말은, 어떤 물건이 지천으로 널려 있는 고장에 그 물건을 팔려고 가져가는 어리석은 상인에게 잘 어울린다. 예를 들면 "밀을 이집트로 가져간다"거나 "바다로 물 나르는 일"을 가리킨다. 영국의 속담 "뉴캐슬로 석탄 나르기"와 에스파냐의 속담 "양봉업자에게 꿀 팔기"나 "에스키모족에게 얼음을 파는 일"도 마찬가지 뜻이다. 또한 "(당대 최고의 부자 국왕으로 알려진) 크로이소스의 재산에 동전 한 닢 없는 꼴"이기도 하다.

이 격언은 이미 파다하게 퍼진 이야기를 마치 새로운 소식인 양 말하는 사람이나 어떤 기술에 정통한 사람 앞에서 그 기술을 가르치려 드는 사람에게도 쓸 수 있다.* 부자에게는 선물을 보내면서 정작 그런 도움이 필요할지도 모를 친구나 친척은 모른 체하는 사람도 이 격언이 주는 꾸지람을 들을 만하다.

이 은유를 정신적인 영역으로 옮겨 보자. 자신보다 더 현명한 사람을 가르치려 들거나, 시인에게 시를 보낸다거나, 탁월한 원로원 의원에게 정견을 펼치려는 경우가 이에 해당한다. 키케로는 로마의 집정관을 지낸 정치인 토르콰투스에게 "내가 이것(정치 문제)을 당신에게 말한다면 다시 한 번 부엉이를 아테네로 가져가는 꼴입니다"라고 말하기도 했다.

이런 격언은 부엉이가 아티카 지방에 많이 서식하고, 아마도 그 지역

---

* "공자 앞에서 문자 쓴다(孔子門前 讀賣經)"는 말도 이와 비슷하다.

을 대표하는 것이기에 생겨났을 것이다. 부엉이는 아티카 지방에서도 금광이 있는 라우리온에 주로 서식한다고 한다. 그래서 사람들은 '라우리온의 부엉이'라고도 했다.

아테네 사람들은 예로부터 이 새를 매우 좋아했다. 부엉이는 다른 새들과 달리 어둠 속에서도 사물을 알아볼 수 있는 눈을 가지고 있어 아테나 여신에게 바쳐졌는데, "부엉이가 날아간다"는 격언은 길조를 뜻했다. 아테네 시민은 자신들이 잘못된 결정을 내려도 결국 아테나 여신이 좋은 결과를 얻도록 도와준다고 믿었기 때문이다.

그리스의 희극 시인 아리스토파네스는 『새』에서 다음과 같이 말했다. "무슨 말씀입니까? 도대체 어떤 자가 부엉이를 아테네로 가져간단 말입니까?"★ 아리스토파네스의 주석가들에 따르면, 아테네에

★ 아리스토파네스, 「새」 301행.

부엉이가 많이 살고 있기 때문만이 아니라 아테네의 금화와 은화에 모두 '지혜의 여신' 아테나와 그녀의 상징인 부엉이가 새겨져 있기 때문에 이 말이 나왔다고 한다. 이 주화는 테트라드라크몬(Tetradrachmon)이라 하는데, 말 그대로 4(Tetra)드라크마짜리다.

아테나 여신과 부엉이가 새겨진 그리스 동전

어떤 사람들은 아테네에서 사용되던 트리오볼루스(Triobolus. 3볼루스)라는 동전을 이유로 삼았다. ½드라크마(1드라크마=6볼루스)의 값어치를 가진 트리오볼루스의 한쪽 면에는 아테나가, 반대쪽 면에는 부엉이가 새겨져 있기 때문이라는 것이다. 이렇듯 아테네 곳곳에 부엉이가 많기 때문에 아테네로 부엉이를 가져가는 일은 쓸데없는 짓이 아닌가.

『플루타르코스 영웅전』의 「뤼산드로스*」 편에도 이 격언이 언급되고 있다. 어떤 노예가 집 안에 든 도둑에게 "지붕 밑에 부엉이들이 잠자고 있다"고 귀띔을 해 주었고, 도둑은 그 말을 듣고 부엉이가 새겨진 동전들이 지붕 밑에 숨겨져 있음을 금방 알아챘다고 한다.

---

* 아테네와 벌인 '펠로폰네소스 전쟁'에서 스파르타에 최종적인 승리를 안겨 준 장군.

그림자 뒤따르듯

Velut Umbra sequi / To follow a man like his shadow

질투는 그림자처럼 따라다니며 값을 치르게 한다. 이 격언은 어리석지만 돈 많은 젊은이 주변에 기생충 같은 사람들이 들끓듯이 어떤 사람 곁을 그림자처럼 따르다가 그에게서 실물, 즉 재산이 사라지는 순간 그림자도 함께 사라지는 상황에도 적용된다. 재능 있는 사람들에게 질투가 뒤따르는 것도 이 격언에 걸맞은 상황이다.

오로지 목소리뿐

Vox et præterea nihil / A voice and nothing else

플루타르코스는 이런 이야기를 들려준다. 어느 라케다이몬 사람이 저녁 식탁 위에 놓인 나이팅게일 요리를 먹으려다가 몸집에 살이 거의 없는 것을 보고 나이팅게일의 노랫소리가 힘차고 아름답다는 사실을 떠올리며 이렇게 외쳤다. "네 녀석은 목소리뿐이구나." 이 표현은 "말은 많지만 거기에 알맹이는 없는 사람"을 지칭하는 격언으로 굳어졌다.

키케로는 "말 많은 돌대가리보다는 못 배웠어도 말이 없는 신중한 사람을 내게 주라"고 했다. 그가 왜 이런 말을 했는지는 다음의 시구를 보면 알 수 있다.

말은 나뭇잎과 같아서, 잎이 무성한 곳 아래에는
의미의 열매가 풍성하지 않느니라.

Chapter 3

오늘은 나에게, 내일은 당신에게
사랑과 우정

Amare et sapere vixdeo conceditur 아마레 에트 사페레 윅스데오 콘케디투르

사랑하면서 동시에 현명하기는 신조차 힘들다.

Amor addit inertibus alas 아모르 아디트 이네르티부스 알라스

사랑은 게으른 자에게도 날개를 달아 준다.

Nunc scio quid sit amor 눙 스키오 퀴드 시트 아모르

난 이제야 사랑이 뭔지를 알았다.

친구끼리는 모든 것을 공유한다

Amicorum communia omnia / Friends have all things in common

아주 오래전부터 이 격언만큼 유명하고 사람들의 입에서 자주 오르내린 것도 없을 것이다. 그래서인지 에라스뮈스는 이 격언을 자신의『격언집』맨 앞에 올려놓았다. 우정이라는 마음의 결합보다 소중한 것이 없다는 마음의 반증일 것이다. 로마 시대의 친구에 관한 다른 격언으로는 다음과 같은 것들이 있다.

- 오랜 친구보다 더 나은 거울은 없다(Ne ay major espejo, que el amigo viejo).
- 가까운 친척보다 좋은 친구가 더 낫다(Mas Vale Buen Amigo, queue Pariente Primo).
- 한 시간 된 달걀, 하루 된 빵, 일 년 된 와인, 하지만 삼십 년 된 친구가 으뜸이다(Ova d'un ora, pane d'un di, vino d'un anno, amico di trenta).
- 기름과 와인과 친구는 오래될수록 좋다(Azeyte, y vino, y amigo antiguo).

로마의 정치가이자 웅변가 키케로는『법률』제1권에서 이 격언이 피타고라스에서 유래한다고 말했다. "피타고라스가 말한 것처럼, 친구들의 재산은 공동의 재산이며, 우정이란 동일성이다." 또한 로마 시대의 역사가 살루스티우스는 "같은 것을 좋아하고 같은 것을 싫어하는 것은 우정을 돈독히 해 준다"고 했다.

이탈리아 사람들은 "친구가 없는 것은 영혼이 없는 육체와 같다"고 말하며, 프랑스 사람들은 "친구는 날개 없는 사랑이다"라고 말한다. 우정이란 영원한 애정이어야 하며 쉽사리 지워지지 않아야 한다는 의미다. 프랑스의 사상가 몽테뉴는 "결실을 맺으면 약해지는 사랑과 달리, 우정

키케로의 우정에 관한 글귀를 새긴 장자크 부아사르의 목판화(1595)

은 세월이 흐를수록 성장해 번성하므로 즐거움이 배가된다. 우정은 영적인 존재 자체이며, 영혼은 우정의 실천으로 거듭난다"고 말했다.

그러나 이렇듯 숭고한 우정의 사례를 실제로 찾아보기란 그리 쉬운 일이 아니다. 그러므로 친구를 택하는 식견을 길러야 한다. "아무에게나 오른손을 내주지 마라."

어려울 때 친구가 진짜 친구다

Amicus certus in re incerta cernitur

A friend in need is a friend indeed

불행도 함께 겪을 벗이 있으면 위안이 된다

Dulcèest Miseris Socios habuisse Doloris / It is a comfort to the wretched to have companions in their misfortunes

로마의 철학자 루크레티우스는 이렇게 말한다. "해안에서 폭풍우로 난파될 위기에 처한 배를 바라보거나 성채 창문 너머로 전투를 구경하는 것은 즐거운 일이다. 그렇다고 우리가 오랜 사투 끝에 결국 바다 한가운데서 목숨을 잃을 불행한 자들의 고통을 기뻐하거나 전쟁 중에 죽거나 다칠 사람들의 운명에 즐거워하는 것은 아니다. 이는 너무도 많은 인간이 처해 있는 위험으로부터 자신이 비켜서 있다는 데서 오는 안도감이다. 따라서 곤경에 처한 우리가 그것을 함께 겪을 벗이 있다는 데서 경험하는 위안은, 다시 말해 우리가 당하고 있는 고통과 유사한 고통을 겪고 있는 타인을 발견함으로써 얻는 위안은 고통을 겪고 있는 그들을 바라보는 데서 오는 게 아니라 타인에 비해 유독 자신에게만 더 큰 불행이 닥친 것은 아니라는 사실을 인식함으로써 오는 안도감이다."

어려움과 불행한 일이 있을 때마다 그 형태를 불문하고 큰 고통이 뒤따른다. 그리고 어떤 사람에게는 유독 더 큰 불행이 닥친다. 전염병이든 화재든 홍수든 모든 이들이 함께 겪는 재난 상황에서 반드시 평균 이상의 불행을 겪는 이들이 생긴다. 이럴 때 함께할 벗이 있다면, 커다란 위안을 얻지 않을까.

그러나 처형당하는 사람을 구경하려고 기를 쓰고 몰려드는 사람들의 감정은 어떻게 설명할 것인가? 그들은 세상에서 가장 고통스럽고 비참한 광경이라 할 만한 상황을 지켜보려는 자발적인 구경꾼이다. 더구

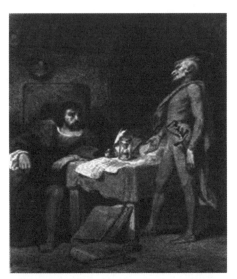

메피스토펠레스는 파우스트 박사에게 베르길리우스의 말을 빌려 이렇게 답한다. "불행한 사람에게는 자신의 슬픔을 나눌 다른 사람이 있는 게 위안이 된다." '과부의 설움은 홀아비가 안다(misery loves company)', 동병상련 등과 일맥상통하는 말이다.

나 거기에는 공포스러운 상황이 수반되기도 하며 죄인에게는 죽음을 통해서만 그 고통에서 벗어날 수 있는 잔인한 고문이 자행되기도 한다. 이러한 성향을 단순한 호기심으로 치부할 수 있을까? 단지 인간의 힘이나 용기가 이런 극한의 불행을 어떻게 견뎌 내는지 지켜보고 싶다는 욕망 탓이라고 말할 수 있을까? 여리고 섬세한 심성 탓에 그러한 광경에 어울리지 않을 듯한 여성은 이런 처형 장면을 구경하러 가는 사람 중에 그리 많지 않을 것이라고 생각하겠지만 과연 그럴까?

몬터규 부인*은 『서간집』 제4권에서 이렇게 말한다. "나는 여성 대부

---

* 영국의 저술가로, 『서간집』으로 유명하다.

분이 집안 살림은 모두 내팽개치고, 건강을 해칠 뿐만 아니라 분별력까지 잃게 하는 대중적 구경거리와 오락에 앞 다투어 달려드는 사태를 오래전부터 안타까워했다. 그런데 페러스 경*에 대한 선고 현장을 지켜보기 위해 많은 여성이 상원 의사당에 몰려들었다는 최근의 소식은 나를 특히나 화나게 했다. 페러스 경은 살인 사건을 저질러 조상과 가문의 이름을 더럽힌 죄로 재판에 회부되었는데, 여성들은 이 범죄자에게 가혹하고 치욕스러운 사형이 선고되는 모습을 보기 위해 그 자리에 몰려든 것이었다. 이 사건에는 인간 본성과 시민적 기품에 철저히 먹칠을 하는 무언가가 존재했다. 하지만 여성들에게 그것은 구경거리에 불과했다. 여성들은 배려심과 우아함으로 철저히 위장했지만, 온갖 장신구로 치장을 한 채 그곳에 가서 참으로 끔찍스러운 상황에 처한 한 동료 인간이 이승과 서글피 작별하며 다음 생에 대한 두려움으로 떠는 모습을 웃으며 즐겼다."

---

* 페러스는 1760년 자기 하인을 총으로 쏴 죽인 혐의로 교수형에 처해졌다.

그대가 행복할 때는 친구들이 많지만, 그대가 암울해지면 그땐 홀로 남을지니

Donec eris felix, multos numerabis amicos; tempora si fuerint nubila, solus eris / As long as you are lucky, you will have many friends; if cloudy times come, you will be alone

로마의 시인 오비디우스의 말이다. 자신이 소유한 부와 권력이나 명예가 영원할 것 같지만, 언제든지 뒤바뀔 수 있으니 기고만장하지 말라는 세상의 겸허한 충고가 담겨 있는 말이다. 잘나가던 사람이 한순간의 실수로 명예를 잃는 일이 종종 있다. 잘나갈 때 더 조심해야 하는데 그렇지 못하기 때문이다. 자리가 높아지면 교만하게 되고 주변 사람들로부터 청탁을 받거나 자기 힘을 과시하려 한다.

인생사 새옹지마(塞翁之馬)라 했다. 어떤 일이 복이 될지 화가 될지는 나중에 가 봐야 알고, 좋은 일이나 나쁜 일은 언제든 있을 수 있기 때문에 우쭐대거나 좌절하지 말라는 교훈이다. 이는 특히 위정자나 권력자가 새겨야 할 경구다. 잘나갈 때 조심하고 겸손해야 한다. 조심하지 않으면 '일순간에 추풍낙엽'이 될 수 있다.

같은 잔으로 마시다

Eodem bibere poculo / To drink from the same cup

같은 고초를 겪거나 같은 운명에 사로잡힌 것을 말한다. 플라우투스의 희극『카시나』에는 "오, 노인이여. 당신은 내가 맛본 잔을 맛보아야 하는군요!"라는 대사가 나온다.

이 격언은 술 마시기 시합의 관습에서 유래했거나 혹시 독이 들어 있지 않을까 하는 두려움에서 비롯되었다. 이것은 널리 알려진 격언이다. 예를 들어 어떤 이에게 '눈에는 눈으로' 복수하겠다는 협박을 받은 사람은 "너도 같은 잔으로 마시게 될 것이다"라고 맞받아친다.

로마의 시인 마르티알리스는 물에 탄 시디신 포도주를 손님에게 내놓고 자기는 최상의 포도주를 마시는—오늘날 부잣집에서는 대개 이런 풍습이

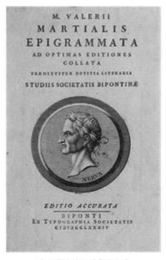

마르티알리스와『경구서』

널리 퍼져 있지만—사람들을 비꼬는 『경구서』를 펴냈다. 그는 이 책에서 아마도 무심코 시디신 포도주를 마신 사람이 자기만 당할 수 없어 옆 사람에게도 권한 데서 이 격언이 생겨났을 가능성이 크다고 언급했다.

성경에는 눈앞에 나타난 불운을 염두에 두고 바빌론의 술잔이 여러 번 나온다. "바빌론은 주님의 손에 들린 금잔, 온 세상을 취하게 하였다. 민족들이 거기 담긴 포도주를 마셨기에 미쳐 버렸다."★

★ 예레미야 51:7 |

복음서에서 예수가 세베대의 아들들에게 그들이 예수가 기꺼이 마시고자 하는 잔으로 마실 수 있는가를 물었다. 여기에 덧붙여 '같은 세례'라는 두 번째 비유를 말했다. "예수님께서 이르시되 너희는 너희가 구하는 것을 알지 못하는도다. 내가 마시는 잔을 너희가 마실 수 있으며 내가 받는 세례를 너희가 받을 수 있느냐"★★고 했다. 이 두 가지 비유는 틀림없이 일상생활에서 쓰이는 격언이었을 것이다.

★★ 마가복음 10:38 |

아리스토파네스는 『기사들』에서 약간 다르게 "아마도 그는 우리와 똑같은 잔으로 마시지는 않을 것이다"라고 말했다. 그는 이와 같은 말로 변태적인 쾌락주의자를 비난했다.

지붕 밑에 제비를 키우지 마라

**Hirundinem sub eodem
tecto ne habeas** / Take not a swallow under
your roof

　제비는 따뜻한 봄에만 찾아왔다가 춥고 힘든 겨울이 다가오면 떠나
버린다. 이 격언은 애걸복걸 우정을 구걸해 그 우정을 빌미로 자기 이
익만 취하는 자를 친구로 받아들이지 마라는 말이다. 또한 쉴 새 없
이 재잘대는 수다쟁이에게 곁을 허용하지 마라는 뜻으로도 쓴다. 그런
자는 우리 집에서 보고 들은 것들을 낱낱이 흘리고 다닐 게 분명하기
때문이다.

　흔히 제비는 자기 나름의 속셈이 있을 뿐 새끼를 낳아 기른 뒤 자기
가 받은 대접에는 아무런 보답도 하지 않은 채 우리 곁을 떠난다고 알려
져 있다. 하지만 과실을 망칠 수많은 해충을 먹어치움으로써 충분히 빚
을 갚고 있다는 주장도 한편으로는 일리가 있다.

프랑스 사람을 친구로는 사귀되
이웃으로는 두지 마라

**Gallum habeas Amicum,
non Vicinum** / Have the French for your friend,
not for your neighbour

하지만 1812*년 현 시점에서는 프랑스인을 이웃으로 두는 것만큼이나 친구로 사귀는 것도 위험하다. 오늘날 프랑스와 연합하거나 동맹을 맺는 영예만큼 치명적인 것은 없다. 연합이니 동맹이니 하는 구실을 내세워 당신의 나라를 통째로 집어삼키려 들 것이기 때문이다.

그동안 피레네산맥은 프랑스와 에스파냐 간의 친교(프랑스가 사용하는 용어 그대로)를 막는 충분한 방패막이가 되지 못했다. 1809년 나폴레옹은 에스파냐 국왕과 그의 아들에게 퇴위를 강요하며 프랑스 내에 유폐시켰다.

프랑스는 에스파냐에서 파괴적인 전쟁을 이어 가면서 저항하는 현지인을 반역자로 처형하는 동시에 수천 명을 강제로 징집해 프랑스군으로 편입시켰다.

현재 에스파냐 국민은 자국 군대의 지원 아래 프랑스에 대한 격렬한 반대 운동을 펼치고 있다. 언젠가 그들이 자국 영토에서 프랑스인들을 완전히 몰아내기를 간절히 바라지만 현재로선 기대보다는 그저 희망 사항일 뿐이다.

---

* 나폴레옹이 러시아를 침공한 해다.

1808년 에스파냐를 점령한 나폴레옹은 자기 형인 조제프를 에스파냐의 호세 1세로 왕위에 앉혔고, 프랑스의 점령에 반대하는 에스파냐 사람들이 게릴라전으로 저항하자 학살이라는 극단적인 방법으로 탄압했다. 이러한 학정은 고야의 〈1808년 5월 3일의 처형〉에 담겨 있다. 에스파냐의 격렬한 게릴라 투쟁에 고전을 면치 못한 나폴레옹은 이를 '위궤양'에 빗댈 정도였다.

말로만 친구

Linguâamicus / A friend in words

대화할 때는 친구로 대해 주기를 무척 바라는 듯하지만, 그의 우정
은 거기까지인 사람을 이른다. 이런 사람은 약속은 흔쾌히 하면서도 막
상 친구에게 도움이 될 만한 일에는 한 걸음 뒤로 물러선다. 이 격언은
바로 그런 부류의 사람을 질책하는 의미가 담겨 있다.

"약속에는 후한 사람이 실행에는 인색하다", "약속할 때 다 털어 줬
다가 약속을 안 지키면서 챙긴다"는 말은 '말과 행동이 천양지차'라는 이
야기다. 에스파냐에는 "말하기는 쉬우나 행하기는 어렵다"는 속담이 있
다. "그는 산처럼 거창한 약속을 한다." 하지만 그가 당장 한 달 안에 무
언가를 실행해 주기를 바란다.

사시사철 친구

Omnium horarum homo / A man for all seasons

이 격언은 기쁜 일이든 괴로운 일이든 모든 상황에 잘 적응하는 다재
다능하면서도 편안한 성격을 지닌 사람을 지칭할 때 쓴다. 그는 엄숙해
야 할 때는 엄숙하게, 즐거워해야 할 때는 즐겁게 행동한다. 사업상의 일
에는 그에 걸맞게, 재미로 하는 일에는 또한 그에 걸맞게 처신한다.

사람들은 그리스의 철학자 아리스티포스가 그런 사람이었다고 말한
다. "아리스티포스는 모든 색깔에 어울린다"는 말이 있다. 아리스티포스
는 그러한 성격 덕분에 어떤 자리에서든 환영받는 인물이었다.

거짓과 기만을 일삼거나 지나치게 관대하고 편한 친구보다 솔직한 적이 낫다

Prætestat habere acerbos inimicos, quam eos Amicos qui dulces videantur / Better an open enemy, than a false and deceitful friend, or than a friend who is too soft and easy

이 격언은 카토*가 자주 입에 올린 말이다. 당신이 제안한 것마다 언제나 기꺼이 수긍하는 친구는 위험하다. 오히려 적은 우리의 행동을 염탐하고 사소한 실수에 대해 혹독하게 응징함으로써 우리를 신중하게 만들 뿐만 아니라 습관적으로 또는 별다른 생각 없이 행하는 어리석은 행동이나 악덕 행위를 고치도록 해 줄 수도 있다.

마케도니아의 필리포스 2세(알렉산드로스 대왕의 아버지)는 자신에 맞서라고 그리스인을 부추기느라 혈안이 되어 있던 아테네의 웅변가들이 그 혹독한 비판을 통해 자신에게 끊임없이 의무감을 부여했다고 말했다. 그는 웅변가들이 자신의 행동을 주의 깊게 들여다보고 조절하도록 가르쳐 줌으로써 자신이 시행한 사업의 실질적인 성공에 이바지했다고 생각했다.

---

* 소(小)카토라고 불리기도 한다. 제3차 포에니 전쟁에 참전했던 대(大)카토의 증손자이기 때문이다. 로마 공화정 말기의 정치인으로 카이사르와 대적하여 로마 공화정을 수호했다. 스토아학파의 철학자이기도 했던 그는 청렴결백한 인물로 유명했다.

친구 있는 곳에 부(富)가 있다

Ubi amici, ibi opes / Where there are friends, there is wealth

플라우투스의 말이다. 이 격언을 보다 일반적으로 "친구 없이 돈만 있으니 돈이 없어도 친구가 있는 편이 낫다"고 바꿔 말할 수도 있다. 에스파냐에는 "친구들을 가진 자가 부자다"라는 격언이 있다. 친구가 있다는 것은 분명 가치 있는 일이다. 어려울 때 큰 도움을 주고받을 수 있기 때문이다.

하지만 일상생활 속에서 돈은 좀 더 확실한 존재 가치를 발휘한다. 돈이 있으면 생활의 편의도 친구도 살 수 있기 때문이다. 에스파냐 사람들은 "세상에서는 부자의 어리석은 말도 신탁처럼 통한다"고 말한다. 따라서 "돈 있는 곳에 친구도 있다(Ubi opes, ibi amici)"고 하는 편이 좀 더 진실에 가까운지도 모른다. 보통 친구들은 오로지 그들이 우리에게 줄 수 있는 이득에 비례해서 평가받는다고 할 수 있기 때문이다. 영국의 극작가 벤 존슨은 『볼포네』에서 "주교가 입는 자줏빛 관복으로 당나귀를 덮어 그 야망에 찬 두 귀를 가리면, 당나귀도 대성당 박사 시험을 통과할 수 있다네"라고 풍자한다.

나를 사랑한다면, 나를 구원해

Si me amas, serva me / If you love me, save me

제단(祭壇)까지 친구

Usque ad Aras Amicus / A friend as far as to the altars

이런 친구는 사회적 미덕을 거스르지 않고 신과 가족·이웃에 대한 의무를 위반하지 않는 한 그 어떤 일도 함께하는 친구다. 이 격언은 어떤 이유를 들어 거짓 증언을 부탁했던 친구에게 페리클레스*가 한 말이다. 페리클레스가 친구에 대한 의무에 무심한 사람은 아니었지만 그렇다고 감히 신에 대한 의무를 위반할 수는 없었다. 옛날에는 무언가 서약을 하고자 하는 사람은 신의 제단에 한 손을 올려놓는 게 관습이었고 이 격언도 거기에서 비롯되었다.

다음에 인용하는 로마의 수필가 겔리우스의 글은, 스파르타의 '킬로'라는 사람을 매우 기분 좋게 조명하고 있어서 독자들에게 선보일 필요가 있어 보인다. 또한 이 격언에 대해서도 언급하고 있다.

킬로는 죽음이 임박하자 주변을 둘러싸고 있던 친구들에게 이렇게 말했다. "자네들도 알다시피 한평생 살아오면서 했던 내 말과 행동에 후회는 별로 없네. 내 착각이 아니라 그동안 결코 불편한 기억으로 남을 만한 일을 하지 않았다고 자신 있게 말할 수 있네. 딱 한 가지만 빼고 말일세. 언젠가 내 친구의 목숨이 걸린 일에 다른 두 사람과 판관으로 참여한 적이 있었지. 법에 따른다면 그 친구에게는 유죄 판결이 내려질 판이었지. 그러니까 친구가 사형을 당하느냐 아니면 법망을 어떻게든 피

* 아테네의 민주주의와 아테네 제국을 전성기로 이끈 정치가이자 군인.

87

하느냐 하는 순간에 있었던 거지. 이때 나는 친구가 처벌을 받아야 한다는 쪽에 조용히 표를 던졌지. 하지만 다른 동료 판관들에게는 그에게 무죄를 선고해 달라고 설득했다네. 이로써 나는 친구로서의 의무도 판관으로서의 의무도 위반하지 않은 셈이 된 거지. 하지만 이 때문에 마음이 영 편치 않네. 내 판단에 옳지 않은 것을 다른 판관들에게 하도록 설득한 것이 교활한 짓을 넘어 범죄행위가 아니었을까 하는 두려움 때문이지."

아울루스 겔리우스는 고대 로마의 수필가로, 그의 대표작 『아티카 야화(夜話)』는 도덕에 대한 글이나 경구 등이 담긴 원전을 직간접적으로 인용하여 만든 잡문집인데 소실된 그리스·로마 원전에서 인용한 것이 많아 이후 많은 작가들이 전거(典據)로 삼았다. '소수의 귀족만을 상대로 글을 쓰며 수입이 높고 고상하며 모범적인 제1급의 작가'를 지칭하여 '고전(Classis)'이라는 말을 사용한 작가이기도 하다.

Chapter 4

가까이 있지만 깨닫지 못하는
가족과 행복

Ipsi beatitudinem pendeat 입시
행복은 우리 자신에게 달려 있다.

Dulcis domus 둘키스 도무스
화목한 가정

Quamvis pauper homo, si ille sit dives familia 쾀비스 파우페르 호모 시 일레 시트 디베스 파밀리아
아무리 가난해도 가족이 있으면 부자다.

흰 암탉의 자식

Albægallinæfilius / Son of a white hen

흔히 말하는 '은수저를 물고 태어난 아이'*를 가리킨다. 복에 겨운 사람이나 하는 일마다 성공을 거두는 사람에게 해당하는 말이다. 이 말의 기원은 로마 제국 오현제(五賢帝) 시대의 역사가이자 정치가 수에토니우스의 『황제 열전』**에서 비롯되었다. 그 내용을 요약하면 다음과 같다.

아우구스투스 황제의 부인 리비아가 어느 시골에서 의자에 앉아 있는데, 그곳으로 독수리 한 마리가 날아오더니 월계수 가지를 문 흰 암탉

15세기에 출간된 백과사전 『뉘른베르크 크로니클』에 묘사된 수에토니우스와 1540년 프랑스에서 간행된 『황제 열전』 첫 장

---

* 우리나라에서는 '금수저'를 물고 태어났다고 한다.

** 율리우스 카이사르 및 제정(帝政) 로마의 초대 황제 아우구스투스부터 도미티아누스에 이르는 로마 제국의 초창기 11명의 황제를 다룬 전기.

을 그녀의 무릎에 떨어뜨리고 날아가 버렸다. 황비는 이를 매우 기쁘게 여겨 암탉을 살뜰히 보살피고 월계수 가지를 자신의 장원에 심으라고 명했다. 우리가 듣기로 이 암탉은 유난히 번식력이 왕성한 것으로 알려졌고, 월계수 역시 무성하게 자랐다고 한다. 그런데 황제와 황비는 월계수 가지를 지니고 있으면 초자연적인 무언가가 느껴진다고 여겼다. 그래서 아우구스투스를 계승한 황제들도 이 월계수 가지를 승리를 위한 징표로 삼게 되었다.

"명성을 얻을 자는 행운성 자리에서 행운시에 태어난다(En hora buena nace, quien buena fama cobra)"는 말도 비슷한 뜻이다.

헤픈 사람은 상속 몫을 털고, 구두쇠는 자기를 턴다

**Avarus nisi cum moritur,
nil recte facit** / The prodigal robs his heir,
the miser himself

　탐욕스러운 자는 세상을 떠날 때 비로소 존중받기 시작한다. 아니 죽기 진에는 성공한 삶을 살지 못한다. 그들은 "칼날 앞에 설 때 비로소 쓸모 있는 존재가 되는" 돼지와도 같다. 반면에 육욕을 탐하며 자기 재산을 낭비하는 헤픈 사람은 자신과 연관된 사람들의 호의와 친절을 어렵지 않게 제 편으로 끌어들인다. 그는 자신에게 기분 전환이나 오락거리를 제공하는 사람들의 물주를 자처한다. 그는 자기 재산을 친구와 하인들 그리고 딸린 식구들과 나눈다. 따라서 그는 흔히 주변의 존중을 받는다. "그는 너그럽고 후하고 선선한 사람이며 자기 자신 말고는 적도 없다." 그러다가 그의 재산이 거덜 나면 그 때문에 고통을 받는 사람들은 자신들에게 돌아올 손해를 염두에 두며 그의 불행을 애석해한다.

　하지만 탐욕스러운 자는 세상으로부터 그러한 배려를 받지도 못하거니와, 그에게는 그런 배려를 받을 권리도 없다. 심지어 세상에 아무런 해를 끼치지 않을지라도, 요컨대 상속을 통해 재산을 물려받았거나 공정한 거래를 통해 재산을 쌓은 사람이라 할지라도 그가 오로지 자신만을 위해 그 재산을 썼기 때문에 사람들은 그를 공동체의 일원으로 여기지 않는다. 아무도 그의 행복과 불행에 관심을 두지 않는다. 그의 성공은 축복받지 못하고 실패 또한 위로받지 못한다.

행복하여라, 마음이 가난한 사람들!

Beati pauperes spiritu / Blessed in spirit [are] the poor

성경에도 같은 말이 있다. "심령이 가난한 자는 복이 있나니 천국이

★ 마태복음 5:3 | 그들의 것임이요."★

축복받은 자는 지혜를 찾은 자를 말한다

Beatus homo qui invenit sapientiam / Blessed is the man who finds wisdom

현재를 잡아라

Carpe diem / Seize the day

'오늘을 즐기라'는 낭만적인 뜻으로 많이 알고 있으나, 오히려 '오늘을 열심히 살라'는 경건한 뜻이다. 이는 호라티우스의 『송가』 제1권 11절에서 유래된 말이다. 원문은 "되도록이면 다음 번을 덜 믿고 오늘을 잡아라 (carpe diem quam minimum credula postero)"다. carpe noctem은 '내일이 없는 것처럼 오늘 밤의 즐거움을 만끽하라'는 뜻으로 많이 쓴다. 오늘의 중요함은 다음과 같은 말에서도 볼 수 있다. "오늘은 어제의 내일이다."

이 세상 도처에서 쉴 곳을 찾아보았으나,
책이 있는 구석방보다 더 나은 곳은 없다

**In omnibus requiem quaesivi,
et nusquam inveni nisi
in angulo cum libro** / Everywhere I have searched
for peace and nowhere found it,
except in a corner with a book

독일의 경건한 수사이자 영성 저술가인 토마스 아켐피스의 말이다.

어머니는 항상 확실하지만, 아버지는 전혀 그렇지 않다

Mater semper certa est, pater nunquam / The mother is always certain

로마법에 규정된 원칙이다. 원시 사회부터 어머니는 언제나 분명했
다. 그러나 아버지는….

가난 앞에선 자식에 대한 부모의 애정도 힘을 잃는다

Mendico ne Parentes quidem Amici sunt / To a beggar not even his own parents show affection

비슷한 영국 속담도 있다. "가난이 문 앞에 당도하면 사랑은 창문 너머로 달아난다." 궁핍이 극단으로 치달으면 매일매일의 생계를 꾸려 나가기 위해 온 신경을 쏟느라 타인, 심지어 가장 가까운 친인척의 곤궁에도 관심을 가질 여유가 없다.

헤스터 스레일은, 오래도록 서서 일하는 어머니에게 앉아만 있다고 혼나는 소녀를 감싼 새뮤얼 존슨의 이야기를 들려준다. 존슨은 가난과 궁핍만을 물려준 어머니를 보살필 의무가 소녀에게는 없다고 말한다. 가난이 꼭 나쁜 것만은 아니지만 불편한 일임은 분명하다. 그러나 가난한 자는 부자가 겪을 수밖에 없는 근심 걱정을 하지 않아도 된다. 가난한 자들은 바라는 것이 적고, 생계를 꾸리기 위해 어쩔 수 없이 해야 하는 노동은 부자의 머리맡에는 좀처럼 찾아오지 않는 단잠을 그에게 선사한다. 그래서 어느 현자는 이렇게 말한다. "나를 가난하게도 부유하게도 마옵시고."★

| ★잠언 30:8

헤스터 스레일은 영국 웨일스의 저술가로 새뮤얼 존슨의 친구다.

이제 술을 마실 때가 되었다

Nunc est bibendum / Now is the time to drink

　호라티우스의 『송가』 제1권 37절에 나오는 말로 '클레오파트라 송가 (Cleopatra Ode)'로 알려져 있기도 하다. 원문은 "이제 술을 마실 때가 되었다. 이제 땅 위에서 자유롭게 춤을 출 시간이 되었다(Nunc est bibendum, nunc pede libero pulsanda tellus)"이다.

　이 송가는 이집트의 클레오파트라 여왕의 패배와 죽음에 대한 축배의 노래로, 클레오파트라의 자살 소식이 로마에 전해진 기원전 30년 가을경에 지어졌을 것이다. 옥타비아누스가 안토니우스와 클레오파트라 7세를 적으로 규정하고 선전포고를 한 것이 기원전 31년 초였으며, 그리스 메토네를 점령해 선수를 친 다음 그해 9월 그리스 북서부 악티움에서 격돌했기 때문이다(악티움 해전). 여기서 패배한 안토니우스는 이집트로 달아나 기원전 30년에 알렉산드리아에서 자결했으며, 8월 30일 클레오파트라 7세도 뱀에 물려 자살했다. 여기서 와인은 라티움(지금의 라치오)의 특산품 카이쿠반(Caecuban)이었다고 한다.

부인 없는 남자의 집은 조용하다

Qui non litigat, Cœlebs est / The house of a man without a wife is quiet

아내가 바가지 긁지 않는 남편은 천국에 있는 거나 다름없다. 수많은 그리스 작가는 분명 결혼을 매우 두려워하는 듯 보인다. 사실 크산티페*는 그들이 생각하는 것만큼 잔소리꾼은 아니었을 가능성이 크지만 그녀를 그런 성격의 소유자로 묘사한 데는 이런 이유가 작용했는지도 모른다. 가령 그리스인들이 전하는 경구는 이런 식이다.

- 아내는 마치 폭풍이라도 되는 양 집안에 끊임없는 분란을 일으킨다.
- 여인의 들뜬 마음은 집안을 영원한 갈망의 소굴로 만든다.
- 아무리 착한 여인이라 해도 아내는 이 세상 그 무엇보다도 악하다.

솔로몬은 이렇게 말한다. "다투기 좋아하고 성깔 있는 여자와 사느니 헐벗은 벌판에서 사는 쪽이 낫다." 또한 이렇게도 말한다. "소란스런 여자와 넓은 집에서 사느니 차라리 지붕 한쪽 구석에서 사는 편이 낫다."

몽테뉴 역시 비슷한 투로 여성을 향해 빈정댄다. "남편이 없을 때 몇몇 아내가 보여 주는 근심은 남편이 보고 싶고 남편과 함께하고 싶은 욕망에서 비롯된 것이 아니다. 남편이 끼어들지 못하는 즐거움, 그가 멀리 있는 까닭에 방해할 수 없는 그런 즐거움을 지금 자신이 누리고 있다는 우려에서 비롯된 것이다." 몽테뉴의 어린 시절 스승이었던 조지 뷰캐넌의 다음과 같은 시에도 비슷한 생각이 스며들어 있다.

---

* 소크라테스의 아내로 잔소리 많은 악처의 전형으로 알려져 있다.

나를 두고 그토록 냉혹하게 굴던 네 아이라

나 없다고 어찌 그리 애통해 하는가.

하지만 그건 내게 품은 사랑 때문이 아니라

가련한 내 모습을 보는 기쁨을 누리지 못해서일 뿐이라네.

하지만 이렇듯 여성을 부정적으로 보는 격언만 있는 것은 아니다. 영국 사람들은 "슬피 우는 여인네를 바라보는 것은 맨발로 걷는 거위를 바라보는 것만큼이나 애처롭다"고 말한다. 일부 사납고 성질 고약한 여성이 있다는 사실 때문에 그들을 본보기 삼아 모든 여성이 그 같은 특징을 갖고 있다고 싸잡아 매도하는 못된 남성이 적지 않음을 우리는 알고 있다. 따라서 헤시오도스*의 이 구절이 좀 더 온당하고 합리적으로 들린다.

좋은 여자를 얻으면 지고의 행복이요

나쁜 여자에 붙들리면 최악의 고통이리니.

이와 비슷하게 에스파냐 사람들은 "착한 여자와 결혼한 사람은 모든 걸 가진 남자다"라고 말한다. 독일의 법학자이자 작가인 하인리히 코르넬리우스 아그리파는 다음과 같은 글을 남겼다.

아내가 없는 남자에게는 집이 없다. 자신의 집에 매여 있지 않기 때문이다. 설령 집을 가지고 있다 해도 그는 그곳에서 여관방의 낯선 투숙객처럼 살아간다. 아내를 갖지 않은 남자는 엄청난 부자라 해도 자신의 것

---

* 기원전 8세기 말에 활약한, 호메로스와 어깨를 나란히 하는 그리스의 대표적 서사시인.

하인리히 코르넬리우스 아그리파는 르네상스기 독일의 인물로 군인, 신학자, 법률가, 연금술사, 점성술사, 오컬트 작가 등으로 활약했다. 쾰른 출신이라서 아버지가 쾰른의 건설자이자 아우구스투스의 왼팔이었던 아그리파의 이름을 붙여 주었다.

이라 불릴 만한 것을 거의 갖고 있지 않다. 자기 재산을 남기고 죽을 사람도 없을뿐더러 믿을 만한 사람이 없다. 그가 가진 것은 언제든 빼앗길 위험에 처해 있다. 하인들은 훔쳐 가고 동료들은 속이고 이웃들은 멸시하고 친구들은 업신여기고 친척들은 그의 파멸을 바란다. 만일 그가 혼외 자식을 두었다면 그 자체가 수치스러운 일이다. 그런 이유로 사회는 그들에게 가문의 이름이나 조상들의 문장 또는 그들의 재산을 물려주지 못하도록 법으로 금지하고 있다. 그들과 함께 그 역시도 법에 따라 모든 공직과 작위를 내놓아야 한다.

결국 결혼이야말로 아내를 사랑하고 아이들을 양육하고 가정을 다스리고 재산을 모으고 자손을 늘리는 가운데 한 남자가 지고의 행복을 누릴 수 있는 유일한 길이다. 만일 그 과정에 책임과 노고가 뒤따르더라도 그것은 결혼 생활이 주는 가벼운 부담이요 달콤한 멍에일 뿐이다.

능력이 있는 데까지 다른 사람들을 돕는 자가 행복하다

Beatus, qui prodest, quibus potest / He is lucky who helps everyone he can

그러므로 우리가 젊을 때 기뻐하자

**Gaudeamus,
Igitur uvenes dum sumus** / Let's rejoice, therefore,
While we are young

고대 독일의 학생들 노래에서 비롯된 말이다. 지금은 스코틀랜드의
성 앤드류 대학 등지에서 쓰고 있다.

Chapter 5

처음은 항상 어렵다

희망과 미래

Aut inveniam viam aut faciam
아우트 이베니암 위암 아우트 파키암

나는 길을 찾을 것이다. 없다면 만들 것이다.

Spero Spera, Dum spiro spero
스페로 스페라, 둠 스피로 스페로

숨 쉬는 한 희망은 있다.

지옥은 좋은 뜻과 소망으로 가득 차 있다

Ad finem ubi perveneris,
ne velis reverti / Hell is full of good meanings
and wishes

여러분이 관여했던 일이 막바지에 이르렀을 때 지겹다고 해서 또는 들뜬 마음에 그 일에서 손을 놓아서는 안 된다. 끝까지 밀어붙여라. 그때까지 그 일에 쏟아 부었던 노동과 비용이 물거품이 되고 당신의 신용까지도 잃을 위험이 있기 때문이다. 또한 당신에게 죽음이 임박했음을 느꼈다면 인내심과 용기를 갖고 그 운명에 따르라. 이제부터는 제대로 살아 보겠다는 헛된 희망으로 삶을 연장하겠다는 어리석고도 나약한 바람에 휘둘리지 마라.

이런 말이 있다. "지옥은 좋은 뜻과 소망으로 가득 차 있다." 당신은 자신의 수명이 정해져 있지 않다는 사실을 이미 알고 있었다. 따라서 지금 당신이 시작하겠다는 그 길로 이미 오래전에 들어섰어야 마땅했다. 그러나 만약 기회가 주어진다 해도 당신은 십중팔구 이전과 마찬가지로 그 길을 무시해 버릴 게 분명하다.

이 속담의 기원은 확실치 않지만 시토 수도회의 수사 성 베르나르까지 거슬러 올라간다. 그는 이런 말을 했다고 전해진다. "지옥은 좋은 희망과 바람으로 가득 차 있다." 영국의 시인이자 평론가인 새뮤얼 존슨도 이렇게 말했다. "지옥으로 가는 길은 좋은 의도로 포장되어 있다."

인간은 자신의 행동을 정당화하는 데 능한 족속인데, 좋은 의도는 반드시 좋은 결과를 낳는 것도 아니라서 종종 정당화의 훌륭한 도구로 이용되기도 한다.

삶이 있는 한 희망이 있다

Ægroto dum anima est spes est / While there is life, there is hope

로마 시대의 정치가이자 웅변가인 키케로의 말이다. 젊었을 때 필사의 노력을 너무 일찍 멈춰서는 안 된다. 어려운 것을 불가능한 것으로 여겨서도 안 된다. 겉보기에 죽음에 이른 사람도 때로는 소생하는 걸 볼 수도 있지 않은가. 우리가 일을 하는 과정에서는 종종 어떤 전환이 일어나, 한때 절망적이고 돌이킬 수 없을 것만 같았던 어려움으로부터 탈출구를 마련해 주기도 한다.*

---

* 스물한 살 때 루게릭병에 걸려 2년밖에 못 산다고 진단을 받았으나 일흔여섯 살의 일기로 세상을 떠난 스티븐 호킹. 2000년에 우리나라를 방문하기도 했던 그의 다음과 같은 말은 한번 새겨들을 만하다. "내 생각에 나의 가장 큰 업적은 내가 살아 있다는 것이다. … 인생은 아무리 나빠 보여도 살아 있는 한 누구나 희망이 있고 또 성공할 여지가 충분히 있다. … 당신의 삶에 항상 무언가의 어려움이 있다고 해도 당신은 해 낼 수 있고 성공할 수 있다. 나를 보라."

오늘 불행하다고 내일까지 불행하랴

Destitutus Ventis, Remos adhibe / Worse luck now, better another time

"수면이 잔잔할 때 노를 저어라"는 말이 있다. 어떤 일에 실패했다고 좌절해서는 안 된다. 오히려 좀 더 많은 결실을 이루어 낼 수 있는 다른 수단을 찾아볼 필요가 있다. 올해 흉년이 들었다 할지라도 내년에는 더 좋은 결실을 거둘 수 있다는 희망을 품고 더욱 노력을 쏟아야 한다. 한편 에스파냐에는 이런 격언이 있다. "헛되이 불운에 맞서 싸우지 마라."

세월이 약이다

Dies adimit ægritudinem / Time cures the greatest afflictions

아무리 어려운 곤경에 처했을지라도, 아무리 쓰라린 상처를 입었더라도 세월이 흐르면 그 곤경과 상처는 무뎌지고 사라진다. 사람들은 심지어 병을 치유하는 데도 시간이 큰 도움을 준다고 말한다. "병이 서서히 진정되도록 조처하는 의사가 독한 약을 대충 처방하는 의사보다 낫다." 이와 비슷한 속담이 또 있다. "병을 치유하는 것은 약이 아니라 시간이다."

에스파냐 사람들은 약이나 그 약을 처방하는 의사에 대해 썩 많은 신뢰를 보내지 않는 듯 보인다. "친구에게는 의사를 권하지 말고 적에게는 의사를 보내라. 적을 제거할 가장 확실한 길이다." 또한 시간은 상황을 마무리 짓는다. "시간과 짚이 모과를 무르익게 한다"는 격언은 바로 이것을 말한다.

불운은 엄청난 행운이다

Exiguum malum, ingens bonum / Ill luck is an immense good luck

불운이 경우에 따라서는 행운으로 작용한다. 작은 불운으로부터 많은 이득을 취하는 것은 건강하고 신중한 사고방식의 소유자가 지닌 속성이다. 타인의 실수나 불운에서 이익을 취하는 것과는 달리, 이는 인생을 살아가는 과정에서 우리가 만나는 좌절을 거울삼아 삶의 방향을 바꾸는 일이다. "젊은이는 실패를 통해 지혜를 얻는다."

만일 자신의 분수에 맞지 않게 사치를 부리며 살던 사람이 처음으로 곤경이나 망신을 당해서 자기가 처한 환경에 좀 더 알맞은 삶의 양식을 찾아 살게 된다면 그는 흥청대며 살면서 잃었던 것들을 이내 되찾을 수 있을 것이다. 하지만 자존심 때문에, 또는 그동안 부를 과시하거나 부유한 체하며 만나 왔던 주변 사람들에게 예전만 못한 자신의 처지를 들킬지도 모른다는 두려움으로 사람들은 그렇듯 유익한 반성의 기회를 차버리고 불가피하게 몰락의 길을 걷는다. "당신이 노고와 난관을 헤치고 나아가 무언가 결실을 맺었다면 그 열매는 노고와 난관이 잊힌 뒤에도 여전히 남아 있을 것이다. 반면에 눈앞의 쾌락을 좇다가 스스로 몰락했다면 그 치욕은 쾌락의 흔적이 당신의 기억 속에서 깡그리 사라진 뒤에도 당신을 따라다닐 것이다."

낙숫물이 바위를 뚫는다

Gutta cavat lapidem / Constant dripping wears the stone

로마의 시인 오비디우스가 쓴 『흑해에서 온 편지』에 나오는 말이다. 끊임없이 떨어지는 물방울이 단단한 바위에 구멍을 낸다. 이 격언은 매사에 인내하면 이루지 못할 것이 없음을 우리에게 깨우쳐 준다. "일찍 일어난 자가 볼 것이요, 열심히 일한 자가 얻을 것이다"라는 격언도 있다.

"작고 하찮은 일도 잦다 보면 눈에 띄듯이 티끌도 모이면 산을 이룬다네." 이 격언을 '물방울에 돌이 닳는다'라는 뜻으로, 오랫동안 꾸준히 일하다 보면 언젠가는 합당한 결실을 맺을 것으로 믿는다는 말이다.

나쁜 일에는 밝은 표정을 짓는 게 좋다

In re mala, animo si bono utare, adiuvat / It is good to set a good face on a bad matter

불행한 일이 닥쳤을 때 정신을 똑바로 차리고 그 불행을 줄이거나 벗어날 길을 찾아라. 하지만 그게 불가능하다면 인내를 가지고 견뎌라. 때가 되면 그 불행도 저절로 수월해져 견딜 만해질 것이다. 이런 격언도 있다. "피할 수 없는 악은 용감히 견뎌 냄으로써 극복된다." 또한 영국 속담에는 "치유할 수 없다면 견뎌라" 또는 "불리한 흥정일지라도 최선을 다하라"는 말이 있다.

인간이 떠안고 가야 할 그 모든 슬픔 중에서
그대의 몫은 그대가 참아내야 하느니
그 슬픔을 우연이라 생각하지도
그 짐이 무겁다고 투덜대지도 말지어다.
사람들이 운이라 부르는 것,
알고 보면 신으로부터 말미암은 것이니.

고통을 겪으면 바보도 현명해진다

Malo accepto stultus sapit / Having had something bad happen, the fool grows

"경험은 바보들의 교사다." 그리스 격언에 "나는 다른 사람의 악운을 보고 교훈을 얻는다", "인간이 더욱 똑똑해지는 것은 창피와 손실을 본 뒤부터다"라는 말이 있다. 헤시오도스는 약간 표현을 달리해 같은 생각을 표현했다. 그는 『일들과 날들』*에서 이렇게 말하고 있다. "정의롭지 못한 일을 한 사람은 언젠가 그에 합당한 벌을 받을 것이다. 다만 자신이 겪을 고통에서 자신의 어리석음을 배울 것이다!"

호메로스도 『일리아스』 제23권에서 비슷한 격언을 염두에 두고 말하고 있는 듯 보인다. "그리하여 네가 그 값을 치를 때 비로소 진실을 알게 될 것이다."

플라톤은 『향연』에서 이렇게 말한다. "아가톤이여, 나는 그대에게 이것을 말하고 있다네. 그대는 이 사람에게 속지 말게나. 우리에게 생겼던 일을 통해 배워야지. 그대는 저 유명한 격언의 어리석은 사람처럼 고통을 겪고 난 후에야 교훈을 배우지 말게나."

플라우투스의 『상인』에 등장하는 말도 이와 일맥상통한다. "다른 사람들이 겪은 고생으로부터 지혜를 얻는 자는 행복하다."

이 격언은 아주 오래된 이야기에서 유래된 것 같다. 헤시오도스가 전하는 바에 따르면, 프로메테우스와 에피메테우스 형제 이야기도 이 격언

---

* 약 828행의 노동시로 농부가 해야 할 일들에 대해 실천적으로 지침을 제시하고 있다.

의 교훈과 크게 다르지 않다.★ 프로메테우스가 하늘의 불 │★헤시오도스,「일들과 날들」 47-105.

을 훔쳐 인간에게 건네준 것에 단단히 화가 난 유피테르(제
우스)는 그를 벌주기 위해 불카누스(헤파이스토스)에게 한껏 재주를 부려
진흙으로 여인을 만들라고 했다. 여인이 완성되자 이번에는 모든 신과
여신에게 그녀에게 하나씩 선물을 주도록 명했다. 그녀가 바로 '판도라'*
다. 미모와 재주와 지혜와 말솜씨를 모두 갖춘 훌륭한 모습이 완성되자
유피테르는 보기에 아름다우나 그 안에 온갖 재앙을 감추고 있는 상자
를 그녀에게 준 다음 그녀를 프로메테우스에게 보냈다. 하지만 프로메테
우스는 이 선물을 거절했다. 그리고 프로메테우스는 자신이 없을 때 무
슨 선물이 오든지 간에 절대 받아서는 안 된다고 동생에게 신신당부했
다. 판도라가 다시 와서 에피메테우스를 설득한 뒤 선물을 건넸다. 에피
메테우스가 상자를 열자마자 온갖 질병들이 빠져 나왔다. 에피메테우스
가 이를 깨달았으나 이미 늦었다. 헤시오도스가 "그는 상자를 받아 들고
근심에 타격을 입고서 그제야 깨달았다"라고 했을 때 분명 그는 이 격언
을 상기하고 있었던 것이다.

헤시오도스는 『신들의 계보(神統記)』**에서도 같은 이야기를 하고 있
다. 그 여인은 프로메테우스에게 자식을 낳아 주었는데, 프로메테우스
는 그 아들을 '현자'라고 불렀다. 그리고 실수를 통해 현명해진 에피메테
우스에게도 자식을 낳아 주었다.

그리스의 시인 핀다로스는 『퓌티아 찬가』에서 에피메테우스를 '늦깎

---

*   Pandora는 '모든(pan)'과 '선물(doron)'의 합성어다.

** 우주의 생성과 탄생, 신들의 기원에 대한 가장 오래되고 권위 있는 기록이다. 신들의
    계보, 특히 프로메테우스와 판도라 이야기에 대한 가장 오래된 문헌이다.

헤시오도스 흉상과 『신들의 계보』, 『일들과 날들』

이 현자'라고 불렀다. 이름은 그의 성격을 나타낸다. 그리스어로 프로메테우스는 행동하기 전에 숙고한다는 의미이고, 에피메테우스는 일단 행동이 앞서며 나중에서야 깨우친다는 의미다. '프로메테우스처럼 행동한다'는 그리스어 prometheuesthai는 불운이 닥쳐올 때 숙고를 통해서 대처한다는 뜻이다.

로마의 풍자작가 루키아노스는 "상황 종료 후에 의논하는 것은 프로메테우스가 아니라 에피메테우스나 하는 짓이다"라고 말했다. 이 격언은 "험한 꼴을 눈으로 직접 보고서야 똑똑해진다" 또는 "겪은 것으로부터 배운다"라고 변용되기도 한다. 즉 '상처 입은 것은 곧 배운 것이다.' 그러나 무엇보다도 다른 사람이 겪은 좋지 못한 일로부터 지혜를 배우는 사람이 사려 깊은 사람이라고 할 수 있다.

손발이 부르트도록

Manibus pedibusque / With hands and feet

흔히 '손과 발을 총동원해서' 또는 '이와 손톱·발톱까지 모두 동원해서'라고 말한다. 목적 달성을 위해 모든 힘과 능력을 발휘한다고도 한다. 또한 "노와 돛의 힘으로 밀어붙인다"고도 하고, "뒤집어보지 않은 돌이 없다"고도 한다. 이런 말들은 로마인이 쓰던 격언으로 '손발이 부르트도록'과 유사한 뜻을 담고 있다. 또한 '우리의 온 영혼을 다 바쳐' 누군가를 사랑하거나 미워할 수도 있다.

에라스뮈스는 이 모든 격언과 더 많은 유사한 표현을 별개로 다루었다. 하지만 그런 표현들을 함께 묶어 살펴보는 편이 나을 것 같다. 에라스뮈스가 많은 격언에 부여한 의미에 구애받지 않은 것은 적어도 이 경

존 조틴은 영국의 교회사학자로 대표 저서로는 『기독교사 평론』과 『에라스뮈스의 생애』가 있다.

우에서만큼은 잘못된 일이 아니다. 에라스뮈스가 거론한 격언들이 현시대상으로나 문학적 상황에 적절치 않은 듯 보일 경우 장황한 설명을 피했던 반면에, 에라스뮈스가 두세 줄의 설명에 그친 격언에 대해 때로는 매우 상세한 설명을 덧붙이기도 했다.

존 조틴이 말하고 있는 것처럼 에라스뮈스는 프랑스·이탈리아·영국에서 생애의 대부분을 보냈지만 이들 나라 언어로 대화는커녕 그 나라 언어로 된 작품을 읽을 수 없었던 것은 참으로 이상한 일이다. 한 가지 예외가 있다면 라틴어로 된 작품들은 읽을 수 있었다는 점인데, 라틴어가 이탈리아를 제외하고는 일반적으로 통용되던 언어여서 에라스뮈스가 살던 시대까지 작가들 대부분이 이 언어를 받아들이고 있었기 때문인 듯하다. 다만 이탈리아가 예외인 것은 이탈리어어가 그 어떤 언어보다도 품격과 완성도 높은 언어였기 때문인 듯 보인다.

작은 물방울이 모여 소나기 된다

Minutula pluvia imbrem parit / Many drops make a shower

프랑스에는 "작은 물방울들이 사라져 바다를 비울 수 있다"는 격언이 있다. 또 "작은 나뭇가지가 모여 새의 둥지가 된다"는 속담도 있다. 영국 사람들도 "티끌 모아 태산"이란 속담을 쓴다. 닭은 한 알 한 알 쪼아 먹으며 배를 채운다. 소소한 것들이 모여 흔히 큰 재산을 이룰 수도 있다. 이탈리아 사람들은 "푼돈이 모여 지갑을 채운다"고 말한다.

따라서 이 격언은 푼돈이라도 소중히 여기면 큰돈을 모을 수 있다는 뜻이다. 또 이 격언은 사소한 잘못을 무심코 지나치다 보면 큰 범죄로 비화할 수 있음을 꾸짖는 데도 쓴다. 아무리 소소한 지출이라도 잦다 보면 엄청난 금액이 될 수 있다. 이미 살펴본 "낙숫물이 바위를 뚫는다"도 비슷한 취지의 속담이다.

컵과 입술 사이에서 많은 일들이 일어난다

Multa cadunt inter calicem, supremaque labra / Many things fall between the cup and the lip

노예 출신의 기사이자 마임 작가 데키무스 라베리우스의 말이다. 이 격언은 어느 하인과 주인에 얽힌 일화에서 나온 것이다. 하인은 주인이 포도나무를 애지중지하는 것을 보고 정성을 다해 가꾸어 맛이 일품인 포도주를 풍부하게 생산하겠다고 다짐했다. 하지만 하인은 그 포도주를 주인과 함께 마실 수는 없었다. 어느 날 하인이 자기 노동에 대한 보상이란 생각에 포도주를 맛보려던 찰나 멧돼지 한 마리가 포도밭에 침입해서 포도나무들을 망가뜨리고 있다는 외침을 들었다. 하인은 곧장 멧돼지를 내쫓으러 달려갔다. 그런데 멧돼지가 달려들어 그의 목숨 줄을 끊고 말았다.

이 격언은 아무리 잘 짜인 계획이라 할지라도 성공할 것이라는 희망에 들떠 지나치게 낙관하지 말라는 가르침을 전하고 있다. 마음먹은 대로 어떤 이득을 창출해 내지 못하는 일이 너무도 흔히 발생하기 때문이다.

에스파냐 속담에 "입에 든 떡도 넘어가야 제 것이다"라는 말이 있다. 또 이 격언은 "시간의 앞머리를 잡으라"는 충고, 즉 눈앞의 기회를 놓치지 마라는, 비슷한 기회가 다시는 오지 않을지 모른다는 충고의 의미도 담고 있다. 비슷한 속담으로 "쇠가 달구어졌을 때 두드려라", "할 수 있을 때 하지 않는 자, 하고자 할 때 할 수 없다" 등도 있다. 또 프랑스 사람들은 이 격언을 "포도주는 입술과 컵 사이에서 땅에 떨어지는 경우가 흔하다"고 말한다.

아무나 코린트에 갈 수 있는 것은 아니다

Non cuivis homini contingit adire Corinthum / It is not every man that can go to Corinth

호라티우스의 말이다. 코린트(코린토스)는 무역의 중심지이자 이방인의 왕래가 빈번한 교통의 요지였던 덕분에 그 당시 가장 풍요로운 도시이자 세상에서 가장 향락적인 도시로 발전했다. 또한 코린트는 수없이 많은 화려한 사원과 목욕탕, 극장, 그리고 정교하고도 다채롭고 아름다운 공공 건물만큼이나 불행히도 그 방탕한 면모로도 명성이 높았다. 따라서 그렇듯 방탕과 사치가 난무하는 곳을 찾는 일은 부자들에게나 어울리는 것이었다.

코린트라는 명칭은 그 도시 공공 건축물에 처음 도입된 네 번째 기둥 양식에 차용되었고, 매우 아름답고 내구성도 높지만 지금은 그 흔적조차 찾을 수 없는 금속품, 즉 코린트 황동에도 그 이름을 빌려주었다.

이 격언은 자신의 능력과 힘으로는 너무 버거운 일에 뛰어들거나 관여하려는 사람들이 새겨들을 만한 것인지 모른다. 즉 같은 기회라도 누구나 차지하는 것은 아니다.

노후에 만찬을 즐기려면 젊을 때 애써 일하라

Optimum obsonium labor senectuti / Make ample provision for old age

이탈리아 속담에는 "앞서 생각하지 않는 사람의 미래는 한숨뿐이다" 라는 말이 있다. 따라서 "해가 비칠 때 건초를 말려야" 하며 언제나 "비 올 때를 대비해야" 한다. 또 "젊을 때 푹신한 둥지를 마련하는 데 게으 리하지 말라"고도 한다. 라틴어에는 "여름도 한철이다"*라는 말이 있다. 따라서 젊은이가 자기 미래를 개선하는 일을 소홀히 하는 것은 늙은이 가 자기 재산을 늘리는 데 집착하는 것만큼이나 수치스러운 일이다.

디오게네스**는 사람에게 가장 비참한 상태를 무엇이라 생각하느냐 는 질문을 받자 "궁핍한 노년"이라고 대답했다. 사람들은 지금까지 별다 른 생각 없이 이런 말을 해 왔다. 사람들은 일반적으로 가난을 일종의 죄악으로 여기며 그러한 평가가 딱히 부당한 것도 아니다. 가난에서 벗 어나는 일이야말로 사람들에게 모종의 행동을 촉발시키는 가장 강력한 유인책이다. 하지만 가난이 주는 압박감은 활력이 넘치는 젊은 시절보 다는 노년기에 훨씬 덜함에 분명하다. 실제로 고대인들 사이에서 나이 를 먹는다는 사실은 그 자체로 악이었다. 젊은 시절의 지극한 행복에 너 무도 많이 기여하는 여행도 할 수 없고 그런 기쁨도 좇을 수 없기 때문이다.

하지만 만일 행복을 누릴 능력과 함께 그것들을 갖고자 하는 애착이

---

* 우리 속담에는 '메뚜기도 한철'이라는 말이 있다.
** 고대 그리스 키니코스학파의 대표적 철학자로 금욕과 자족(自足)을 가르침으로 삼았다.

나 욕망도 잃는다면 그것은 차라리 축복으로 여겨져야 마땅하다. 그런 욕망과 애착을 잃음으로써 젊은이들이 경험하기 힘든 평온과 평정을 얻는다. 사실 열정과 욕망은 젊은이들을 추동하는, 또 자신을 남들보다 두드러져 보이게 하는 질풍노도 같은 것이어서 그들에게 평온이나 평정은 어울리지도 않는다. 열정과 욕망이 없다면 그들은 무기력한 존재가 되고 자기 자신뿐만 아니라 사회를 위해서도 유익한 일을 전혀 할 수 없다.

따라서 행동은 젊은이가 지녀야 할 요소인 반면에 평온과 은둔은 늙은이의 몫이다. 만일 누군가 악의 없는 삶을 살아왔다면, 그래서 나이가 들어 자신에게 주어진 의무를 다하지 못했다거나 얼굴 붉혀 마땅한 범죄를 저지른 데 대해 자책할 필요가 없는 삶을 살았다면, 자신의 지나온 행적과 자신이 행한 선행, 또는 결과적으로 사회를 이롭게 한 행위들을 반추하면서 세월이 그들에게서 앗아간 것들을 충분히 보상받을 것이다.

또한 노인들은 그들의 운명이라면 그 무엇보다도 가난을 묵묵히 감내하는 법을 배웠을 것이다. 만일 이제 그들에게 남은 것이 거의 없다면 탐나는 것 또한 비슷하게 적을 것이다. 무척 소박하고 간소한 의식주도 당연히 여겨지고 아마도 자기 분수에 가장 맞는 것이 될지 모른다. 따라서 노인은 자신의 가난이 부도덕한 행실의 결과가 아니라면 이내 자신이 처한 상황을 수용할 것이다. 하지만 비참한 처지가 다름 아닌 자기 자신에게서 비롯된 것이라면, 이제는 더 이상 풍족한 생활을 원하지도 않는 그로서는 그 상실감보다는 그것들을 잃게 만든 자신의 악덕과 어리석음 때문에 후회하고 한숨지을 것이다.

늙고 병약한 사람들도 능력이 닿는 한 여전히 자신의 주변 사람들과 관련된 모든 문제에 자기 힘을 쏟아야 한다. 그리고 허약한 사람들이 흔히 보여 주는 권태감을 애초부터 결연히 거부하는 사람이라면 아마도 생이 다하는 날까지 그렇게 할지 모른다. 이렇듯 독립적으로 살고자 솔선수범하는 사람은 변함없이 주변 사람들의 존경의 대상으로 남게 될 것이다. 우리 삶에 공통적으로 부여된 임무를 수행하는 데 철저히 유약하고 무능한 모습을 보이는 일이야말로 인간 본성을 가장 비참한 상태로 타락시키는 일이다.

시작이 반이다

Principium Dimidium totius / Beginning is half of the whole.

좋은 출발은 이미 일의 절반을 마친 것이나 다름없다. 이 격언은 에스파냐·이탈리아·프랑스에서도 쓰고 있다. 사업을 하는 사람이 좋은 출발을 했다면 그는 이미 사업상 상당한 진전을 이룬 것이다. 사업을 시작하고자 하는 사람에게는 꺼려지는 일도 많고 여러 난관도 있기 마련이다. 하지만 일단 사업에 착수하고 나면 그 일이 완수되는 상황을 머릿속에 그리며 즐겁게 사업을 진행하는 게 보통이다. 좋은 일을 바라는 진정한 욕구야말로 좋은 결과를 낳는 수단인 경우가 많다.

패자에겐 고통뿐

Quid nisi victis dolor / Losers must expect to suffer

"정복당한 자는 비통할 뿐(væ victis!)"이란 말이 있는데, 이는 브렌누스*가 로마인들을 잔인하게 조롱하며 던진 말이었다. 그는 로마인들을 향해 로마가 점령당하기 전에 마땅히 철벽 방어를 했어야 했다고 비아냥거리면서 로마를 보호해 주는 조건으로 그들이 지불하기로 약속했던 것보다 더 많은 금을 받아 냈다며 불평 아닌 불평을 늘어놓으며 바로 이 말을 내뱉었다.

이 격언은 경솔한 자, 나태한 자, 난봉꾼들에게 들려주기에도 적당한 말이다. 말하자면 생계 유지를 위해 의지할 것이라고는 자신의 재주나 근면함밖에 없으면서 나태와 무기력 속에 허송세월하거나, 죄악에 버금갈 정도로 분별없이 자신의 욕정에 빠져들어 부모에게서 물려받은 재산을 탕진하는 모든 사람에게 들려줄 만한 격언이다. 가난으로 얻을 수 있는 기쁨 또는 위안이란 무엇일까? 그들이 무일푼의 극빈자로 전락했을 때 친구였던 자들의 무시 또는 동정이라는 냉담한 위로 말고 그들이 기대할 수 있는 게 과연 무엇일까?

골드스미스의 다음과 같은 말은 가난이 동정으로부터 얻을 수 있는 위안이 얼마나 하찮은 것인지를 매우 적절히 꿰뚫어 보고 있다. "동정과 우정은 서로 양립할 수 없는 정념(情念)이다. 두 감정은 서로를 손상시키

---

* 세노네스족의 족장으로 알리아 전투(기원전 390년 7월 18일)에서 로마인들을 패배시킨 인물. 이후 로마 시내로 입성해서 약 7개월간 카피톨리노 언덕을 제외한 로마 전역을 점령했다.

지 않고는 찰나의 순간이라도 어떤 사람의 가슴에 함께 깃들 수 없다. 우정은 존경과 기쁨으로 이루어진 반면에 동정은 슬픔과 경멸로 구성되어 있다." 그러면서 골드스미스는 이렇게 덧붙인다. "동정이 종종 위안이 될 수도 있지만 그것은 기껏해야 잠시 있다가 사라지는 감정이며 상대의 고난에 일시적인 도움 이상의 무언가를 주는 경우가 드물다."

그의 이런 통찰은 존 드라이든*의 다음과 같은 시구와 일치한다.

동정은 새로운 대상만을 찾아 머문다네
그러다가 그 비애의 풍경이 지루해지면 어느덧 사라지고 말지.

---

* 영국의 시인·극작가·비평가로 왕정복고기의 대표적인 문인이다. 대표작으로는 『압살롬과 아히도벨』과 토마스 섀드웰을 풍자한 『플렉크노 2세』 등이 있다.

겨울이 지나면 봄이 온다

Sequitur Ver Hyemem / The spring follows the winter

"비온 뒤에 볕 든다"고도 한다. 프랑스에서는 "이 계절이 가면 다른 계절이 온다"고 말한다. 고금을 막론하고 사람들은 이와 유사한 격언들을 써서 자신 앞에 닥친 고난을 끈질기게 버텨 내는 사람들에게 그런 고난이 영원히 계속되지는 않을 것이라는 위로의 말로 힘을 북돋아 주었다. 에스파냐 사람들의 말처럼 "모든 길에는 진창이 있기 마련"이지만 그곳을 지나면 나머지 길은 순조롭고 평탄할지 모른다. 영국인들은 "끝이 없는 길은 없다"고 말하며, "상황이 최악이라면 이제 회복될 일만 남았다"고도 한다. 라틴 격언에서는 "불운도 변할 수 있으며 영원히 지속되지 않는다"고 말한다.

따지고 보면 번성이 역경보다 훨씬 더 신뢰할 수 없는 것인지도 모른다. 우리가 바라던 바의 정점에 도달했다면 바로 눈앞에서 상황이 반전될 수밖에 없는 것이 우리의 운명인지도 모른다. 또 언덕이 높으면 높을수록 그만큼 추락은 더 혹독할지 모른다. "산이 높으면 골도 깊은 법"이고 "달콤한 고기 뒤에는 시큼한 소스가 뒤따르기 마련이다."

> 오늘 복 많은 자가 부드러운 희망의 새잎을 틔우고
> 내일은 꽃을 피워, 무성한 장밋빛 영예를 자랑하네
> 사흘째 되는 날 그 착하고 태평한 남자가
> 자신이 이룬 바가 무르익을 대로 무르익었다고 생각할 즈음
> 서리가, 매서운 서리가 뿌리를 할퀴고 지나가
> 그 역시 나처럼 속절없이 시들어 버린다네.
>
> _ 셰익스피어, 『헨리 8세』 중에서 추기경 토마스 울지의 대사

희망을 돈으로 사다

Spem Pretio emere / To buy hope for money

미래의 불확실한 이익을 위해 큰돈을 치르는 행위를 이른다. 달리 말하면 "그림자를 얻기 위해 실물을 버리는 행위"다. 이 격언은 먼 미래에 어떤 미심쩍고 불확실한 이익이 있을 수 있다는 이유로 우리가 지금 실제로 소유하고 있는 것을 버리지 말라고 충고한다. 영국에서는 "내일의 암탉보다는 오늘의 달걀이 낫다"고 하고, 이탈리아에서는 "암탉을 낳는 것보다 오늘 달걀을 먹는 게 낫다"고 표현한다. 또 영국에는 "손안의 새 한 마리가 덤불 속 두 마리보다 가치 있다"는 속담도 있다. 에스파냐에는 "양털을 얻으러 갔다가 머리 깎여 온다"는 속담이 있다.*

얼마나 많은 젊은이가 출세하겠다는 희망에 부풀어 행세깨나 하는 사람들과 친분을 맺기 위해 소중한 시간을 허비하다가 결국은 허망하게 돌아서는가! 그 과정에서 그들은 의존적 상황에 따른 온갖 모욕과 굴욕을 감수한다. 게다가 이런 노예적 상황에 대한 보상으로 제시된 지위에 대한 허망한 꿈을 안고 다른 사람들의, 그러니까 그 유력자에게 빌붙어 보겠다는 생각에 주변을 얼쩡거리긴 해도 아부에 익숙지 못해 소극적인 사람들의 가죽을 벗겨 먹을 것이다.

그러다가 결국 출세라는 헛된 꿈에서 깨어난다. 그런데 그것은 자신이 잃은 것 가운데 아주 하찮은 것에 불과하다. 그들은 그나마 얼마 안 되는 재산을 늘리기는커녕 탕진하거나 헤프게 써 버려 앞으로 생존에

---

* 우리 속담으로는 "혹 떼러 갔다가 혹 붙여 온다."

위협을 받을 상황으로까지 전락하고 말기 때문이다. 게다가 게으름이 몸에 붙어 자신이 잃은 것을 되찾는 일조차 불가능해진다. 그야말로 희망을 끔찍스럽도록 높은 가격에 산 것이 아니고 무엇이랴!

또한 이 격언은 옛 사람들에게서 흔히 볼 수 있었다고 전해 들은, 그리고 지금도 주변에서 볼 수 있는 하나의 관습을 떠올리게 한다. 과수들의 개화기에 수확할 과일을 약정 가격에 사들이거나 씨앗을 파종하자마자 그 밭의 작물을 구매하는 관습이 그것이다. 이런 도박성 상행위는 지금까지 이어져 사람들은 물고기를 그물째로 사거나 그물질 한 번에 올라올 물고기를 미리 사기도 하고 하루치 사냥감을 모두 사겠다는 거래도 흔히 이루어진다. 그리고 이런 종류의 거래를 규정하는 법이 마련되는 경우도 있다.

존 오브리*의 『초고(Manuscripts)』에는 이런 내용이 나온다. "요크 하우스**의 정원에서 어부들이 그물질을 하는 광경을 구경하던 베이컨 경은 어부들에게 한 그물에 얼마를 받을 거냐고 물었다. 어부들은 잡은 만큼 받겠다고 대답했고 그렇다면 베이컨 경도 잡은 만큼만 치르겠다고 답했다. 어부들이 그물을 끌어올리자 그물 안에는 작은 물고기 두세 마리가 들어 있었다. 그러자 베이컨 경은 어부들에게 애초 내가 했던 제안을 받아들였더라면 좋았을 것이라고 말했다. 그러자 어부들이 이보다는 더 잡기를 바랐다고 대답했다. 이에 대해 베이컨 경의 대답은 이랬다. '희망은 훌륭한 아침 식사이지만 형편없는 저녁 식사이기도 하다.'"

---

* 영국의 골동품 연구가이자 전기 작가로 당시의 명사들에 관한 전기적 기록들을 남겼다.
** 템스강변에 있던 옥새상서(玉璽尚書, 국왕의 옥새를 관리하던 고위관직)의 관저.

겁쟁이의 어머니는 울지 않는다

Timidi Mater non flet / A coward's mother does not weep

용감하고 겁 없는 자들은 항시 위험에 맞서고 그러다가 때 이른 죽음을 맞이하지만 자신의 아들은 그런 위험을 조심스럽게 피할 것이기 때문에 어쩌다 운이 없어 사고를 만나 비명횡사하는 경우에도 비통해하지 않는다.

겁쟁이는 승리의 영광을 바라서는 안 된다

Timidi nunquam statuerunt Trophæum / Timid persons must not expect to be honoured with a triumph

승리의 영광은 오로지 용기 있게 나서서 소중한 승리를 쟁취한 자의 몫이다. 영국 격언에 "나뭇잎을 두려워하는 자는 숲에 들어가서는 안 된다"는 말이 있고, 프랑스에도 같은 격언이 있다. 소심한 기질의 소유자는 위험한 일을 맡아서는 안 되며 용감무쌍한 사람만이 성취할 수 있는 일을 시도해서는 안 된다. 에스파냐 사람들은 "행운의 여신은 대담한 자에게 손을 내민다"는 속담을 즐겨 쓴다. 영국에는 "마음이 약한 자는 멋진 여자를 얻을 수 없다"거나 "용감한 자가 아니라면 공정을 논하지 마라!"는 격언도 있다.

128

Chapter 9

없다, 그러나 있다

신과 운명

Breve et irreparabile tempus vitae est omnibus
브레붸 에트 이레파라빌레 템푸스 위타이 에스트 옴니부스
모든 사람에게 생명의 시간은 짧고 다시 돌이킬 수 없는 것이다.

Letum non omnia finit
레툼 논 옴니아 피니트
죽음이 모든 것을 끝내는 것은 아니다.

Tempora mutantur, nos et mutamur in illis
템포라 무탄투르 노스 에트 무타무르 인 일리스
세월은 변하고, 그 속에서 우리도 변한다.

운이 좋은 쪽으로 기운다

Ad felicem inflectere parietem / To lean to the lucky side

항해 중인 배가 한쪽으로 너무 기울면 탑승객들은 대개 반대쪽으로 몰려간다. 그쪽으로 자리를 옮기면 최상의 안전을 보장받을 수 있을 것으로 여기기 때문이다. 이와 마찬가지로 행운의 여신이 누군가로부터 미소를 거두어갈 때, 또는 누군가 침몰하고 있는 모습을 보는 바로 그 순간 친구들은 그의 곁을 떠나 좀 더 성공한 사람에게로 자리를 옮긴다. 순수한 심성을 지닌 사람이라면 이런 행위를 비난하지 않을 수 없을 것이다. 하지만 다른 한편으로 생각해 보면, 나락으로 떨어지고 있는 사람과 함께하면 자신도 파멸에 이를 것을 알면서도 그의 불운과 함께할 필요는 없다고 본다.

우리는 곤경에 처한 친구들을 도와야 마땅하다. 하지만 우리 자신과 가족을 파멸의 늪으로 빠뜨릴 위험이 있음에도 그를 도와야 한다는 것은 어불성설이다. 오히려 우리는 "제 논은 타들어 가는데 남의 논에 물 대기"라는 격언에 담긴 꾸짖음에 귀 기울일 필요가 있다. "남의 호주머니 채워 주려고 자기 호주머니를 비우는 자는 어리석고 미친 자다"라는 말도 되새기자.

검은 피부를 하얗게 할 수 없다

Asinum sub fræno currere doces / You cannot wash a blackamoor white

옛 사람들은 '당나귀를 고삐에 길들이는 일'이 검은 피부를 하얗게 만드는 일만큼이나 어렵다고 생각했다. 아니 어려운 정도가 아니라 불가능한 일, '헛된 일'이라 생각했다.

지금은 당나귀 길들이기가 그처럼 어려운 일이 아니고 그런 동물들을 길들여서 인간의 삶에 쓸모 있는 존재로 탈바꿈시킬 수 있다고 생각하지만, 호라티우스는 이 격언을 자신의 첫 『풍자시집』에서 다음과 같이 품격 있게 활용하고 있다. "하지만 당신이 아무런 보상도 없이 일가 친척들의 사랑을 받거나 친구들의 호감을 계속 끌어 낼 수 있을 것으로 기대한다면, 그들이 속은 것처럼 당신도 그들로부터 배신을 당하는 처량한 신세로 전락할 것이다. 이는 당나귀를 고삐에 길들이려다 배신 당하는 딱 그 꼴이다."

성경에도 이와 비슷한 말이 나온다. 바로 "표범이 그의 반점을 변하게 할 수 있느냐"이다. 예레미야 제13장 23절 '교만에 대한 경고'에 나오는 말이다. 이것은 '사람이나 사물의 천성은 바꿀 수 없다'는 뜻으로, '오래된 버릇은 완고하다'*나 '요람에서 배운 것은 무덤까지 간다'**는 속담과 같은 뜻으로 쓰인다. 또 다른 라틴어 격언으로 '아프리카인은 하얗게 될 수 없다'는 말도 있다.

---

* "제 버릇 개 못 준다"는 우리 속담과 같은 말이다.
** 우리 속담에는 "세 살 버릇 여든 간다"는 말이 있다.

아서 래캄의 삽화

한 발을 카론의 배에 올리다

Alterum pedem in
cymba Charontis habere / To have one foot i
n the Charon's boat[grave]

'노인이 되다'라는 뜻이다. 카론은 저승으로 가는 강 스틱스를 삯을
받고 건네주는 뱃사공이다.

사람들은 왕이나 바보 둘 중 하나로 태어난다

Aut regem aut fatuum nasci oportuit / A man should either be born a king or an idiot

정말이지 사람들은 왕이나 바보 둘 중 하나로 태어난다. 정상에 있거나 운명의 수레바퀴 아래 깔려 있거나 둘 중 하나일 수밖에 없다. 세상에는 적어도 그렇듯 진취적이고도 담대한 기상을 가진 야심가들이 있기 마련이다. 그들은 자기 나라에서 최고위층에 도달하기 위해 모든 것, 자신의 전 재산과 심지어 목숨까지도 걸 기세다. 말하자면 그들에게는 왕 아니면 비렁뱅이 둘 중 하나다. 그들에게 삶이란 흥하느냐 아니면 쪽박을 차느냐 하는 문제로 부자가 아니면 차라리 목이라도 맬 기세다(O rico, o pinjada).

밀턴의 『실낙원』에서 루시퍼*는 이렇게 말한다. "군림하겠다는 야심은 품을 가치가 있지, 그곳이 지옥일지라도. 천국에서 시중들며 사느니 지옥에서 군림하는 편이 낫다네."

하지만 이 격언은 바보들이 통상적으로 존중되어 왔던 측면을 각별히 언급하고 있는 듯하다. 터키와 동방의 여러 지역에서 바보들은 큰 존중을 받아 왔다. 그래서 그들이 하고자 하는 것을 반대하거나 막는 일은 심지어 범죄 못지않은 일로 여겨졌다. 따라서 그들은 왕과 동등한 자유를 누리며 원하는 것은 무엇이든 말하고 행동할 수 있었다. 훗날 이 나라를 비롯한 여러 유럽 국가에서는 귀족들이 재미삼아 다른 사람들은

---

* 루시퍼는 신에게 반역했다가 천국에서 떨어진 뒤 이름이 사탄으로 바뀐다.

영국의 시인이자 역사가이며 개혁가인 존 밀턴과 그의 저서 『실낙원』

쓸 수 없는 심한 말까지 거침없이 써 가며 주인을 꾸짖을 자유를 바보들에게 주어 대접했다. 셰익스피어의 『뜻대로 하세요』에서 제이퀴즈는 한 바보의 외투를 입겠다고 나서면서 이렇게 말한다. "…내게는 센 바람만큼 강력한 특권으로 내가 원하는 사람을 납작코로 만들 자유가 주어져야 해요. 바보들에게는 그럴 자유가 있잖아요."

한마디 덧붙이자면 요즘 말로 바보들은 행운아다. 게다가 그들은 불행을 예상하지도, 또 불행이 닥쳤을 때 그 불행이 주는 압박감을 통째로 느끼지도 못한다는 측면에서 행복한 사람들이라 불릴 만하다. "신은 세 부류의 사람, 요컨대 바보와 어린아이와 술꾼을 보호한다"는 말이 있다. 술꾼은 고주망태가 되었을 때에도 위험에 빠지는 법이 거의 없다. 또 프랑스 사람들은 이런 말도 한다. "바보는 결코 늙지 않는다." 아마도 이전에 보았던 것보다 딱히 나아진 것이 없기 때문이다.

사람으로 한 번, 어린아이로 두 번 산다

Bis pueri senes / Once a man, and twice a child

나이 든 사람들은 두 번째로 어린아이가 된다. 그들은 사람으로 한 번, 어린아이로 두 번 산다. 노인은 보통 정신적으로나 육체적으로 어린아이를 닮아 유약하고 나이가 아주 많이 들면 허약하고 무기력해진다. 다리가 후들거려 지팡이에 의존해야 하고 손이 떨려 음식물을 자르지도 못하고 결국에는 입으로 가져가지도 못한다. 치아도 모두 빠져 갓난아이들처럼 유동식으로 연명할 수밖에 없다. 눈도 침침해져 글을 읽을 수도 없고 귀도 어두워져 대화에 끼어들지도 못한다. 정보를 취득하는 데 필요한 두 감각이 차단되면서 정신은 주변의 사물에 흥미를 잃고 새로운 것을 듣거나 보아도 들뜨지 않는다. 한마디로 일상이 나른하고 무기력하다. 예전에 습득했던 지식들의 흔적은 희미해지다가 결국은 사라지고 만다. 결국 그들은 완전히 두 번째 어린 시절로 돌아간다. "이도 눈도 미각도 아무것도 남지 않은 한낱 망각의 세계"로 침잠한다.

> 세월의 무게가 우리를 덮치면
> 사지(四肢)에 넘쳐흐르던 활력은 어느덧 사라지고
> 민첩했던 정신도 힘을 잃어 어느새 쇠잔해지고
> 엄숙하고 거룩한 바보가 그곳에 들어앉았네.
>
> _ 루크레티우스

좋은 징조, 나쁜 징조

Bonis avibus / With good or evil omens

　사람들은 보통 사업을 시작할 때 길조나 흉조 또는 행운의 별이냐 불운의 별이냐를 따진다. 그리스와 로마인은 어떤 사업에 손을 댈 때 새들의 비행·지저귐·노랫소리 등으로 사업의 성공과 실패를 점쳤다. 어떤 징조의 의미를 사람들에게 설명하는 임무를 띠고 있던 고대 로마 시대의 복점관(卜占官)은 새가 지저귀는 소리를 듣고 그 집무실의 명칭을 정한 것으로 알려져 있다. 영국의 풍자 시인 찰스 처칠(Charles Churchill)은 이런 미신을 웃음의 소재로 삼아 조롱했다.

　　　　로마 사람들에게 예언 못하는 새는
　　　　새도 아니라네.
　　　　제국의 운명은 흔히
　　　　마법사 까치의 혀에 달려 있네.
　　　　모든 까마귀는
　　　　로마의 운명을 점쳐주는 족집게 점쟁이라네.
　　　　예언자들은 지식의 보고.
　　　　(아득한 옛날부터 당신 지식의 근원)
　　　　언제 깨어 있는 게, 언제 잠자는 게 좋을지
　　　　언제 먹고, 마시고, 가고, 머물지
　　　　언제 싸우고 언제 도망칠지

거사의 분위기는 언제 무르익을지를
양의 내장을 꺼내 접힌 주름만 보아도 백발백중 알아맞혔지.
황제가 언제 살고 죽을지를
당나귀의 두개골만 보아도 척척 알아냈다네.
장군이 진지에서 버텨야 할지 퇴각해야 할지는
양의 심장에 다 나타나 있었다네.

_ 「유령(The Gost)」(1760)

이런 미신의 흔적은 이 나라에서도 여전히 눈에 띈다. 농부의 아내
들은 일 때문이든 재미삼아서든 여행을 떠나려는 찰나에 갈까마귀가 깍
깍 울어대면 불안해한다. 엘리스 워커의 시집 『에픽테토스의 도덕』에 나
오는 다음 시는 태곳적부터 일반 대중은 이렇듯 어리석은 믿음을 갖고
있었지만, 한편으로는 그런 미신을 조롱하고 경멸하는 사람들도 없지 않
았음을 보여 준다.

    까마귀나 올빼미의 으스스한 울음소리가
    주변에 불길하게 울려 퍼지자
    사람들은 저마다 저 영악한 새가
    자기의 죽음을, 친구의 죽음을 경고한다고 믿네.
    저 야행성 예언자는 그저
    배가 고프다고 깍깍, 후우후우 울어댔을 뿐인데.

바다를 건넌 자들에게 달라진 건 하늘뿐, 그들의 영혼은 그대로다

**Caelum non animum mutant
qui trans mare currunt** / Those who run across the sea
change the sky, not their soul

고향을 떠나 머나먼 타국에 있는 자들의 심정을 대변한 말이다. 여기서 바다를 건너고 하늘이 달라진다는 것은 '고향을 떠나는 것'을 가리키며, 영혼은 '고향'을 뜻한다.

이 말을 한 호라티우스는 어릴 적에 고향인 남부 베노사를 떠나 로마로 갔고, 기원전 45년에는 당시 문화와 예술의 중심지였던 아테네로 유학을 떠나 플라톤이 세운 '아카데미아'에서 그리스 철학과 문학을 공부했다. 그리고 기원전 약 40년경 다시 로마로 돌아왔다.

나는 신이 불합리하기에 믿는다

Credo qvia absurdum / I believe it because it is absurd

운명은 세상을 지배하고,
만물은 법칙에 따라 존재한다

**Fata regunt orbem,
Certa stant omnia lege** / The fates rule the world,
all things exist by law

운명의 여신은 대담한 자 편이다

Fortes fortuna adiuvat / Fortune favours the bold

운명의 여신은 용감한 자를 돕는다. 여기에 키케로는 이렇게 덧붙인다. "하지만 거기엔 이성과 사고가 훨씬 더 많은 영향을 미친다." 따라서 "행동으로 옮기기 전에 생각하라. 하지만 충분히 고려하고 계획을 짜고 끝까지 결연히 밀어붙여라." 충실한 계획을 짜고, 스스로 세운 방식으로 꾸준히 열정을 쏟아 붓는 것이야말로 목적을 달성하기 위한 거의 확실한 방법이다.

하지만 예기치 못하게 큰 난관에 부딪혔을 때 이성도 심사숙고도 아무런 도움이 되지 못하는 상황에서 대담하고 용기 있는 행동이 성공을 거두는 경우가 흔히 있다. 적이 이미 울타리 안으로 침입해 왔다면 무언가 대책을 세우기엔 너무 늦다. 위험이 코앞에 닥쳤을 때 굼뜬 자는 제 자신을 통째로 적에게 던져 줄 수밖에 없다. "모험이 없으면 얻는 것도 없다."

"운명의 여신은 용감한 자를 돕는다"는 이 격언은 에스파냐와 프랑스를 비롯해 여러 나라에 꽤 널리 퍼져 있다. 라틴어로 이 비슷한 격언이 존재함은 두말할 나위 없다. 테렌티우스의 희극 『포르미오』에 이 격언이 나온다.

행운은 유리로 만들어졌다

Fortuna vitrea est / Fortune is made of glass

시리아 출신 노예로 나중에 작가가 된 프브릴리우스 시루스의 『금언집』에 나오는 말이다. 원래는 '행운은 유리로 만들어졌다. 빛이 날 때 깨진다(Vitrea est fortuna; tum cum splendet frangitur)'이다. 운명의 여신 포르투나가 돌리는 운명의 수레바퀴는 둥글고 돌고 돈다. 또한 이 여신은 이곳저곳을 오고 가는 방랑자다. 이 격언의 은유는 드라마틱한 것이라 행운은 좋은 것이긴 하지만, 유리처럼 깨지기 쉽다는 것이다. 키케로도 이와 비슷한 말을 했다, "행운은 눈이 멀었다(Fortuna caeca est)."

오늘은 재수 옴 붙은 날

Hodie nihil succedit / Today nothing turns out well

제대로 되는 일이 없고 하는 일마다 손해를 보는 날, 많은 사람은 이것이 스스로 부주의했던 탓이 아니라 재수 없는 날에 그 일을 시작한 탓이라고 쉽사리 생각한다. 그래서 과거와 마찬가지로 오늘날에도 어떤 날을 재수 없는 날로 여겨 새로운 일을 벌여서는 안 된다고 생각하는 사람들이 있다.

늑대는 털은 바꿔도 마음은 못 바꾼다

Lupus pilum mutat, non mentem / A wolf can change his coat but not his character

불행은 기다리지 않아도 부지불식간에 찾아온다

Mala ultra adsunt / misfortunes come unsought

아무 관계도 없는 일을 사서 걱정하는 사람들이 있다. 불행이 닥치지도 않았는데도 미리 마중 나가 애통해하는 사람도 있다. 하지만 불행은 굳이 찾지 않아도 순식간에 찾아오며 일단 닥친 불행에서 벗어나는 데는 어려움이 따른다. 프랑스 사람들은 "병마(病魔)는 말을 타고 왔다가 걸어서 사라진다"고 말한다. 또 비슷한 속담으로 영국인들은 "재앙은 올 때는 무더기로 오고 갈 때는 야금야금 간다"고 말한다.

여자는 악이지만 필요악이다

Malum est mulier, sed Necessarium malum / Woman is a evil, but necessary one

어떤 일을 하는 데 없으면 불편하지만, 성격이 올곧지 못해 가까이하기 힘든 사람들을 가리킬 때 쓰는 말이다. 이는 그리스의 역사학자이자 지리학자인 스트라보의 『지리지』 제14권에 나오는 '휘브레아스'라는 사람 때문에 생겨난 말일 것이다.

에우튀다모스가 일종의 참주정을 수립했을 때, 한편으로 여러 측면에서 도시를 위해 유익한 일을 했으며, 그 잘한 점과 잘못한 점을 저울에 올려 보면 거의 균형을 유지했다. 이때 휘브레아스라는 웅변가가 이렇게 말했다. "당신은 우리 도시의 필요악이다. 우리는 당신과 함께 살 수 없지만, 그렇다고 당신 없이는 살 수 없기 때문이다."

또 다른 의미에서 푸블리우스 코르넬리우스 루피누스 역시 필요악이었다. 그는 사기꾼이며 재산을 탐했으나 탁월한 장군이었다고 한다. 집정관 파브리키우스 루스키누스는 전쟁터에서 적에게 죽임을 당하는 것보다는 차라리 이 사람에게 돈을 뜯기는 게 낫다고 말했다고 한다. 이에 관해서는 로마의 수필가 겔리우스의 『아티카 야화』 제4권과 키케로의 『연설가에 대하여』 제2권에서도 전하고 있다.

또한 이 격언은 여자들에게도 적용될 수 있다. 여자들과 함께 사는 것은 불편하기도 하지만, 여자들 없이는 국가가 존재할 수 없기 때문이다. 그리고 어떤 물건에도 적용할 수 있다. 예를 들어 약은 쓰지만 없어서는 안 된다. 에우리피데스는 『오레스테스』에서 다음과 같이 적고 있다.

집정관 파브리키우스(오른쪽)와 장군 루피누스. 청렴결백한 관리의 상징이었던 파브리키우스는 사후 로마의 공금으로 장례가 치러졌으며, 그의 딸들의 결혼지참금도 로마 시민이 마련해 주었다. 그래서 키케로를 비롯한 많은 사람이 언급하고 있으며 단테도 『신곡』에서 그를 언급했다. 푸블리우스 코르넬리우스 루피누스는 당시에 뛰어난 장군으로 명성이 높았던 인물로, 동시에 탐욕으로도 악평이 자자했다. 그는 나중에 은을 너무 많이 가지고 있다는 혐의를 받아 파브리키우스에 의해 원로원에서 제명되는 불명예를 당했다. 이 사람이 바로 200년 후 독재자 술라의 선조다.

"이 일은 고통스럽기는 하지만 피할 수 없다." 이런 것들을 적다 보니 대(大)플리니우스가 『박물지』 제18권 제6장에 적어 놓은 신탁이 떠오른다. "최고의 수확을 얻기 위해 어떻게 밭을 갈아야만 하느냐는 물음에 신탁이 '최선의 악으로'라고 대답했다."

죽음은 모든 이에게 찾아온다

Mors omnibus communis / Death is common to all things

우리 모두는 죽음을 피할 수 없다. 따라서 젊은이든 늙은이든, 강한 자든 약한 자든 똑같이 만나게 될 이 공동의 운명에 대해 자주 명상할 필요가 있다. 나이가 젊다거나 건강하다고 해서 어느 날 갑자기 벼락같이 찾아올 죽음을 면할 수 없기 때문이다. 그런데 어찌 하여 우리는 모두에게 똑같이 찾아올 손님을 낯선 이 대하듯 하는가? 왜 죽음이 가까운 인척이나 친구를 데려가면 충격을 받는 듯 보이는가?

이 도시 일정 구역 내에서 우리는 매년 일정 숫자의 사망자를 만난다. 우리는 이러한 사실을 사망률이 높은 질병들, 사망의 원인으로 추정되는 질병들을 기록하기 위한 목적 이외에도 우리를 죽음과 친숙하게 해 주는 데 좀 더 많이 활용할 필요가 있다. 매년 수 킬로미터 범위 내에서 1만 8천 명에서 2만 명에 가까운 사람들이 사망한다는 사실을 통해 우리는 우리 자신 또는 우리 가족 가운데 누군가가 그 숫자에 포함될 수 있다는 또는 차라리 그런 죽음을 예상해야 마땅하다는 점을 배워야 한다.

아낙사고라스*는 아들의 죽음을 위로하러 온 친구가 도에 넘치는 애도를 표하자 이렇게 말했다. "나는 내 아들이 영원히 살 거라고 생각해 본 적이 없네." 또 아들이 전장에서 나라를 위해 용감히 싸우다 죽었다

---

* 고대 그리스의 철학자로 천체 현상을 비롯한 세상만물을 자연적 방법으로 이해하려 했으며, 원소들의 혼돈에 질서를 부여하여 만물을 이루게 하는 정신이자 운동 원리인 누스(Nous)를 강조했다.

는 소식을 들은 크세노파네스*는 다음과 같이 말했다. "나는 내 아들을 영원히 살게 해 달라고 신에게 요청한 적도 오래 살게 해 달라고 빈 적도 없네. 그것이 아들에게 좋은 일인지 아닌지 도무지 분명치 않아서 말이야. 나는 지금 아들이 살아 있는 동안 자기 원칙에 충실하며 자기 나라를 사랑한 사람이었기를 바랄 뿐이네!"

사람들은 이승의 삶을 인생이라 하지만
아무래도 고역이라 할 걸 잘못 부른 것 같네.

_ 플루타르코스, 『아폴로니우스에 대한 위로』 중에서

사람들은 죽음의 문제에 대해 제대로 된 생각을 해 온 듯하다. 사람들은 누군가 죽음에 대한 생각을 입에 담는 것조차 대체로 혐오하는 까닭에 혹시 이들이 그러한 명상을 통해 죽음을 앞당기는 것이 옳다고 생각하는 것은 아닌지 오해를 할 수도 있다. 하지만 십중팔구 명상은 정반대의 효과를 지닌다. 성인이 된 사람들의 질병과 죽음은 대체로 무절제로부터 오는 까닭에 그러한 상황에 대한 진지한 성찰은 사람들에게 난잡한 행실을 그만두게 함으로써 오히려 수명을 연장시킨다. 또는 죽음에 대한 명상이 그런 효과를 가져다주지 않는다 하더라도 죽음을 언제라도 찾아올 수 있는 손님으로 떳떳이 맞이하도록 해 줄 수는 있을지 모른다.

---

* 고대 그리스의 방랑시인이자 철학자, 종교사상가다. 고향이 페르시아의 침공을 받자(기원전 545), 방랑의 길에 나서서 60년이 넘는 오랜 세월 동안 그리스 각지를 유랑했다. 다신론과 의인화된 신이라는 전통적인 그리스 신관을 거부했으며, 파르메니데스의 스승으로 엘레아학파 형성에 영향을 끼쳤다.

살 날이 한 달밖에 안 남았다면 슬피 울 그대여
당장 내일 죽을지 모르면서 어리석게 웃고 즐기는구려.

이 시구가 삶을 온전히 즐겨서는 안 된다거나 생명의 소멸에 무심해
야 한다는 뜻을 담고 있는 것은 아니다.

망각의 사냥감이 되어 침묵의 나락으로 떨어질 그 누구인들
너무도 간절해서 눈앞을 아른거리는 것들에 뒤돌아 눈길 한번 주지 않은 채
기쁨과 근심이 뒤섞인 이 삶을 포기하고
생기 가득하고 따스한 이 땅을 떠나고 싶을 것인가?

우리는 스스로 죽을 수밖에 없는 존재임을 알고 있는 까닭에 그 시간
이 다가올 때 언제든 우리의 운명을 맞이할 준비를 해 두어야 한다.

죽는다는 것을 기억하라

Memento mori / Remember death

죽음은 확실하나 때는 불확실하다

Mors certa, hora incerta / Death is certain, its hour is uncertain

죽는 꿈을 꾸면 근심 걱정이 사라진다

Mortuus per somnum, vacabis curis / If you are dead in your dreams you will be free from care

고대 그리스 사람들은 실제로 이 격언을 믿었다. 그리고 오늘날에도 영국의 일부 지역에서는 이런 말이 통용된다. 에스파냐 격언은 보다 올바르다. "좋은 꿈이든 나쁜 꿈이든 꿈을 믿지 마라." 그리고 프랑스 격언도 있다. "모든 꿈은 거짓이다." 따라서 아마도 모든 꿈은 정반대의 의미로 해석되어야 한다는 견해, 즉 영국 속담처럼 "결혼하는 꿈을 꾸면 초상을 치른다"는 식의 생각 역시 곧이곧대로 믿기에 근거가 없기는 마찬가지다.

집안에 족제비가 산다

Mustelam habes / You have a weasel in your house

이 격언은 매사에 운이 없고 하는 일마다 어긋나가는 사람을 두고 하는 말이다. 옛사람들은 족제비를 만나면 불길하다고 여기며 어떤 불행이 곧 눈앞에 닥칠 징조라고 생각했다. 에라스뮈스가 우리에게 전하는 바에 따르면 그가 살던 시대에 영국의 사냥꾼들은 사냥을 막 시작하려는데 누군가 족제비란 말을 입에 올리면 그날 운세가 나쁠 것으로 여겼다고 한다.

테오프라스토스*는 미신을 좇는 사람의 성격을 묘사하면서 이렇게 말한다. "길을 가다 족제비가 길을 가로질러 가면 그 사람은 아주 급한 용무가 있는 게 아니라면 그 자리에서 우뚝 멈춰서 꼼짝도 않은 채 누군가가 자기를 앞질러 그 나쁜 징조를 깨뜨려 주기를 기다릴 것이다. 혹 그게 아니라면 자기 스스로 돌멩이 세 개를 던져 그 요물을 퇴치할 것이다."

---

* 고대 그리스의 철학자이자 과학자. 플라톤과 아리스토텔레스의 제자로 식물학의 창시자이기도 하다. 대표 저서로는 『식물지』와 『식물의 본원(本源)』 등이 있다.

우리는 태어난 순간부터 죽기 시작한다

Nascentes morimur / From the moment we are born,
we begin to die

　로마의 시인이며 점성가인 마르쿠스 마닐리우스가 쓴 『천문학』 제4권
의 제16행을 몽테뉴가 자신의 수필집에 인용하여 유명해진 구절이다. 원
문은 다음과 같다. "우리는 태어난 순간부터 죽기 시작한다. 우리의 끝
은 시작과 함께 시작된다(Nascentes morimur, finisque ab origine pendet)."

천성(天性)은 갈퀴로 긁어내도 제자리로 돌아온다

Naturam expellas furca tamen usque recurret / You can drive nature out with a pitchfork, but she always comes back

"뼛속에서 자란 것은 절대로 살을 벗어나지 않는다"는 영국 속담이 이 격언의 의미를 매우 쉽게 설명해 준다. "늑대는 털은 바꾸어도 기질은 바꾸지 못한다"는 라틴 속담도 이와 유사한 뜻을 지니고 있다. 말하자면 한번 들인 습관은 쉽사리 바꿀 수 없고 만일 그 습관이 제2의 천성이 되었을 정도로 오래 계속된 것이라면 더욱 그렇다는 의미다. 자연의 순리에 따라 뻗어난 나뭇가지를 억지로 끌어내린 경우 가해진 완력이 사라지는 순간 가지가 제자리로 돌아가는 것과 같은 이치다. 이와 마찬가지로 우리의 오래된 습관은, 그 습관을 버리도록 했던 동기, 예를 들어 어떤 이득이나 두려움 같은 동기가 사라지는 순간 제자리로 돌아온다.

멋진 숙녀인 양 다소곳했던 고양이도 쥐를 보는 순간 그 외양에 걸맞게 고상한 자태를 보여야 한다는 사실을 잊어버리고 웅크리고 있던 식탁에서 사냥감을 잡기 위해 튀어 오른다. "나쁜 천성이나 몸에 밴 악습은 무덤까지 따라간다"는 이탈리아 격언도 있다. 죽음을 앞둔 구두쇠 부자 앞에 고해 신부가 커다란 은 십자가상을 놓고 막 설교를 시작하려 하자 그는 은 십자가상을 뚫어져라 바라보더니 이렇게 말했다. "신부님, 이걸로는 많은 돈을 빌려 드릴 수 없겠군요."

홀로 태어나는 사람은 없다

Nemo sibi nascitur / Noone is born for self alone

"혼자서 태어난다고 생각하지 마라." 우리가 세상에 태어날 때 만나는 그 막막한 상태가 이 경구를 우리에게 가르쳐 주었을지 모른다. 혹시 그 경구를 잊었다가도 사소한 병이라도 얻을라치면 이 경구를 쉽사리 떠올릴 수 있다. 하지만 건강하다 해서 사정이 다르진 않다. 우리 가운데 그 누구도 타인의 도움 없이 우리의 안락한 생활 또는 우리의 생존에 필요한 모든 물건을 마련할 수 없다. 우리가 입는 모든 것, 먹고 마시는 모든 것을 용도에 맞게 적절히 이용하려면 여러 사람의 손이 동시에 필요하다. 이는 서로를 아끼는 마음을 북돋기 위해 신이 마련해 놓은 섭리임에 분명하다.

어린 시절 우리의 생계와 우리에게 주입된 모든 지식이 부모와 스승, 친구로부터 비롯된 것인 까닭에 그들의 안락한 삶에 힘이 될 모든 것을 스스로 챙겨 행하고 우리에게 유사한 요구를 할 수도 있는 사람들에게 비슷한 도움을 줌으로써 나름의 책임감을 보여 줄 의무가 우리에겐 있다. 우리를 하나로 묶는 연대감은 바로 이런 식으로 온전히 유지된다. 이로써 우리는 자연이 의도했던 바, 즉 사회적 존재가 된다. 플라톤은 이런 격언을 처음으로 널리 알린 인물로 알려져 있다. "우리는 제각기 우리의 시간과 능력의 일정 부분을 우리의 나라와 부모와 친구에게 빚지고 있다."

창백한 죽음은 가난한 자의 움막이나
왕의 궁전이나 똑같은 발로 걷어찬다

**Pallida mors aequo pulsat
pede pauperum tabernas,
regumque turres** / Pale Death kicks in the huts of
paupers just as it does
the towers of kings

★ 「송가」 제1권 4절 | 호라티우스의 말이다.★

유피테르*로부터 멀어지면
그의 벼락으로부터도 멀어진다

**Procul à Jove,
procul à fulmine** / Far from Jove, far from
the thunderbolt

강력한 왕국의 궁궐이나 수도로부터 아주 멀리 떨어진 나라들은 눈에 띄지 않은 덕분에 바로 코앞에 있는 나라들이 당할 수밖에 없는 탄압을 그만큼 덜 받는다.

---

* 그리스 신화의 제우스(Zeus). 로마 신화의 유피테르(Jupiter). 영어로는 주피터(Jupiter) 또는 조브(Jove).

네 번째 달에 태어난 사람

Quarta luna nati / Be born in the fourth moon

　사람들은 마음먹은 대로 되는 일 없이 유난히 불운한 사람을 일컬어 '네 번째 달'에 태어난 사람이라고 말한다. 네 번째 달은 헤라클레스가 태어난 달이다. 그가 하는 일은 세상에는 도움이 될지언정 자기 자신에게는 아무런 득도 되지 않았다.

　에스파냐 사람들은 "평판이 나쁜 자는 불운한 별자리나 악마의 시간에 태어난 사람"이라고 말한다. 반면에 행운아는 "흰 암탉의 자식"*으로 불린다. 영국에서 그런 사람은 "은수저를 입에 물고 태어난 사람"이라고 말한다.

---

* '흰 암탉의 자식'(91쪽) 참조.

가장 덜 빗맞는 예언자가 최고의 예언자다

Qui bene conjiciet, hunc vatem perhibeto optimum / He that conjectures least amiss, of all the best of prophets is

상황에 따라 가장 합리적인 결론을 끌어내고 추론하는 사람을 최고의 조언자로 여겨라. 굳이 당신의 미래를 예측할 점쟁이나 예언자가 필요하다면 바로 그런 사람이 적격이다. 아프리카 사람들과 여러 문맹의 미개 민족들처럼 확정적으로 예측할 수 없는 미래의 운명을 알아볼 셈으로 점성가나 점쟁이에게 조언을 구하지 마라. 스코틀랜드에서 일종의 투시력을 가진 사람들이 그런 말을 듣듯이 우리 주변에서는 예언과 실제 사건이 정확히 또는 비슷하게 맞아떨어지는 경우가 종종 있다.

"누구나 자주 쏘다 보면 언젠가 한 번쯤은 과녁을 맞힐 수도 있지 않을까?" 그러다 보니 점쟁이들에게 미래를 예측해 달라 하면 50번 빗맞다가 한 번 맞히는 경우가 발생하는 것이다. 하지만 영국에서 그렇듯 터무니없는 사기 행위를 부추기느니 오히려 부끄러워해야 할 사람들 사이에서 이른바 마술사나 점쟁이가 제법 높은 평판을 받고 있는 게 현실이다. 에라스뮈스는 자기가 살던 시대에도 그런 자들이 적잖이 인기를 누렸고 소위 상류층 명사들도 툭하면 그들에게 달려가곤 했다고 비난한다.

에스파냐 사람들이 흔히 쓰는 "점쟁이라면 굶어 죽을 일 없다"는 말은 그 나라에서도 그런 일이 비일비재했음을 보여 준다. 프랑스 사람들은 그들의 습관과 생활방식에 미루어 짐작할 수 있는 수준 이상으로 현명하고 신중한 반면에 에스파냐 사람들은 생각보다 덜 현명하다는 말을 듣는다.

그의 죄악에 마침내 신이 찾아오셨다

Reperit Deus Nocentem / God finds out the guilty

　영국에도 이와 비슷하게 "마침내 올 것이 왔다"란 속담이 있다. 오랫동안 안심하며 나쁜 짓을 저지르던 중 언제나 처벌을 피해 갈 것이라는 기대로 훨씬 더 큰 범죄를 저지르다 그간의 안심이 자신에게 덫이 되어 마침내 죄에 대해 합당한 처벌을 받게 된 상황을 이른다. 이 격언은 아무리 은밀히 저지른 범죄라 해도 결국 신의 눈을 벗어나지 못하고 신의 정당한 응징을 받게 된다는 점을 시사한다.

탄탈로스가 받은 벌

Tantali poenae / The punishments of Tantalus

탄탈로스의 형벌은 어떤 사람에게 온갖 좋은 것들이 가득하지만 정작 그것을 누리지는 못하는 경우를 일컫는다. 이 격언은 탄탈로스의 신화에서 비롯되었다.

탄탈로스는 원래 신들에게 총애받아 올림포스에 초대되어 신들과 어울리는 특권을 누리곤 했지만, 점차 오만해지더니 신들의 음식인 넥타르와 암브로시아를 훔쳐 내는가 하면 사람들에게 신들의 비밀을 누설한 죄로 지하세계(Tartarus)에 갇히고 만다. 탄탈로스의 운명을 시인들은 이렇게 노래하고 있다. 탄탈로스는 강물에 몸을 담그고 갈증에 시달린다. 그가 물을 마시려고 몸을 숙이면 물이 입술에 닿을 듯 닿지 않는다. 그의 머리 위에는 과실이 넉넉히 달린 나무가 있지만, 그가 열매를 따기 위해 손을 뻗으면 잡힐 듯 잡히지 않는다. 이 불쌍한 사내는 풍요 속의 빈곤에 시달렸던 것이다.

예부터 자주 탄탈로스를 부유하지만 인색하고 고약한 사람들에 비유했다. 호라티우스는 그의 『풍자시집』에서 이렇게 표현했다.

탄탈로스는 목마른 입술에서 달아나는 물 잔을 잡으려 애썼다.
왜 웃는가? 이름만 바꾸면 바로 그대를 이 전설이 말하고 있는데.
그대는 사방에 쌓아올린 재물더미에 몸을 숨기고 잠을 청하는구나.
신에 바쳐진 양, 아니면 벽에 걸린 그림처럼
보고 즐거워할 뿐 결코 쓰지는 않는구나.

그리고 "넘치는 재물 가운데 그렇게 가난한"이라고 말하고 있다.

카파도키아의 교부 나지안주스의 그레고리우스는 바실리우스에게 보내는 편지에서 이러한 비유를 세상의 쾌락에 비유했다. 세상의 쾌락은 결코 정신을 만족시킬 수 없다는 것이다. "탄탈로스처럼, 그처럼 저주받아 물 한가운데서 목말라 우리는 저 가련한 운명의, 결코 만족을 가져다주지 못하는 판다이시아를 받았다."

여기서 '판다이시아(pandaisia)'는 진귀하고 맛있는 음식으로 가득 채워진 식탁이라는 뜻으로, 그리스 신화에 나오는 미(美)와 우아(優雅)의 여신인 카리스들(Charites) 중 한 명이다.

모든 것을 잡아먹는 시간

Tempus edax rerum / Time, the devourer of all things

로마의 시인 오비디우스가 쓴 『변신』에 나오는 말이다.

시간이 모든 것을 밝혀 준다

Tempus omnia revelat / Time reveals all things

따라서 진실은 시간의 딸이라 불려 왔다. 에스파냐 사람들은 "진실은 신의 딸이다"라고 말한다. 따라서 사악한 자는 평온한 삶을 모르며 비밀의 위대한 계시자인 시간을 끊임없이 두려워하며 산다. 신성로마제국 황제 막시밀리안 1세는 이 격언을 모토로 삼았다.

〈막시밀리안 1세〉(알브레히트 뒤러, 1519). 막시밀리안 1세는 1508년 트렌토에서 교황 율리우스 2세에 의해 황제로 선출되면서 정식으로 신성로마제국의 황제가 되었다. 합스부르크가의 영향력을 유럽 전체로 확산시킨 인물이기도 하다.

겁 많은 플루토스처럼

Timidus Plutus / As fearful as Plutus

플루토스는 부(富)의 신이다. 잃을 게 전혀 없는 가난한 사람들은 도둑을 두려워할 이유가 없다. 조악한 식사에 익숙한 그들은 생계에 필요한 것들을 얻는 데 거의 어려움을 느끼지 않는다. 그들은 어떤 자세로든 또는 아무리 딱딱한 침상이라도 숙면을 취할 수 있다. 반면에 부자들은 골칫거리에 근심 걱정이 가실 날이 없다. "그들은 재산을 늘리려는 끊임없는 욕구에 시달릴 뿐만 아니라 소유한 것을 잃을까 노심초사한다."

부자들은 자신과 거래를 하는 사람들 모두를 도둑놈이나 사기꾼으로 의심한다. 그들은 행여 친구들이 돈이나 꿔 달라고 하지 않을까 두려워한다. 그들은 하인들은 모조리 거짓말쟁이라고 생각하고 아내와 자식

플루토스와 어머니 데메테르. 플루토스는 데메테르와 이아시온 사이에 태어난 아들로 '부의 신'으로 알려져 있다. 아리스토파네스의 정치 풍자 희극 『플루토스』의 주인공이기도 하다

들은 자신을 속이고 기만하기 위해 손을 잡고 있다고 생각한다. 이런 두려움은 해가 갈수록 커 가기만 하다가 결국 차고 넘치는 재산에도 불구하고 자신이 거지가 되어 구빈원에서 죽는 모습을 상상하며 금방이라도 무일푼이 되기라도 할 것처럼 괴로워한다.

"벼랑 끝에 시체처럼 서 있는, 죽음을 눈앞에 둔 노인들은 대체로 이미 모든 게 망가진 신세다." 아주 적은 수입으로도 자신에게 필요한 것들이 충족될 수 있을 시기가 오기 전까지 그들은 자신의 술잔이 완전히 바닥을 드러내기 전에 그 어마어마한 재산들이 탕진되어 버리고 말 것이라고 상상하며 두려움에 떤다. 적절히 사용되었더라면 그들을 건강하고 활기 있게 보호해 주었을 바로 그 재산으로 인해 그들은 비참한 최후를 맞는다.

여우는 털을 바꿀 수 있지만, 버릇은 못 고친다

Vulpes pilum mutat, non mores / **A fox may change its hair, not its tricks**

수에토니우스가 쓴 『황제 열전』 중 「티투스」 편에는 "표범의 반점은 바꿀 수 없다"는 표현이 나온다.

Chapter 7

간결하고 분명하게

순리와 원칙

De quibus ignoras tace
데 퀴부스 이그노라스 타케
네가 모르는 것들에 대해서는 침묵하라.

Ut sementem feceris, ita metes
우트 세멘템 페케리스 이타 메테스
너는 뿌린 대로 거두리라.

성실한 농부는
그 자신이 결코 열매를 따지 못할 나무를 심는다

Abores serit diligens agricola, quarum adspiciet baccam ipse numquam / The diligent farmer plants trees of which he himself will never see the fruit

키케로의 말이다. 어떤 결과가 보장되지 않더라도 보이지 않는 미래의 씨앗을 심을 수 있는 용기는 위대함의 본질이므로 그 시작의 무게를 소중히 여기라는 말이다.

나에 대한 자존감이나 정체성은 그냥 만들어지지 않는다. 수많은 사람들 속에서 처절한 소외감을 겪기도 하고 위급한 상황에 처해 보기도 하면서 '나의 가장 나중 지닌 것'을 체험할 때 비로소 나다움이 만들어진다. 인간은 자신을 규정하는 가장 밑바닥의 슬픔, 사랑, 인내 등을 경험하고 나서야 비로소 '나'를 찾게 되는 법이다.

해에게 거슬러 말하지 마라

Adversus solem ne loquitor / Don't speak against the sun

그것은 마치 대낮에 태양이 빛나는 것을 부정하는 것이나 다름 없다. "명백한 사실을 두고 논쟁하면서 시간을 허비하지 마라"는 뜻으로, 명백한 사실을 부정하는 무익한 언동과 어리석은 행동을 지적할 때 쓰이는 격언이다.

밭이 아니라 한 해가 일한다

Annus producit, non ager / The year brings the yield, not the field

농사는 밭(ager)이 아니라 한 해(annus)가 좌우한다. 그리스의 철학자·과학자 테오프라스토스도 이 격언을 언급했다. "농사일에는 우선 날씨가 중요하고, 한 해의 순조로운 날씨가 덕을 베풀어야 한다. 적당히 비가 내리고 햇볕이 쬐면, 그리고 겨울이 온화하면 제아무리 거친 소금밭에서도 풍요로운 수확을 기대할 수 있다. 그래서 '밭이 아니라 한 해가 일한다'는 격언이 생겨났다. 하지만 땅의 상태도 상당히 중요하다."

테오프라스토스는 밀이 추운 지역이나 더운 지역에서도 잘 자라는 이유를 설명하면서 다시 이 격언을 인용한다. 땅의 상태가 수확에 어느 정도 기여하는 것은 사실이지만, 그래도 날씨, 기온, 바람의 성질 또는 바람을 받는 밭의 배치가 풍작을 결정한다고 말했다.

이 격언의 의미를 좀 더 확장해 보면 다음과 같이 쓰일 수도 있다. 아이들이 선한 덕을 갖출 수 있도록 하는 데에는 아이들이 누구의 자식인지가 그리 중요하지 않으며, 오히려 교육이 더 결정적인 역할을 한다. 출신의 문제보다는 어떤 환경에서 어떻게 가르치느냐가 매우 중요하다. 즉 날씨가 토양의 상태를 좌우하는 것과 같은 이치다.

불로써 확인된 황금

Aurum igni probatum / Gold tested in fire

이 격언은 보통 어려운 시련을 겪으면서도 신뢰를 잃지 않고 믿을 만한 사람을 말할 때 쓰인다. 키케로는 『친구들에게 보낸 편지』 제9권에서 자신의 한 친구를 가리켜 이 격언을 사용했으며, 핀다로스는 『네메아 찬가』 제4번 합창시에서 "황금은 불에 의해 비로소 그 빛을 한껏 뿜어낸다"고 이 격언을 인용했으며, 『퓌티아 찬가』 제10번 합창시에서도 "황금은 잡동사니에 섞여 있어도 스스로 빛나듯, 올바른 정신은 시련 속에서도 그러하다"고 노래했다.

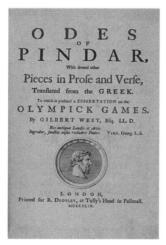

핀다로스(Pindaros, 영어로는 Pindar)는 고대 그리스의 합창시 작자로, 특히 축승가(祝勝歌)로 명성이 자자했다. 호메로스가 전쟁 영웅들을 노래했던 반면, 그는 그리스의 4대 제전인 '올림피아제'·'퓌티아제'·'이스트미아제'·'네메아제'의 승리자들을 찬양하는 축승가를 만들어 그들에게 바쳤는데, 지금도 남아 있다.

테오그니스도 다음과 같이 노래했다. "밝게 빛나는 그대가 이미 시금석으로 확인한 것처럼, 무슨 일이 있어도 그대는 나를 순수한 황금처럼 여기기를." 그는 또 다른 곳에서도 이렇게 말했다. "그것을 시금석으로 확인하라. 그리고 납으로 문질러 보아라. 그러면 순수한 황금은 너무도 밝게 빛나리라."

이러한 비유는 사도 베드로의 편지에서도 인용되었다. "너희 믿음의 확실함은 불로 연단하여도 없어질 금보다 더 귀하여 예수 그리스도께서 나타나실 때에 칭찬과 영광과 존귀를 얻게 할 것이니라."★ 황

★ 베드로전서 1:7 |

금은 참으로 놀랄 만한 속성을 지니고 있기 때문에 불 속에 집어넣어도 빛을 잃지 않고 오히려 더욱 찬란한 광채를 내뿜는다. 정말로 선한 사람들은 불운의 시련 속에서도 본심을 잃지 않으며 오히려 어둠 속에서도 빛난다.

플리니우스는 『박물지』 제33권에 황금은 본질에서 다른 모든 금속보다 우월하다고 적고 있다. 오로지 황금만이 불 속에서도 공격받지 않는, 즉 그 본질이 불 속에서도 변하지 않기 때문이다. 아니 오히려 불 속에 오래 둘수록 더욱 순도가 높아진다. 그러므로 순금을 나타내는 지표는 불과 같은 광채이며, 이를 '단련된 황금'이라 부른다.

턱수염이 지혜의 척도

Barae tenus sapientes / Beards denote wisdom

입은 옷, 겉모습, 화려한 행색만 보고 그가 똑똑하고 착한지를 판단하는 사람들을 일컫는 속담이다. 바리새 사람*은 이렇게 말했다. "나는 일주일에 두 번 금식을 하고 전 재산의 10분의 1을 신께 바친다." 하지만 그들은 인정받지 못했다. "턱수염이 철학자를 만들어 낸다면 그리스의 경구가(警句家)처럼 염소야말로 철학자로서 제격이다." "길고 숱 많은 턱수염이 진정한 지혜의 척도라면 플라톤은 턱수염이 무성한 숫염소 발밑에 납작 엎드려야 하리라."

하지만 두건을 썼다고 모두가 수도승은 아니며 금목걸이로 치장했다고 모두 신사일 수 없고 왕관을 썼다고 모두가 왕은 아니다. 겉으로 드러난 특징과 행동이 일치하는 자만이 진정 현자로 불릴 자격이 있다. 활한 번 쏘아 본 적도 없는 사람이 로빈 후드를 자처하는 경우가 허다하다. 그런데 "턱수염의 조언에 따르라"는 속담이 있다. 턱수염에 걸맞게 사내답다는 말을 듣는 사람으로, 또는 겉으로 드러난 특징에 걸맞은 행동만 하는 사람으로 살라는 말이다.

이와 비슷한 격언으로는 다음과 같은 것들이 있다.

- 수염이 자란다고 머리가 현명해지는 게 아니다.
- 턱수염이 철학자를 만들어 내진 않는다.
- 수염만큼만 현명한(겉모습만큼만 현명한)

---

* 율법을 엄격히 따르던 고대 유대인 집단인 바리새파의 일원. 형식주의자라는 뜻도 있다.

애완견은 여주인을 닮는다

Catulae Dominas imitantes / A lapdog takes after its mistress

덩치 큰 개를 바라보는 어린 강아지를 떠올려 보라. 강아지가 자기보다 먼저 세상 빛을 본 개를 따라하려는 모습을 두고 사람들은 주인의 속성과 위엄을 가장하는 하인들에 비유해 왔다. 이런 모습은 관공서 직원들의 행동에서 유난히 두드러져 보인다. 흔히 그들은 자기 상관보다 더 대접받고 싶어 하고 더 주목받기를 원한다. 셰익스피어는 현생의 고통 가운데 적지 않은 부분을 차지하는 것으로 "관리들의 오만불손함"(『햄릿』)을 꼽기도 했다.

쐐기로 쐐기를 뽑다

Clavum clavo pellere / Beat back a nail with a nail

이 격언은 악을 또 다른 악으로 몰아낸다는 뜻이다. 이독공독(以毒攻毒), 즉 독으로 독을 제거한다는 말이다. 로마 시대의 그리스 문학 전공 작가 루키아노스는 『거짓말쟁이』라는 책에서 이렇게 말한다. "사람들이 말하듯이, 쐐기를 쐐기로 뽑는다."

플라톤은 『소크라테스의 변론』에서 "나는, 지금과 같이 나를 고발하는 것에 덧붙여 사람들이 나의 수다스러움을 비난하지 않을까 두렵다. 속담에서도 쐐기를 쐐기로 뽑는다고 했으며, 작은 잘못을 더 큰 잘못으로 덮는 꼴이라고 말한다"고 서술했다. 아리스토텔레스는 『정치학』 제5권 마지막 장에서 이렇게 말했다. "사악한 사람과 아첨꾼들은 독재자의 친구다. 그들은 서로에게 이익이 되기 때문이다. 악인이 못된 자에게 이

2세기에 활동한 루키아노스와 『거짓말쟁이』의 삽화

로운 까닭은 '쐐기는 쐐기와'라는 속담에서도 알 수 있다."

성 히에로니무스는 사제 루스티쿠스에게 보내는 편지에서 썼다. "세상의 철학자들은 옛사랑을 오늘 얻은 사랑으로 몰아내곤 한다."

키케로는 『투스쿨룸 대화』에서 말했다. "환자들에게 느린 회복이 이루어지는 것처럼, 치료는 상황의 변화에 영향을 받곤 한다. 사람들은 또한 옛사랑을 새로운 사랑으로 치료한다고, 즉 쐐기를 쐐기로 뽑는다고 생각한다."★

★ 키케로, 『투스쿨룸 대화』 4, 35, 75.

그리스의 학자 율리우스 폴룩스가 쓴 용어 사전 『오노마스티콘(Onomasticon)』에는 이 격언이 킨달리스모스(kindalismos)라는 놀이에서 유래한다고 적혀 있다. 이것은 찰흙 속에 박아 놓은 못을 다른 못으로 쳐서 빼내는 놀이였다. 이를 전하며 저자는 "쐐기는 쐐기로, 못은 못으로"라는 속담을 언급하고 있다.★★

★★폴룩스, 『오노마스티콘』 9, 120.

이 격언은 잘못을 잘못으로, 죄악을 죄악으로, 잔꾀를 잔꾀로, 무력을 무력으로, 무모함을 무모함으로, 비방을 비방으로 몰아내는 등의 경우에 어울릴 뿐만 아니라, 하나의 곤경을 다른 곤경으로 극복하는 경우에도 적용할 수 있다. 예를 들어 욕정을 힘든 노동으로 극복하거나, 사랑의 열병을 보다 숭고한 열정으로 다스리는 경우다. 에우세비우스는 히에로클레스를 다음과 같이 고발하고 있다. "그는 악령을 다른 악령으로 몰아내고 있다." 이때 분명히 이 격언을 생각하고 있었을 것이다. 푸블리우스가 남긴 도덕적 경구도 이 격언과 비슷하다. "결코 위험을 위험으로 대처하지 말라."

단단한 옹이에는 쐐기가 답이다

Malo nodo malus quaerendus cuneus / For a hard knot a hard tool must be sought

아무리 좋은 연장이라 해도 단단하고 억센 옹이를 없애는 데는 무용지물이다. 강력한 쐐기를 박는 게 최선이다. 큰 어려움이나 병은 통상적인 방법으로는 물리칠 수 없다. 어느 정도 위험을 감수하고서라도 강력한 처방을 내릴 필요가 있다. 이 격언은 자신이 당한 수모를 갚기 위해서라면 자신이 당한 것과 비슷한 공격 수단이나 무기를 동원할 수도 있음을 내비치기도 한다. 따라서 부당하고 악의적인 술책에 맞서기 위해 비슷한 간계와 술책을 쓰는 것이 정당화될 수 있다.

다음과 같은 우화가 그런 사례라 할 만하다. 자신을 꼬드겨서 잡아먹으려고 마치 만병통치의 의술을 갖고나 있는 양 술수를 쓰는 사자의 속셈을 꿰뚫어 본 말이 사자에게 자기 발이 잔뜩 부어올랐다며 한번 봐달라고 했다. 그리고 사자가 말의 발 쪽으로 몸을 기울이는 순간 발굽으로 냅다 걷어차 땅바닥에 쭉 뻗게 만들었다.

이 격언은 작은 악이 때로는 더 큰 악에 의해 쫓겨나고 마음속 열정이나 애착이 또 다른 열정이나 애착에 자리를 내준다는 의미 또한 담고 있다. "더 뜨거운 불길이 찾아와 있던 불길을 사그라들게 하고, 박힌 못을 밀어내는 건 또 다른 못이듯, 또 다른 사랑이 내게 찾아오면 옛사랑의 기억도 홀연히 잊히리니."

나쁜 조언은 맨 먼저 조언자의 목숨을 거둔다

Malum consilium consultori pessimum / Bad advice is often fatal to the adviser

이 격언은 남을 겨냥했던 불행이 제 발등에 떨어진 경우를 두고 이르는 말이다. 비슷한 격언으로 "제 무덤을 파다"가 있다. 충고란 신성한 행위여서 신의 있게 해 주어야 마땅하다. 따라서 조언을 나쁜 목적으로 팔아넘기는 사람은 가장 혹독한 벌을 받아 마땅하다.

이 격언은 다음과 같은 이야기에서 생겨난 것으로 전해진다. 에트루리아 병력에 맞서 홀로 수블리키우스 다리를 지켜 냈던 호라티우스 코클레스의 상(像)에 어느 날 벼락이 떨어졌다. 사람들은 분노한 신에게 속죄할 길이 무엇인지 복점관들에게 물었다. 과거에도 이와 비슷한 일이 있을 때마다 로마인은 신이 노한 탓으로 여겼기 때문이다. 복점관들은 무엇보다도 호라티우스의 상을 좀 더 낮은 곳으로 옮겨야 한다고 조언했다. 높은 곳에 있을수록 벼락에 맞을 가능성이 그만큼 크기 때문에 그런 조언을 한 것으로 풀이된다.

하지만 그들의 충고에 반역의 의도가 담겨 있다고 판단한 사람들은 복점관들을 고발해 사형에 처했다. 미신에 사로잡힌 사람들은 이런 조치를 매우 온당한 것으로 받아들여서 이후에도 오랫동안 거리에서 의기양양하게 이 격언이 담긴 노래를 불렀다. 이 나라에서 마법을 부린 죄로 고발당한 숱한 노파들이 딱하게도 그랬던 것처럼 복점관들 역시 자신들의 죄를 인정한 것으로 전해진다.

아울루스 겔리우스는 이 이야기의 전모를 좀 더 자세히 들려준다.

티베르강에 세운 수블리키우스 다리를 지키는 호라티우스 코클레스. 그의 이름은 '애꾸눈 호라티우스'라는 뜻이다. 티투스 리비우스의 『로마사』를 보면, 그는 로마 건국 초기에 라르스 포르세나가 이끄는 에트루리아 군사들의 공격으로부터 로마를 구해 낸 영웅으로 등장한다. 로마인은 호라티우스의 희생과 공적을 기려 카피톨리오 언덕 기슭에 그의 상(像)을 세웠다.

그 흥미진진한 이야기를 읽어 보고 싶다면 윌리엄 벨로* 영역판을 찾아보기 바란다. 그리스와 로마의 사람들은 점 보는 일을 무척 소중히 여겨 큰일을 앞두고는 반드시 점을 쳐 앞날을 예측하고자 했다. 두 나라에서는 서민뿐만 아니라 고위직에 있는 사람도, 문학적으로 큰 업적을 쌓은 사람도 점을 무척 신뢰했다. 하지만 점치는 행위를 한결같이 경멸의 눈초리로 바라보는 사람도 적지 않았다. 키케로는, 검열관 카토가 점쟁이들은 자기들끼리 만났을 때 어떻게 낯빛 하나 변하지 않고 태연자약할 수 있는지 놀라워했다고 말한다.

---

* 윌리엄 벨로(William Beloe)는 영국의 수필작가이자 번역가로 고대 그리스의 소피스트 알키프론, 역사가 헤로도토스, 수필가 겔리우스의 작품들을 번역한 것으로 유명하다.

또 호메로스의 『일리아스』에는, 폴리다모스*가 불길한 징조를 들어 그리스 진영을 공격하지 말라고 조언하자 헥토르가 "그대, 하늘을 떠도는 방랑자들이여! 두 날개를 활짝 펼쳐라. 태양이 떠오르는 곳인가, 태양이 저무는 쪽인가. 오른쪽인가, 왼쪽인가. 오로지 그대를 믿고 그대의 길을 가라"고 말하는 장면이 나온다. 헥토르는 계속해서 다음과 같이 말한다. "용맹한 자에게 징조란 허망한 것, 오로지 검을 뽑을 뿐. 점괘를 묻지 않고 오로지 나라의 큰 뜻을 물을 뿐."

카시우스**는 점쟁이들이 "달이 전갈자리를 지나기 전까지는 파르티아 군과 전투를 벌이지 말라"고 조언하자 이렇게 말했다. "그 사람은 전갈자리를 두려워하지 않았다. 오직 적의 화살을 두려워했을 뿐이다." 하지만 일부 점쟁이들은 오늘날의 늙은 마녀처럼 자기 자신의 재주에 쉽사리 속아 넘어간 어리석은 사람들이었다.

---

*   그리스 신화에 나오는 트로이의 장수 가운데 한 사람으로 트로이의 왕자 헥토르의 부관이자 충실한 친구였다.

** 카시우스는 로마 공화정 말기의 정치인이자 장군으로 율리우스 카이사르 암살의 주동자이며 마르쿠스 브루투스의 매제였던 인물이다.

쓸모없는 그릇은 깨질 일이 없다

Malum vas non frangitur / A worthless vessel is seldom broken

쓸모없는 그릇은 가치 있는 그릇보다 깨질 상황을 면할 가능성이 더 크다. 개구쟁이는 항상 위태위태하지만 다치는 일이 거의 없다고들 말한다. 또 해로운 잡초가 더 빨리 자란다는 말도 있다.

고결한 자, 신중한 자가 악랄한 자보다 사고나 불행에 더 쉽게 노출되는 사례는 주변에서 흔히 찾아볼 수 있다. 선한 사람들은 살아오면서 남에게 해를 끼치지 않았고 또 그럴 생각도 없었음을 스스로 잘 알고 있기 때문에 타인이 자신에게 저지르는 악행을 이해하기 쉽지 않다. 또한 악의적인 화살이 자신을 겨냥하고 있다는 생각을 전혀 할 수 없기 때문에 그에 대해 대책을 세우기 쉽지 않다.

반면에 악인은 스스로 나쁜 사람 취급을 받을 만하다는 사실을 알고 있는 까닭에 자신이 상처를 준 사람들이 보일 적대감에 항상 대비한다. 자신의 안전을 위해 항상 경계하고 조심하는 이런 습관으로 인해 그는 경계심이 덜한 사람들보다 피해를 덜 입을 뿐만 아니라 세상의 과실(果實)도 그 과실의 원래 주인이어야 할 사람들보다 더 많이 차지한다. 과실을 차지할 자격이 더 많은 사람들은 그것을 손에 넣는 데 필요한 수단을 활용하는 데 관심이 덜하거나 덜 적극적이기 때문이다.

또 이 격언에 대해서는 다음과 같은 해석도 가능하다. 우리는 카나리아나 오색방울새처럼 노랫소리가 아름다운 새들은 덫을 놓아 잡은 뒤 새장에 가둔다. 하지만 참새나 제비를 비롯한 수많은 다른 새들은 우리에게 아무런 즐거움도 주지 않고 그렇다고 우리의 식탁에 올라올 일도 없는 까닭에 자유를 만끽한다.

죽은 사자는 토끼마저 깔본다

Mortuo leoni et lepores insultant / The lion dies and even the hares insult him

〈사자가 숨을 거두자 그 위를 뛰어넘는 토끼들〉(삽화, 1655)

손이 많으면 짐도 가벼워진다

Multæmanus onus levius reddunt / Many hands make light work

이 격언은 설명이 필요가 없을 정도로 명백한 의미를 담고 있다. 같은 속담으로 "머리 둘이 하나보다 낫다, 그렇지 않으면 사람들이 왜 결혼을 하겠나?", "의논 상대가 많으면 안전하다" 등이 있다.

하지만 이와 정반대되는 의미의 속담도 진실이기는 마찬가지다. "요리사가 많으면 수프를 망친다"*거나 "딱 쥐 잡을 만큼만 고양이를 키워라"라고 말한다. 한 사업에 너무 많은 사람이 관여하면 도움이 되기보다는 오히려 서로 방해가 될 뿐이다.

---

* "사공이 많으면 배가 산으로 간다"는 우리 속담과 뜻이 같다.

팽팽한 끈은 끊어지기 마련이다

Ne in Nervum erumpat / The taut string is bound to break

이 격언은 성공에 도취되어 끝없이 새로운 성취를 위해 골몰하는 사람들에게 자신이 걸어온 길을 되돌아보게 해 준다. 이미 그들이 가진 재주 또는 용기를 보여 줄 만큼 보여 주었다는 것이다. 역전은 언제든지 찾아온다. 자칫 잘못 내딛은 발걸음으로 한순간에 자신이 쌓아 올린 모든 명예나 보상을 잃을 수도 있다. 비슷한 영국 속담도 있다. "너무 자주 우물을 찾는 물항아리는 깨지기 마련이다."

이 속담은 지나치게 활시위를 팽팽히 잡아당기는 활잡이에 빗대어 생겨난 것인데, 그러다 보면 결국 활시위가 끊어지고 자신도 위험에 처한다는 뜻이다.

필요가 스승이다

Necessitas Magistra / Necessity is the teacher

"필요는 창조의 어머니요, 산업의 가장 강력한 자극제요, 발명의 어머니다." 프랑스 사람들은 "필요 앞에는 법률도 필요 없다"고 말하고, 에스파냐에도 같은 속담이 있다. 그리고 영국 사람들은 "배고픔은 돌담도 뚫는다"*고도 말한다. 그런데 이 둘은 서로 다른 것 같지만, 한번 더 따져 보면 일맥상통한다.

필요는 멍청한 사람도 똑똑하게 하고 게으른 사람도 민첩하게 하고 경솔한 사람도 조심성 있게 만든다. 필요는 지혜를 날카롭게 하고 사람을 가르침에 잘 따르도록 해 준다.

배고픔은 까다로운 식성을 단번에 고쳐 준다. 영국에는 "배고픔은 최고의 양념이다"라는 말이 있고, 에스파냐에는 "배고픔 앞에 맛없는 빵은 없다"는 속담이 있다. 또한 "배고픈 개가 지저분한 푸딩을 먹는다"는 속담도 있다. 여기서 반대의 상황을 이야기하는 속담도 나온다. "배부른 자는 분발하지 않는다"거나 "부족한 자는 스스로를 갈고닦지만, 호사를 누리는 자는 스스로를 연마하지 않는다"는 말이 그것이다. "배고픔은 기술을 가르치는 선생이다"도 같은 맥락에서 나온 속담이다.

---

* 우리 옛말에 "사흘 굶으면 담을 넘는다"고 한 것과 같은 속담이다.

말 많은 사람치고 조리 있는 사람은 드물다

Non est eiusdem et multa, et opportuna dicere / Speaking much and speaking well are not the same things

에스파냐에는 "말이 많으면 실수도 잦다"거나 "혀는 머리를 희생한 대가로 말한다"는 격언과 "다문 입으로는 파리가 들어가지 않는다"는 말이 있다. 영국에는 "적게 먹고 적게 말하면 남에게 해를 끼칠 일이 없다"는 속담과 함께 "말하는 자는 씨를 뿌리지만, 침묵하는 자는 열매를 거둔다"는 격언도 있다. 프랑스 사람들은 "바보들은 침묵할 때 현명하거나 현명하다는 소리를 들을 수 있다"고 말한다.

아첨꾼의 혀에 맞설 비책(祕策)은 없다

Non est Remedium adversus SycophantæMorsum / There is no remedy against the tongue of the sycophan

아첨꾼은 당신의 이익에 관심이 있는 척하면서 교묘하게 신뢰를 얻어 친분을 맺는다. 당신에게 무심했던 누군가가 평소와는 다르게 당신의 이익에 큰 관심을 보인다면 그와 사귀는 데 신중할 필요가 있다. 어떤 진통제도 아첨꾼이 문 상처를 치유할 수 없다. "개가 꼬리를 흔드는 것은 그대를 위해서가 아니라 빵을 위해서라네."

아첨꾼이 당신에게서 무언가를 빼앗아가는 데 만족한다면 그나마 다행이다. 여차하면 당신을 배신하겠다는 속셈을 감추고 있는 경우가 다반사이기 때문이다. 그런 사람을 두고 "알랑거리면서 물 기회를 엿본다"고 말한다. 아첨꾼이 악의적인 데다 교활하기까지 하다면 당신은 치유할 수 없는 상처를 입고 나서야, 또는 죽은 뒤에나 사라질 가족 내 불화로 고통받고 나서야 비로소 그의 극악한 성격을 깨닫게 될 것이다.

간교한 이아고는 오셀로의 마음속에 아내인 데스데모나의 음란한 행실에 대한 의혹을 심는 데 성공했음을 알고 의기양양해서 이렇게 말한다. "양귀비도, 맨드레이크*도, 아니 사람을 잠들게 하는 세상의 그 어떤 약물도, 어제 당신이 신세를 진 그 달콤한 잠 속으로 빠져들게 할 수는 없을 것이니."

---

* 독성이 있으나 약초로도 쓰이는 풀로 마취제로도 사용했다. 식물의 뿌리가 둘로 나뉘어 마치 사람의 하반신 모습을 하고 있어서 이 식물과 관련된 미신과 전설이 많다.

고대인들은 마법의 반지가 있어서 그 반지를 낀 사람은 특정 병에 걸리지 않는다고 생각했다. 그들은 그 힘이 어떤 황홀경이나 마법을 통해 나온다고 상상했다. 하지만 이 반지조차도 중상모략을 일삼는 사람의 혀로부터 사람들을 지켜 주기엔 역부족이었다.

베르디의 오페라 〈오셀로〉(1887)의 포스터에 그려진 오셀로, 데스데모나 그리고 이아고

가난은 지혜를 낳는다

Paupertas sapientiam sortita est / Poverty has drawn wisdom as her lot

"배고픔은 모든 예술의 스승이다." 즉 배고픔은 재능과 창조의 수여자다. 따라서 영국에서는 "배고픔은 돌담도 뚫는다"고 말한다. 라블레는 이렇게 말한다. "위장은 말없이 신호를 보낼 뿐이지만 사람들은 의회의 법률이나 국왕의 명령보다 그 신호에 더 선뜻 복종한다."* 에스파냐 사람들이 말하듯이 "위장에는 귀가 없다." 따라서 조리 있는 대답도 무용지물이다.

재산이라고는 하나도 없고 오로지 하루하루 열심히 벌어먹고 살 수밖에 없는 사람들은, 이미 충분한 재산을 물려받아 일을 하지 않아도 부족할 것이 없는 사람들보다 해박한 사람이 되기 위해 훨씬 더 부지런히 노력할 것이다. 영국 사람들은 "고난은 천국에 이르는 사다리"라고 말한다. 결국 "필요는 발명의 어머니"다.

또 비슷한 뜻으로 프랑스 사람들은 "얼굴에 부는 바람이 현자를 낳는다"고 말한다. 즉 역경과 환난이 사람을 지혜롭게 만든다는 뜻이다. 에스파냐에서는 "가난에는 수치심이 없다"는 속담을 쓴다. 결핍은 사람을 대담하게 만들어서 좀 더 나은 상황이었다면 부끄러워했을 그런 수단까지 동원하도록 만든다는 말이다. 결국 다른 무엇보다도 "자기 분수껏 사는 일", 즉 "지갑을 스승으로 모시는 일"이 중요하다는 사실을 이 격언은 일깨워 준다.

---

* 우리 속담에 "목구멍이 포도청"이란 말이 있다.

은혜는 은혜로, 원한은 원한으로

Par pari referre / To return like for like

에스파냐에도 비슷한 속담이 있고, 영국에서는 "선행은 선행을 부른다"*는 속담이 있다. 썩 가깝다 할 것도 없는 누군가와 어떤 거래를 할 때 예나 지금이나 이것이 일종의 의무로 받아들여져 왔다면 우리는 부모에 대한 태도에서 각별하게 이를 준수해서 힘닿는 데까지 최선을 다해 그들에게 보답할 필요가 있다. 그것은 유아기에 우리를 양육하고 보살피며 그들이 들인 정성과 훌륭한 규범을 우리의 정신 속에 심어 준 공에 대한 보답이다. 또한 우리의 분별력을 배양하고 증진시킨 데 대한 보답이며 성인이 되어 자립할 수 있게 힘을 주고 지금의 위치와 삶의 처지에 있게 해 준 보답이다.

프랑스의 앙리 4세**가 산책 중에 만난 포도밭 관리인은 갸륵하게 이 의무를 이해하고 실천한 듯하다. 그는 하루에 40수(sou)를 벌었다. 왕이 그 돈을 어떻게 쓰냐고 묻자, 그는 번 돈을 넷으로 나누어 첫 번째 돈은 자기 자신을 위해 쓰고 두 번째 돈으로는 빚을 갚고 세 번째 돈은 투자를 하고 네 번째 돈은 그냥 버린다고 말했다. 이해할 수 없는 대답에 왕은 설명을 해 달라고 부탁했다. 그러자 관리인은 이렇게 말했다. "제 입에 풀칠을 하는 데 쓴다는 첫 번째 돈이야 선생님께서도 이해를

---

* 우리 속담 "가는 말이 고와야 오는 말이 곱다"와 비슷하다.
** 재위 기간(1589~1610) 동안 프랑스를 황폐화시킨 종교전쟁(1572년 가톨릭에 의한 신교도인 위그노의 대학살로 시작된 신교와 구교 간의 전쟁)을 종식시키고, 프랑스 왕국을 안정의 기반 위에 올려놓았다.

하시겠죠. 두 번째 돈은 사실 제가 스스로 벌어먹을 능력이 없던 시절 저를 먹여 살려 주신 부모님을 위해 쓰는 돈이죠. 그게 제가 진 빚이 아니고 무엇이겠습니까? 세 번째 돈은 제 자식들에게 쓰는데 이 녀석들도 언젠가는 저를 부양해야 할 때가 오지 않겠습니까? 그러니 그 돈은 이자를 쳐 받을 투자라 할 수 있죠. 네 번째 돈은 세금이죠. 제가 애초에 왕에게 바치겠다고 한 돈이지만 중간에 세리들이 꿀꺽해 버리니 그냥 내버리는 돈이나 다름없죠?"

이 선량한 포도밭 관리인의 조리 있는 말과 비슷한 내용이 돈캐스터* 출신 로버트의 비석에 새겨진 수수께끼 같은 비문에도 담겨 있다.

지금 내가 가진 건 살아생전 내가 주었던 것이고
내가 써 버린 것은 한때 가졌던 것이고
내가 남긴 것은 이미 잃은 것이라네.

그는 분별 있는 선행을 통해 선량하고 받을 자격이 있는 사람들에게만 자선을 베풂으로써 필요할 때는 언제든 조언과 도움을 받을 수 있는 친구들을 두었다. 한편 그는 적절히 아껴 남긴 것만을 소비해서 자신의 안락한 삶에 안배함으로써 자기 생을 즐겼다. 따라서 그는 자신이 소비한 것을 소유했다. 하지만 그가 자신을 위해 쓰지도 자신이 선택한 사람들에게 주지도 또는 자신이 선호하는 방식으로 사용하지도 않고 남긴 것은 엄밀히 말해 잃은 것이나 마찬가지일지 모른다.

---

* 영국 잉글랜드 북부, 요크셔주 남부의 돈(Don)강가에 있는 도시.

15 Roland and Oliver armed as soldier saints stand guard on the pilgrim

무훈시 「롤랑의 노래」에 나오는 두 주인공. 프랑스어 이름은 '올리비에'와 '롤랑'이다. 두 사람은 샤를 마뉴 대제를 위해 함께 싸웠던 전설적인 중세 기사로 여러 면에서 호적수이자 친구였다. 따라서 영국 속담 "올리버에는 롤랜드"는 '막상막하', '되받아치기', '오는 말에 가는 말' 등의 뜻을 담고 있다.

한편 영국에는 "올리버(Oliver)에는 롤랜드(Roland)"라는 말이 있다. 디오니소스는 손님들을 접대하기 위해 한 가수를 초청하면서 그가 연회 자리에서 최고의 기량을 다 쏟아 붓도록 하기 위해 손님들을 즐겁게 해 주는 만큼 보상을 해 주기로 약속했다. 가수는 멋진 선물을 받을 것이라 기대하면서 최고의 작품을 선정해서 청중을 완전히 매료시킬 만큼 뛰어난 기량을 선보였다. 그런데 막상 보수를 달라고 하자 디오니소스는 이미 자신이 합당한 보상을 해 주었다고 말했다. 가수가 보상을 기대하며 누렸던 기쁨이 그의 노래를 들으면서 손님들이 받은 즐거움과 맞먹는 게 아니냐는 것이었다. 더군다나 그의 노래에 청중들이 보낸 극찬으로 이미 그 이상의 만족을 느꼈을 것이라는 답이었다. 천재들은 자신의 노동에 대해 이러한 자기만족을 유일한 보상으로 받는 경우가 너무 흔하다.

맷돌을 돌려야 밀가루를 얻을 수 있다

Qui vitat Molam, vitat Farinam / No mill, no meal

방앗간의 소음이 귀에 거슬린다면 먹을 생각도 마라. 영국에는 "일하지 않는 자 먹지도 마라"거나 "달걀을 얻고 싶다면 꼬꼬댁거리는 암탉 소리를 견뎌야 한다"는 속담이 있다. 중국 속담에도 "손을 멈추면 입이 논다"는 말이 있다. 땅을 갈지 않는다면 아무런 곡물도 손에 넣을 수 없고 옥수수도 싹을 틔울 수 없을 것이다. 라틴 속담에는 "찰흙도 잘 이겨 가공해야 그릇이 된다"는 말이 있다. 애써 일하지 않으면 소중한 것을 손에 넣을 수 없다. "노동과 재간 앞에 불가능한 일은 거의 없다", "노력 없이 이루어지는 일은 없다" 그리고 "부뚜막의 소금도 집어넣어야 짜다"라는 속담도 비슷한 말이다.

맥베스 부인은 남편에게 이렇게 말한다. "당신은 위대한 사람이 되고자 하고 그럴 야망도 없지 않지만, 꼭 있어야 할 사악함이 당신에겐 없어요. 높은 곳에 있고자 하면서 고결한 품위는 잃고 싶지 않았죠. 엉뚱하게도, 자신의 손을 더럽히지 않고 원하는 바를 얻고 싶어 하셨죠."

이는 맥베스에게 그에게 딱 들어맞는 말이지만, 큰 틀에서 보면 모든 인간에게 적용될 수 있다. 우리 모두 안락한 삶을 바라고 주변에는 삶의 편의가 넘쳐 나지만, 그것들을 자신의 것으로 만드는 데 필요한 정신적 활력을 모두가 갖춘 것은 아니다. 따라서 우리는 모든 미개한 나라와 반(半)문명의 나라에서 그곳 주민들이 원하는 것을 얻기 위해 애써 일하기보다는 좀 더 간편한 방법으로 남의 것을 훔치는 쪽을 택하는 양상을 보게 된다.

쿡 선장은 샌드위치 제도 주민들에게 강도짓을 일종의 범죄로 여기게 하고 벌을 주려다가 목숨을 잃었다. 영국을 비롯한 유럽 여러 나라에서 어릴 적부터 도둑질을 삼가라고 배우고 그것이 종교의 일부가 되었을 뿐만 아니라 어겼을 경우 중형도 모자라 경우에 따라서는 사형에 처해지기까지 하는데도 열심히 일해서 자신이 원하는 것을 얻으려 하기보다는 오히려 많은 사람이 매일매일 그러한 처벌을 무릅쓰고 남의 재물을 노리는 것을 보면 그러한 성향을 자제하는 일이 얼마나 어려운지 알 수 있다.

따라서 "게으름은 모든 악의 근원"이라는 영국 격언이 진실이듯이 "가장 큰 고생은 게으른 사람 몫이다"라는 속담 역시 진실이다. 강도는 근면한 사람이 같거나 좀 더 높은 가치의 재화를 얻는 데 들이는 공보다 훨씬 더 큰 어려움과 위험을 통해 물건을 손에 넣는다.

들리는 바로는 인도에는 그 어떤 비난이나 오명에도 끄떡하지 않는, 도둑들로 이루어진 부족이나 사회가 멀쩡히 존재한다. 마라타인*은 종족 전체가 도둑이다. 사실 유럽에서 일어난 거의 모든 전쟁도 큰 틀에서 보면 도둑질이 아니고 그 무엇이겠는가?

---

* 마라타는 인도아리아인 계통의 마라타인 출신으로 구성된 혈족 공동체 집단의 총칭이다. 주로 인도의 마하라슈트라주에 거주하는 그들은 마라타 제국을 세우고 17세기 후반에서 18세기에 중부 인도의 대부분 지역을 장악했다.

진실의 언어는 단순하다

Veritatis simplex est oratio / The language of truth is simple

세네카의 말이다. 진실에는 많은 치장이 필요 없다. 진실은 가장 적게 꾸몄을 때 가장 아름답다. 하지만 때에 따라서는 무언가 진정성 있는 기술이 필요하다. 예를 들어 누군가에게 고통스러운 소식을 전해야 할 때는 상황을 전반적으로 고려해서 상대가 그 소식을 수용할 정신적 준비를 할 수 있게 해 줄 필요가 있다. 또한 유쾌하지 않은 일임을 알고 있으면서도 결국에는 그 사람에게 득이 될 것이라 믿는 일을 하도록 누군가를 설득할 때, 또는 누군가 자신의 명성이나 재산에 해로울 일을 하고 있다고 생각해서 그가 가고 있는 방향이나 맺고 있는 관계를 본래의 자리로 돌려놓고자 할 때도 그런 기술이 필요하다. 이런 경우 의도를 직설적으로 드러내면 소기의 목적을 달성하기 힘들다. 따라서 설득하고자 하는 사람들의 주의를 끌 만한 약간의 기술과 술책에 의지할 수밖에 없다.

이 격언은 애초 단순 명백한 방식으로 전달되었다면 전혀 다른 결정을 내렸을 사람에게 다양한 수사를 동원해서 진실을 모호하게 호도하고자 하는 사람들을 겨냥한 것이다. 아테네에서 한 공공 건물을 짓는 일에 두 건축가가 후보자로 나서 제각각 자신의 계획을 제시했다. 한 사람은 화려한 수사와 과장을 섞어 건물의 모든 부분과 더불어 그 건물에 동원할 장식까지 세세히 묘사했다. 그의 제안 발표가 끝나자 다른 건축가가 딱 한 마디를 던졌다. "각하! 이분이 말한 것을 제가 하겠습니다." 두 번째 발표자가 건축의 적임자로 선정되었다.

가난한 자에게 부끄러움은 무용지물이다

Verecundia inutilis
Viro egenti / Modesty is useless to a man
who is in Want

이 격언은 충분한 교육은 받았지만 비루한 환경에 처한 사람들에게 도덕적·종교적 의무에 어긋나지 않게 행할 수 있는 직무가 있다면 비록 자신의 수준에 걸맞지 않더라도 그 일을 거절해서는 안 된다고 가르친다. 많은 사람이 그러한 노동에 거부감을 느껴서가 아니라 친구들이나 세상 사람들에게 자신의 비참한 처지를 보여 주는 것이 부끄러워 그 일을 거절한다. 그들이 쾌락을 경멸하면서 꿋꿋이 고통과 슬픔을 견뎌 낼 수는 있다. 하지만 온갖 비난과 악평이 그들을 망가뜨리고 쓰러뜨린다. 사람들이 감옥을 혐오스러워 하는 것은 구금 그 자체보다는 수치심 때문이다.

새뮤얼 존슨은 옥스퍼드 대학에 입학한 뒤 지적인 면에서 동료들과 선생의 주목을 받았으나 가난으로 학업을 중단하고 대학을 떠났다. 1734년 스무 살 연상의 미망인과 결혼한 뒤 고향 근처에서 학교를 열어 학생들을 가르쳤다. 이후 1737년 작가로서의 삶을 꿈꾸며 런던으로 올라와 글쓰기로 생계를 이어 갔다. 1747년에는 방대한 사전 편찬 작업을 시작하여 『영어사전』을 혼자서 8년 만에 완성해 명성을 떨쳤다. 이러한 문학적 업적을 인정받은 그는 '존슨 박사(Dr. Johnson)'라고 불리기도 했다.

새뮤얼 존슨은 자기 집 문 앞에 동료 학생 가운데 누군가 신발 한 켤레를 놓아 둔 것을 보고, 발이 돌부리에 상처를 입을 정도로 자기 신발이 낡을 대로 낡았지만 비뚤어진 수치심 또는 자존심이 발동해서 불같이 화를 내며 창 밖으로 그 신발을 내동댕이쳤다. 하지만 부끄러움 또는 그릇된 겸손은 단순히 쓸모없는 수준에서 멈추지 않는다. 사람들은 이 부끄러움이나 그릇된 겸손으로 인해 어떤 충고나 다른 방식으로 자신의 고통을 덜어 줄 친구들에게 자신의 처지를 털어놓지 못함으로써 결과적으로 때를 놓쳐 더 이상 자신의 몰락을 막을 수 없을 정도로 깊은 수렁에 빠져 버린다. 또 주변에서 흔히 보듯이 의사들에게 자신의 육체적 질환을 감춤으로써 더 이상 손 쓸 수 없는 상황에 이르기도 한다.

모욕을 묵묵히 참아 넘기면 새로운 모욕이 찾아온다

Veterem injuriam ferendo, invitas novam / By bearing with an ancient injury you invite a new one.

이웃이나 동료에 대한 인간애나 관대함, 또는 사소한 모욕은 웃어넘기는 성향은 권장할 만한 일이고 유약한 인간 본성에 어울리는 일이지만 모욕에 지나치게 관대한 태도는 부적절할 뿐만 아니라 결국에는 모욕한 상대에게도 큰 상처를 입힐 수 있다.

『이솝 우화』에도 이 격언을 입증할 만한 이야기가 있다. "어느 심술꾸러기 소년이 심심하다 못해 한 사람에게 돌을 던지며 장난을 치고 놀려댔다. 그 사람은 처음에는 못된 짓을 그만하라며 타이르다가 나중에는 가진 게 이것밖에 없다며 주머니를 탈탈 털어 얼마 안 되는 돈을 주었다. 그러고는 저만치서 다가오는 자기보다 돈이 많은 사람을 가리키며 저 사람이라면 자기보다 더 많은 돈을 줄 것이라고 말했다. 소년은 그 사람 말을 그대로 따랐다. 하지만 그 부자는 소년을 달래며 돈을 주기는커녕 하인에게 소년을 판사에게 데려가라고 명령했고 판사는 소년에게 호된 벌을 내렸다."

그런데 소크라테스의 생각은 조금 달랐던 듯하다. 그는 "당나귀가 나를 차면 나도 당나귀를 차서 앙갚음해야 할까"라며 관용을 이야기한다. 하지만 이탈리아에 "자신을 양으로 만드는 사람은 늑대에게 잡아먹힌다"는 속담이 있고, 프랑스에도 "누군가 양 떼가 되면, 늑대는 그를 잡아먹는다"라는 속담이 있는 것을 보면 소크라테스의 이러한 관용을 지나치게 확대 해석해서는 안 될 듯하다. 길거리를 가다가 어느 낯선 개가 꼬리를 말고 도망치면 사나운 개라면 곧장 달려들어 그 개를 덥석 물 것이다. 하지만 그 개가 대들면서 함께 으르렁거리면 사나운 개라도 더 이상 괴롭히지 않고 가던 길을 가도록 내버려 둘 것이다.

술이 좋으면 간판이 필요 없다

Vino vendibili suspensâ
Hederâ nihil Opus / A good wine needs
no bush

훌륭한 행동은 행동 그 자체가 모든 것을 설명해 준다. 거기에는 그 행동을 치장할 수사가 따로 필요 없다. 이 격언은 포도주 상인들 사이에 존재했던 오랜 관습, 즉 포도주를 팔고 있다는 표시로 담쟁이덩굴 가지 모양의 간판을 내걸었던 관습에서 비롯되었다. 이는 에라스뮈스가 살던 시대뿐만 아니라 그보다 훨씬 이전부터 독일에서 일반적이었던 관습이며 지금도 도시와 시골을 막론하고 영국의 주요 술집들 가운데 상당수가 이 담쟁이 가지로 자신을 알리고 있다. 이런 간판과 함께 양다리를 쫙 벌린 채 술통 위에 앉아 있는 바쿠스의 형상의 간판이나 멋진 이파리가 달린 풍성한 포도송이 모양의 간판도 술맛이 좋은 술집을 알리는 일반적인 표식으로 활용되었다. 이 격언은 자신이 팔고자 하는 물품을 자랑하기에 열을 올리는 사람들에게 쓰인다. 에스파냐 사람들은 "좋은 포도주에는 나팔수가 필요 없다"고 말한다.

담쟁이덩굴은 숙취 해소에 효과가 있는 것으로 알려져 있다. 따라서 바쿠스는 언제나 머리 위에 담쟁이덩굴 화관을 쓴 모습으로 그려진다. 오래전 포도주 상인들이 다른 무엇보다도 담쟁이덩굴 가지를 선택했던 것도 이런 이유에서 연유했을지도 모른다. 이 격언은 꽤 널리 받아들여져서 이탈리아 사람들은 "좋은 포도주를 마시기 위해서는 나뭇가지가 필요 없다"고 했으며, 프랑스 사람들은 이를 "좋은 포도주는 통나무를 필요로 하지 않는다"고 표현한다.

거나하게 취했거나 만취한 사람들에게 쓰는 'bosky'*라는 단어도 여기서 비롯된 것일까? 사람들은 술에 취한 사람들을 보고 "저 사람 담쟁이덩굴 아래 있다 왔구먼" 하고 말한다. 또 맥줏집에 건초 다발을 내거는 관습이 있는 스코틀랜드에서는 "좋은 맥주에는 건초 다발이 필요 없다"는 속담이 통용된다.

---

* '수목이 무성한', '나무그늘이 있는' 등의 뜻을 지닌 형용사.

빈 통은 쉽게 구른다

Volvitur Dolium / An empty cask is easily rolled

비어 있는 통은 조그만 충격에도 제 위치에서 벗어나 굴러가기 쉬운 반면에, 안이 채워진 통은 웬만한 힘이 아니고는 꿈쩍도 하지 않는다. 나약하고 지식이 빈약한 사람은 비어 있는 통처럼 대수롭지 않고 하찮은 논쟁에도 자신의 목표를 벗어나 버릴지 모른다. 또한 자신의 행동에 확고한 원칙을 갖고 있지 않아서 끊임없이 흔들리며 자신의 계획을 이리저리 바꾼다. 하지만 사려 깊고 현명한 사람은 심사숙고해서 자신의 행동 계획을 수립한 뒤에는 마치 꽉 찬 통처럼 쉽사리 움직이지 않거나 자신의 목표를 단념하지 않는다.

"자신을 둘러싼 세상이 송두리째 무너져 내리는데도 그는 그 엄청난 굉음을 그저 무심히 듣고 있구려." 이 격언은 냉소주의자 디오게네스에 얽힌 이야기에서 비롯된 것으로 전해진다. 디오게네스는 에게해 북쪽 해안 트라키아 지방의 고대 그리스 도시 아브데라*에 살고 있었다. 그런데 도시가 함락의 위기에 처하자 시민들은 혼비백산해서 우왕좌왕하거나 도시를 어떻게 방어할지를 놓고 고민에 빠졌다. 그러나 디오게네스는 자신이 기거하고 있던 통을 시장으로 가져가 열심히 요란스레 굴리고 다녔다. 그의 이런 행동은 시민들이 동요와 혼란에 빠져 무의미하고 무익하게 시간을 허비하고 있으며, 따라서 한시바삐 그 동요와 혼란에서 벗어나야 한다는 사실을 시사하고 있었다.

---

* '프로타고라스와 데모크리토스도 이곳 출신이다. 기원전 4세기 중반 마케도니아의 필리포스 2세가 이 도시를 점령해 마케도니아 제국으로 편입시켰다.

민중의 소리는 신의 소리

Vox populi vox dei / The voice of the people is the voice of the God

민심(民心)이 곧 천심(天心)이라는 말이다. 하지만 739년 영국 출신의 스콜라 철학자 알퀸이 샤를마뉴 대제에게 보낸 편지에 나와 있는 구절을 보면, 이 말의 원래 취지는 오히려 중우정치(衆愚政治)의 위험성을 경계하는 내용이었다. 그는 "군중의 시위는 언제나 광기에 아주 가깝기 때문에" 그런 민중 본위의 위험한 생각을 거부하라고 조언했다.

노섬브리아 왕국 요크 출신의 스콜라 철학자이자 교회학자이며 시인인 알퀸

만인에 대한 만인의 투쟁

Bellum omnium contra omnes / War of all against all

토머스 홉스가 『리바이어던』(1651)에서 자연 상태에서의 인간을 표현한 말이다.

습관은 제2의 천성

Usus est altera Natura / Custom is a second nature

아이들을 교육하는 데 예의에서 벗어난 나쁜 습관을 들이지 않는 것이 중요하다. 나중에 아무리 주의하고 조심해도 한번 들인 습관을 없애기란 거의 불가능하기 때문이다.

Chapter 8

무슨 일이든 지나치지 않게
처세의 지혜와 분수

Manus manum lavat
마누스   마눔   라와트
손이 손을 씻는다.

Cum vinum intrat, exit sapientia
쿰   비눔   인트라트,   엑시트   사피엔티아
술이 들어오면 지혜는 나간다.

Sapientia non aetate adipiscitur
사피엔티아   논   아이타테   아디피스키투르
지혜는 나이로 얻어지지 않는다.

Usus magister est optimus
우수스   마기스테르   에스트   옵티무스
경험이 가장 좋은 스승이다.

말을 걸어 오면 말하고, 부르면 오라

**Ad consilium ne accesseris,
antequam voceris** / Speak when you are spoken to,
and come when you are called for

대체로 조언(advice, 충고)은 상대가 요구하기 전에는 하지 않는 편이 낫다. 상대가 불쾌하게 여길 수 있기 때문이다. 하지만 잘되기를 바라는 친구가 있다고 치자. 그리고 그 친구가 사업상 등의 일로 어떤 거래 관계를 맺어야 할 판인데, 그 일로 피해를 입을 가능성이 높아 보인다. 그러면 친구가 잘못된 판단으로 일을 그르치지 않도록 그의 의사와는 상관없이 경고성 발언을 해서라도 거기에 개입하여 친구가 처한 위험을 조언해 주는 것이 도리다. 물론 이런 경우 친구로부터 고맙다는 말을 들을 가능성은 거의 없다.

파리 왕실의과대학 교수 기 파텡은 이렇게 말한다. "그것은 마치 검열관이 하는 일과 비슷해서 질책의 대상이 된 사람에게 증오의 감정을 불러일으킬 게 뻔하기 때문에 바람직한 행동이 아니다." 이 프랑스 교수는 오로지 자신의 생각에 따라 행하라고 말하면서 이렇게 덧붙인다. "하지만 바보라 해도 똑똑한 사람의 귀에 솔깃할 만한 말을 할 수 있다는 사실을 떠올리면 이 같은 견해가 꼭 옳은 것은 아닐지 모른다."

우리는 누군가의 충고에 귀를 기울여야 마땅하다. 모든 충고에 길을 열어 두자. 좋은 조언은 그 가치를 헤아릴 수 없을 정도로 소중하니까 말이다. 이와 비슷한 것으로 "호출당하기 전에는 회의실에 가지 마라"는 격언이 있다.

다른 사람들에겐 의사인 당신은
스스로가 궤양으로 가득하다

Aliorum medicus,
ipse ulceribus scates / A doctor to others, while you are
full of ulcers yourself

이 격언은 "의사여, 제 몸이나 돌보라"는 영국 속담과 유사하다. 사람들의 병을 치료한다고 자랑하면서 정작 자기 몸에는 온통 가려움증을 달고 사는 사람들, 의사연하지만 본인은 온갖 질환에 시달리는 사람들이 이러한 힐책의 직접적인 대상이다.

자기 스스로 악덕에 푹 빠져 있으면서도 그 악덕에 분노하는 사람들에게도 이 격언이 적용될 수 있다. 사람들에게 도덕과 종교의 의무를 가르치는 일을 업으로 삼고 있는 사람들은 적어도 자신의 가르침과 행동이 일치하지 않는다면 그 가르침의 무게와 효과가 얼마나 떨어질지를 곰곰이 생각해 보아야 마땅하다. 만일 악의 구렁텅이에서 완전히 벗어날 수 없다면 자신이 가르친다고 생각하는 원칙을 벗어나는 일탈 행위들을 감추기 위해서라도 목소리는 높이되 행동은 그 목소리 뒤에 조심스럽게 숨겨야 할 것이다.

온화한 대답이 분노를 삭여 준다

Animo ægrotanti medicus est oratio / A soft answer turneth away wrath

편안한 말이 마음이 편치 않은 자에게 의사나 다름없다. 심지어 아픈 마음을 치유해 주기도 한다. 친절한 말들이 괴로운 영혼에 약이 된다. 공손함은 돈이 거의 들지 않지만, 안절부절못하고 편치 못한 마음을 달래는 데는 상당한 효과가 있다.

이탈리아 속담에도 "한 통의 (시큼한) 식초보다 한 수저의 (달콤한) 꿀로 더 많은 파리를 잡는다"는 말이 있다. 적대적이거나 따지는 말보다 공손하고 호감을 사는 말이 더 효과적이라는 뜻이다.

고대 그리스의 금욕적인 스토아학파에게 자만심이나 여타 악감정은 병으로 간주되었는데, 그것에 대해 선하고 분별력 있는 담론(談論)보다 더 좋은 치유법은 없다고 했다.

고통을 완화시켜 주는 글과 말들이 있다는 것을 명심하라.
그것들은 자만심이 가득한 자를 치유해 줄 것이다.

_ 호라티우스

고목은 옮겨 심지 마라

Annosam arborem transplantare / To transplant an aged tree

세네카의 말이다. 오랫동안 종사하면서 성공을 거둔 일이나 직업을 그만두고 새로운 일을 시작하려는 사람들은 긴 세월 뿌리를 박고 있던 땅에서 옮겨 심어진 나무가 번성하기 힘들 듯이 성공하기 쉽지 않다.

일찍 익은 열매는 일찍 썩는다

Ante barbam doces senes / Soon ripe soon rotten

아직 어리고 경험도 짧은 누군가가 선생 노릇을 하려 든다면 어떨까? 고대인들은 이런 짓을 가당치 않은 경거망동이라 생각했다. 이 문제를 대하는 우리의 태도도 그들과 크게 다르지 않다. 이런 조숙한 지혜는 질색이다. 손이 아닌 머리의 힘을 요구하는 관심사에 주제넘게 뛰어드는 젊은이들은 꼴 보기 싫다. 일찍 여문 지혜일수록 오래 지속되지 못하고 완벽한 경지에 이를 수 없는 법이다. 이 격언은 매우 오래된 것이다.

에스파냐 속담에 "늙은 소가 똑바로 고랑을 판다"는 말이 있다. 에스파냐 사람들은 또 이런 말도 한다. "악마는 나이가 많아 아는 게 많다."

거미줄로 베 짜기

Aranearum telas texere / To Weave a Spider's Web

'거미줄로 베를 짠다'는 속담은 쓸데없는 일에, 즉 얻어 보아야 아무런 쓸모도 없을 것을 손에 쥐려고 시간과 돈을 낭비하는 사람을 일컬을 때 쓴다. 가령 나비를 채집한다거나 조가비를 모으는 등 멍청한 짓에 빠져 있는 사람을 일컬을 때 가져다 쓰는 속담이다.

누구나 쉽게 빠져나갈 수 있는 법, 그저 힘없고 돈 없는 자들이나 걸려드는 법을 사람들은 이구동성으로 '거미줄 장치'라 부른다. 이런 말을 처음 쓴 사람은 아나카르시스였다. 아나카르시스는 이렇게 말했다. "그런 거미줄 장치는 작은 파리나 잡을 뿐이다. 말벌과 호박벌은 아무런 장애도 받지 않은 채 그것들을 무위로 돌려 버린다. … 따라서 시시껄렁한 범죄자들은 운명에 굴복하지만, 거물들은 대놓고 세상을 활보한다."

기원전 6세기 초 스키타이 출신의 견유학파 철학자 아나카르시스

신세를 지면 자유를 잃는다

Beneficium accipere est Libertatem vendere / He that accepts a favour, forfeits his liberty

로마의 풍자시인 푸블릴리우스 시루스가 한 말이다. 누군가에게 신세를 지면, 특히 도덕적으로 부적절한 사람에게 신세를 지면 당신 뜻대로 실컷 그 사람의 악행을 꾸짖을 수 없게 된다. 그 악행이 법적으로 죄라는 사실을 알고 있으면 더더욱 어렵다. 사회의 따가운 시선에도 불구하고 당신의 의견을 유지하기 힘들어 결국 신세를 진 사람의 뜻에 따를 수밖에 다른 도리가 없다.

에라스뮈스도 여러 종교 문제와 관련해서 분명 루터 및 그 추종자들의 가르침과 비슷한 견해를 갖고 있었지만, 그들을 공공연히 지지하는 데는 한계를 느꼈다. 자기 수입의 거의 전부를 가톨릭 교리를 신봉하는 사람들에게 의존하고 있었기 때문이다.

프랑스에는 이런 격언이 있다. "선물을 받은 여자는 '아니오'라고 말할 힘을 잃는다." 선물을 준 사람이 치근덕대도 뿌리치지 못한다는 뜻이다. 『햄릿』을 보면, 설교하기 좋아하는 폴로니어스는 햄릿의 약속과 선물 공세를 믿지 말라고 딸에게 주의를 주면서 햄릿이 "도요새를 잡기 위해 덫을 놓고 있다"고 말한다.

좋은 평판을 받고 있다면
그것에 걸맞도록 행실에 조심하라

Cura esse, quod audis / Take care to be as good as
you are esteemed to be

　호라티우스의 말이다. 당신이 누리는 평판에 합당하게 행동하라. 또
는 좋은 평판을 받고 싶다면 그에 걸맞게 행동하라는 뜻이 담겨 있다.
세상으로부터 좋은 사람으로 평가받기를 싫어하는 사람은 없다. 그래서
아첨꾼과 알랑쇠들이 별다른 장점이 없는데도 우리를 칭찬할 경우 곧바
로 그런 장점을 갖추도록 노력한다면 그들도 나름대로 쓸모가 있는 존재
가 되는 것이다.

호라티우스는 고대 로마 공화정 말기의 시인이다. 브루투스와 친교를 맺고 그를 따라 소아시아 지방
에서 여러 전투에 참전하기도 했다. 특히 베르길리우스의 주선으로 당시 로마의 문학과 예술의 애호
가이자 후원자이며 부자였던 가이우스 마이케나스를 소개받아 경제적 어려움에서 완전히 해방되어
시 창작에 열중했다. '기업의 문화예술 후원'을 뜻하는 프랑스어 '메세나(mecenat)'가 바로 마이케나
스에서 유래되었다.

살아 있는 동안 배워라,
내일 죽을 수 있다고 생각하고 살아라

**Disce ut semper victurus,
vive ut cras moriturus** / Learn as if you were to live forever;
live as if you were to die tomorrow

벤저민 프랭클린은 "백 살까지 산다고 여기며 일하라. 내일 죽을 수 있다고 여기며 기도하라"고 말했다.

잠자는 용을 절대 간지럽히지 마라

**Draco dormiens
nunquam titillandus** / Never tickle a
sleeping dragon

"잠자는 사자의 코털을 건드리지 마라"*와 같은 말이다.

---

* 해리 포터 시리즈에 나오는 가상의 마법사 학교 '호그와트'의 모토다.

네 개의 귀를 가진 사람에게 귀 기울여라

Eum ausculta,
cui quatuor sunt aures / Listen to the person
who has four ears

넓은 귀와 짧은 혀가 최선이다. 그런 사람은 불쑥 말하기보다는 들을 준비가 더 잘 되어 있다. 이 격언이 어디에서 비롯되었는지는 알 수 없다. 하지만 판단에 시간이 걸리고 말하기보다는 듣기에 더 익숙한 나이 들고 경험이 풍부한 사람들의 말에 관심을 기울이라는 충고가 아닐까 싶다.

> 많이 듣고 입은 무거운 자
> 거실에서, 부엌과 식탁에서 환영받을지니.
> 평온한 삶을 살고 싶다면
> 듣고, 보고, 침묵하라.

이 격언은 아마도 수도승들이 암송하는 다음과 같은 시에서 따온 듯하다. "평화로운 삶을 살고 싶다면 듣고, 비우고, 침묵하라." 비슷한 격언으로 이런 것도 있다. "늙은 개가 짖으면 그때는 귀를 기울여라."

경험이 최고의 선생이다

Experientia docet / Experience is the best teacher

사정권 밖으로

Extra telorum jactum / Out of range

화살의 사정권 밖으로 벗어나면 피해가 없다. 빚에서 벗어나면 위험이 없다. 논쟁에 말려들지 마라. 자신에게 이득이 될 무언가를 말하거나 행동하지 않는 것이야말로 신중한 사람이 취할 자세다. 하지만 복잡다단한 인간사로 인해 독불장군처럼 사는 사람이 아니라면 이런 자세를 완벽히 지켜내기란 여간 힘든 일이 아니다.

이러한 경고를 무시하는 사람들에게 자신의 경솔함이 자초한 곤경을 참아낼 만큼 심지가 굳은지 또는 그것을 극복할 만한 힘이 있는지 확인하라고 충고하고 싶다. 인류 역사상 가장 위대한 현자였던 소크라테스는 누군가에게 질문을 받으면 가능한 한 상대의 화를 돋우지 않는 방식으로 대답했다고 한다.

옹기장이는 옹기장이를 시샘하고,
대장장이는 대장장이를 시샘한다

**Figulus figulo invidet,
faber fabro** / The potter envies the potter,
the smith envies the smith.

같은 상품을 취급하는 장사치들은 결코 상대를 인정할 수 없다. 상대가 자신보다 앞설지도 모른다는 두려움에 사로잡혀 있기 때문이다. 자기 일에 대한 이러한 시샘은 기술에서 상대를 능가하겠다는 노력으로 연결될 경우 상호간에 이득이 될 수도 있다. 말하자면 자신의 재능을 개발하는 자극제, 즉 '타산지석(他山之石, Cos ingeniorum)'이 될 수도 있다.

하지만 상대를 시샘하고 경쟁자를 거꾸러뜨리고자 애쓰는 쪽으로 흐르기가 다반사다. 그래서 다음과 같은 시가 나왔을 것이다.

> 옹기장이가 같은 옹기장이를 미워하는 건
> 자기보다 더 멋진 접시를 빚어내는 손을 가져서지.
> 대장장이가 같은 대장장이를 깔보는 건
> 자기보다 더 뜨거운 열기로 무쇠를 두드려서지.

또한 이런 시도 있다.

> 문 옆으로 다른 거렁뱅이가 지나가는 걸 보면
> 거렁뱅이 가슴은 철렁한다네.

이런 시샘은 동물 사이에서도 찾을 수 있다. "개에게 부엌 친구는 없다." 또 이런 말도 있다. "두 산이 만나 하나가 되는 법은 없다." 오만하고 콧대 높은 두 사람이 만나면 의견일치란 없다는 뜻이다.

칼로 불길을 휘젓지 마라

Ignem ne gladio fodito / Do not stir the fire with a sword

'화난 사람을 자극하지 말라'는 뜻이다. 오히려 그를 진정시키고 달래고, 좀 더 손쉽게 꾸짖을 수 있는 기회를 잡으려고 노력해야 한다. 그가 더 이상 흥분하지 않을 때 비로소 그대의 간곡한 말을 청해 듣고, 듣는 사람도 덕을 볼 것이다.

성경의 구절을 한번 떠올려 본다. "분을 그치고 노를 버리며 불평하지 말라. 오히려 악을 만들 뿐이다."★

★ 시편 37:8 |

쓸데없이 손가락으로 불을 쑤시지 마라

In Flammam ne Manum injicito / Put not your finger needlesly into the fire

당신의 손을 불 속으로 밀어 넣지 마라. 왜 당신과는 아무런 관련도 없는 논쟁에 스스로 휘말리려 하는가? 왜 펄펄 끓는 물속에 몸을 담그려 하는가? 당신은 모르는가? "싸움에 끼어든 자, 코피를 훔칠 것이다"라는 영국 속담을. 이런 말도 있다. "증인으로든 당사자로든 다툼에는 거리를 두어라."

가볍고 눈에 띄지 않는 상처는 바로 잊는 게 상책

Injuriae spretæexolescunt, si irascaris agnitævidentur / Injuries that are slighted and unnoticed are soon forgotten

눈에 띄지 않고 지나갈 만한 경미한 상처들은 곧바로 잊는 게 좋다. 가해자를 벌할 수 있는 게 아니라면 그 상처에 분개함으로써 스스로 상처를 입었음을 인정하는 꼴이 되며 이는 곧 자신에게 치욕을 준 사람에게 되레 승리를 안겨 주는 것과 다를 바 없기 때문이다. "웃는 가해자에 웃지 못하는 피해자" 꼴이다. 현명한 사람은 상처를 짐짓 모른 체하지만, 바보의 가슴에는 분노가 남는다. 만일 당신이 화를 낸다면 상처받았음을 인정하는 셈이기 때문이다.

이 격언은 로마의 역사가 타키투스가 쓴 『로마 편년사』에 나온다.

분노를 이기는 자는 최대의 적을 극복하는 것이다

**Iram pui vincit,
hostem syperat maximum** / He who overcomes the wrath is
to defeat the biggest enemy

나는 언제나 월계수 가지를 갖고 다닌다

Laureum baculum gesto / I am always armed with a sprig of laurel

절박한 위험에서 뜻밖으로 벗어난 사람들이 흔히 하는 말이다. 옛날 사람들은 월계수를 일종의 해독제로 여겼을 뿐만 아니라 벼락이 칠 때면 자기 몸을 보호해 줄 것이라 생각했다. 월계수의 이런 속성 때문에 티베리우스 카이사르*는 언제나 목에 월계수 가지를 두르고 다녔던 것으로 전해진다. 또 고대의 의사들은 어린아이가 발작을 일으켰을 때 월계수 달인 물을 처방했다. 지극히 최근까지도 약제상에는 월계수 달인 물이 비치되어 있었다.

나중에 밝혀진 일이지만, 월계수 이파리를 달인 물은 과용하면 강력하고도 치명적인 독성을 발휘한다. 존 도넬런 대위가 테오도시우스 바우턴 경을 살해한 것도 바로 이 독성을 이용해서였다.

월계수가 번개를 막아 준다는 주장은 독이 퍼지는 것을 막고 간질을 치료하는 데 효과적이라는 견해처럼 근거가 없다. 이 나라에서는 일반 사람들이 문지방에 말의 편자를 박아 놓으면 그 집이 마법에 걸리지 않

---

* 로마 제국 제2대 황제(재위 14~37).

1780년 8월 30일 존 도넬런은 상속 재산을 독차지하기 위해 스무 살이 갓 넘은 처남 바우턴 경을 독살했으며, 이듬해 교수형에 처해졌다. 그는 인도에서 대형 다이아몬드를 영국으로 가져와 '다이아몬드 도넬런'으로 불렸던 인물이다.

는다고 생각한다. 그리고 지금도 뱃사람들은 돛대에 말의 편자를 박아 놓으면 그것이 사악한 기운으로부터 배를 보호해 준다고 생각한다.

토끼처럼 산다

Leporis Vitam / To lives a hare's life

동물 가운데 가장 겁이 많은 것으로 알려진 토끼처럼 근심 걱정이 가득하다는 뜻이다. 토끼는 끊임없이 주위를 살피고 잠을 잘 때도 개에게 잡힐까 두려워 눈을 감지 않는 것으로 알려져 있다. 어느 날 끊임없는 공포와 근심을 안고 사는 데 지친 토끼들이 스스로 물에 몸을 던져 삶을 마감하기로 결심했다. 토끼들은 마음을 단단히 먹고 연못으로 달려갔다. 연못 근처에 있던 개구리들이 갑작스런 소란에 화들짝 놀라 물속으로 뛰어들었다. 개구리들은 토끼들이 자신들을 노리는 것이라 생각했다. 가장 앞서가던 토끼가 이 광경을 목격했다. 토끼들은 가던 길을 멈추고는 서로를 돌아보며 자신들의 처지가 개구리들보다는 낫다고 말하며 스스로 목숨을 끊겠다는 마음을 거두었다.

이 이야기는 『이솝 우화』에 나오는 장면이다. 이 우화는 힘들고 고생스러운 삶을 살아가는 사람들에게 다른 사람들보다 자신이 더 불행하다는 생각을 하지 말라는 교훈을 전하고 있다. 홀로 비참한 삶이란 존재하지 않으며 다른 사람들도 자신과 비슷한 삶을 살거나 아니면 오히려 그들이 더 힘든 삶을 살고 있을지도 모른다는 사실을 깨닫게 해 주는 우화다.

물고기보다 더 말이 없는

Magis mutus quam pisces / As mute [dumb] as a fish

이는 언어 표현에 특별히 재주가 없고 남들 앞에 서면 말을 제대로 하지 못하는 사람들을 두고 하는 말이다. 또한 너무 말이 없는 사람들에게도 잘 어울리는 말이다. 호라티우스는 『서정시』에서 "벙어리인 물고기들에게조차 원하면 백조의 목소리를 줄 수 있다"고 표현했다. 물고기는 아주 드문 예외 말고는 전혀 소리를 낼 수 없기 때문이다. 이 예외적인 종자에 물개가 속한다.

플루타르코스는 『향연』에서 말하기를, 피타고라스학파는 물고기에게서 자신들이 지켜야 할 침묵의 계율을 발견하고는 물고기를 먹지 않았다고 한다. 침묵이야말로 물고기를 다른 동물과 구분하는 특징이라 할 수 있다. 다른 모든 짐승은 나름대로 목소리를 가지고 있기 때문이다. 새들은 지저귈 수 있으며 심지어 사람의 목소리를 흉내 내기도 한다(앵무새). 플리니우스의 『박물지』 제8권을 보면, 들짐승 중에서 이집트에 사는 '사람 사냥꾼'이라는 짐승도 사람의 목소리를 내며, 오로지 유일하게 물고기만 목소리가 없다고 한다.

이에 대해 아리스토텔레스는 『자연학』 마지막 제8권에서 다음과 같은 이유를 내세운다. 즉 물고기는 허파와 호흡기와 후두를 전혀 갖고 있지 않기 때문이라는 것이다. 물론 몇몇 물짐승, 예를 들어 돌고래, 뤼라,* 민어, 바다표범, 가리비 등은 웩웩거리는 소리를 내기도 한다. 하지만 아리

---

* 뤼라(Lyra)는 보통 악기 이름(거문고)이지만, 여기서는 물고기의 이름이다.

스토텔레스는 이런 소리를 진정한 의미의 음성기관을 통해서가 아니라 아가미를 마찰시키거나 복부 주위의 가시를 통해서 나오는 소리라고 생각했다.

플루타르코스는 물고기를 의미하는 그리스어 '이히투스(ichthus)'가 소리를 '막다'라는 말에서 나왔다고 생각한다. 그리고 루키아노스는 『알퀴온』에서 "물속에 사는 모든 것은 벙어리다"라고 말한다. 아리스토텔레스는 바늘돔이나 바다표범을 제외한 물고기들은 소리를 낼 수 없다고 주장한다.

옛사람들은 물고기가 소리를 낼 수 없기 때문에 엘롭스(ellops)라고 불렀다. 일레스타이(illesthai)는 '억제하다.'라는 뜻이며 옵스(ops)는 '목소리'를 뜻한다. 테오크리토스는 엘로피에우에인(ellopieuein)이라는 단어를 '낚시하다'라는 뜻으로 사용한다. 그리스의 작가 아테나이오스는 『현자들의 저녁 식사』에서 피타고라스학파가 전적으로 모든 동물을 피한 것은 아니며, 때로는 식용으로 때로는 제사용으로 동물을 사용했으나, 물고기는 손도 대지 않았다고 전한다. 그리고 피타고라스학파는 물고기를 신성시하는데, 피타고라스학파가 가르치는 '침묵'을 익혀 버린 것이기 때문이다.

그림에 손!

Manum de tabula! / Hand of the picture!

그만! 충분하다. 손대지 마라! 등을 뜻한다. "지나치게 손을 대다 보면 작품이 나아지기는커녕 망가진다." 그러니까 "내버려 두라. 긁어 부스럼 만들지 마라."

아펠레스*는 프로토게네스**가 이미 충분히 아름다운 그림을 좀 더 완벽하게 마무리하기 위해 고심에 고심을 거듭하는 것을 보고 행여나 덧칠에 덧칠을 하다 보면 작품의 가치를 높이기는커녕 오히려 망칠 수 있다는 우려에서 "그림에 손!"이라고 외쳤다.

이 격언은 무엇보다도 회화 작품과 관련되어 있지만 지나치게 손을 대다 보면 작품의 내용이 명료해지기보다는 오히려 모호해질 수도 있다는 의미에서 모든 종류의 작품에 포괄적으로 적용이 가능하다.

---

* 고대 그리스 화가. 알렉산드로스 대왕 때 궁정화가로 활약했다. 대왕의 초상화를 비롯해서 수많은 걸작을 그렸으나 오늘날까지 전해지는 그림은 없다.
** 고대 그리스의 화가로 아펠레스의 경쟁자였다. 다른 고대 유명 화가들처럼 오늘날까지 전해오는 작품은 없다.

한 손이 다른 손을 씻는다

Manus manum lavat / One hand washes the other

로마 제국의 제4대 황제 클라우디우스의 신격화를 풍자한 세네카의 정치적 풍자문 『신성한 클라우디우스의 바보 만들기』에 나오는 말이다. 그는 여기서 주고받는 세상 돌아가는 방식을 이렇게 표현했는데, 부정적 맥락에서는 사소한 도덕적 타협이라는 뜻도 된다. 독일의 문호 괴테의 시에도 "나에게 어떻게 할지 말해 주면 나도 그대에게 말해 주지"라는 표현이 등장한다. 반면에 긍정적인 맥락에서는 '상부상조'의 뜻으로 받아들일 수 있다. "네가 내 등을 긁어 주면 나도 네 등을 긁어 주마"라는 속담이 그렇다.

중도를 가는 것이 가장 안전하다

Medio tutissimus ibis / You will be safest in the middle

로마의 시인 오비디우스의 말이다.

쥐는 한 구멍에만 의존하지 않는다

Mus uni non fidit antro / The mouse does not rely on just one hole

로마 시대의 작가 플라티우스의 말이다.

마음속에 담아 두면 해가 없는 말도 발설하면 해가 된다

Nam nulli tacuisse nocet, nocet esse locutum / No harm comes from remaining silent, harm comes from speaking

에스파냐 사람들은 "침묵하는 자는 돌멩이를 쌓고 있다"고 말한다. 남이 무언가를 말하고 있는 때 그것이 자신에게 얼마나 이익이 될지 헤아리고 있기 때문이다. 이런 속담도 있다. "양이 매애 하고 울면 입 한가득 물고 있던 것을 잃는다." 침묵에는 신중함이 깃들어 있다. 따라서 적절히 활용하면 가장 가치 있는 지혜의 속성 가운데 하나다.

"바보의 화살은 쉬이 활시위를 떠난다"는 말이 있다. 바보의 머릿속에는 들어 있는 게 거의 없다. 그나마 있는 것에 대해서도 통제력을 발휘하지 못한다. 따라서 바보는 뜬금없고 부적절한 무언가를 끊임없이 뇌까린다. 바보의 판단은 느닷없고 경솔하다. 그래서 자신의 동의가 필요한 어떤 제안에 대해서 제대로 알기도 전에 결정을 내린다.

현명한 사람은 말수가 적고 신중하다. 그는 발걸음을 내딛기 전에 앞을 먼저 보고, 말하기 전에 생각부터 한다. 아무리 좋은 조건의 거래라도 '좋아'를 외치기 전에 두 번을 생각한다. 겉모습에는 거짓이 숨어 있는 경우가 다반사라는 것을 알고 있기 때문이다. 반짝인다고 모두 금이 아니라는 사실을 알기 때문이다. 현명한 자는 넓은 귀에 짧은 혀를 갖고 있어서 자신의 견해를 주장하기보다는 남의 이야기를 듣는 데 적극적이다. 아우구스투스 카이사르는 자신의 반지에 침묵의 상징인 스핑크스를 새겼다. 왕의 상담역들은 입이 무거워야 한다는 뜻이었다.

그런데 때로는 매우 다른 목적이나 동기로 침묵하는 경우가 있다. 어떤 이는 자신의 무지를 감추기 위해 침묵한다. 대화에 끼어들 능력이 없음을 자각하고 자신의 견해를 아예 밝히지 않는다. 말하자면 "현명하게도 바보를 자기 마음속에 감춘다." 그런 태도에는 갸륵한 조심성이 담겨 있다. 바보조차도 침묵을 지키면 현자가 되고 입술을 꾹 닫은 자는 좌중의 말을 이해하고 있는 사람으로 보인다. "적게 말하고 다른 사람의 입술 사이로 새어나오는 것에 집중하라. 그러면 실수를 범할 일이 없다."

또 어떤 이는 나름의 속셈을 갖고 침묵을 한다. 가령 어떤 사람이 모종의 거래를 했다고 하자. 그런데 사람들이 그가 거래에 관여하지 않았다고 생각한다면 무심결에 자신의 관여 사실을 발설할까 두려워 침묵할 수 있다. 또한 그 거래의 과정에서 자신이 공개적으로 천명했던 것과는 정반대의 견해나 의도를 밝힐 수밖에 없는 상황이었다면 이 역시도 침묵의 이유가 될 수 있다. 그런 사람들을 향한 찰스 처칠의 독한 발언을 들어보자. "슬기로운 지혜를 짓뭉개 버린 뻔뻔스런 진실이 행여 밤사이 그들 입술 사이로 터져 나올까 두려워 스스로를 다독이며 잠 속에서 한 시간을 전전긍긍하네."

그런가 하면 침묵이 한 나라를 파멸로 이끌었다고 전하는 기록도 있다.

우연히 어울리게 된 사람에게는 손을 내밀지 마라

Ne cuivis dextram injeceris / Do not effusively offer your right hand everyone

이 격언은 '당신의 손을 내밀고 나면 마음까지 주어야 하기 때문에' 아무에게나 친밀감을 보여서는 안 된다고 준엄히 충고하고 있다. "사랑할 만한 가치가 있는 사람만을 친구로 선택하라." 그리고 그런 사람을 찾았을 때는, 『햄릿』에서 폴로니어스가 아들 레어티즈에게 조언했듯이 "쇠갈퀴로 너의 영혼에 그 사람을 걸어라." '친구는 불과 물보다 우리에게 더 필요한 존재'이기 때문이다. 친구가 없다면 우리도 존재할 수 없음을 알기 때문이다. 이런 선택을 도외시함으로써 또 자신이 친밀감을 표시한 사람들의 성격을 제대로 알지 못함으로써 친구가 배신했다며 하소연하는 일이 자주 발생한다.

세네카의 "자기 자신을 친구로 대하는 사람은 그가 친구라고 공언한 모든 이와 친구다"*라는 경구가 모든 경우에 적용될 수는 없다 하더라도, 최소한 자기 자신을 친구로 대하지 않 ★세네카, 『루킬리우스에게 보낸 도덕 편지』, 1.6. 는 사람은 그 어떠한 사람과도 친구일 수 없다고 말할 수는 있지 않을까 싶다. 자기 자신과 가족의 안락한 생활에 무엇이 필요한지 관심조차 없는 낯선 이를 그 누가 친구로 삼겠는가? 요컨대 누군가에게 친구의 자격이 있으려면 스스로 합리적이고 선량한 도덕적 품성을 지니고 있음을 보여 주어야 한다. 또 신과 조국과 자기 자신에 대한 의무를 충실히 이행하는 사람임을 입증해야 한다.

몽테뉴의 말을 빌리면 그러한 사람이야말로 "진정 뮤즈의 '각료(閣僚)'

뮤즈는 그리스 신화에 나오는 예술의 여신들로 아홉 명의 자매가 등장하는 경우가 많아 복수형 (Muses)으로 쓰인다. 뮤즈는 그리스어로 'Musa'(복수형은 Musae)인데, '생각에 잠기다', '상상하다' 등의 뜻을 갖고 있다. Museum(박물관, 미술관)의 어원이기도 하다. 아홉 명의 예술의 여신은 다음과 같다(그림의 왼쪽부터). 클레이오(명성), 탈리아(풍요와 환성), 에라토(사랑스러움), 에우테르페(기쁨), 폴리힘니아(많은 노래), 칼리오페(아름다운 음성), 테르프시코레(춤의 기쁨), 무사우라니아(하늘), 멜포메네(노래).

라 할 만한, 인간 지혜의 최고조에 달한 사람이다." 친구를 삼는 이런 기준을 제대로 따른다면 친구에게 신의가 없다고 불평할 이유도 거의 없을 것이다. 그런 인물을 찾아보기 힘들다고 한다면 그것은 곧 우정이라는 이름을 붙일 만한 그런 친밀한 관계를 맺을 사람이 많지 않다는 의미다. "당신을 칭찬하는 사람을 믿지 마라"도 비슷한 격언이다.

구두장이는 구두만 생각하라

Ne sutor ultra crepidam / The shoemaker should not judge above the sandal

"구두장이는 구두골(last) 너머의 일에 신경 쓰지 마라"는 영국 속담도 있다. 누구든 그럴 만한 지식도 재주도 없는 일을 시도해서는 안 된다. 자신이 이해하지 못하는 문제에 이러쿵저러쿵 참견해서는 안 된다. 맹인이 색깔을 논하는 꼴이라며 사람들이 외면해 버릴 것이기 때문이다. "누구든 알고 있는 것만 말하라."

어느 구두장이가 아펠레스의 그림을 보고 구두의 모양이 잘못 그려졌다고 지적하자 그는 구두장이의 지적을 받아들여 기꺼이 그림을 고쳐 그렸다. 하지만 구두장이가 인물의 팔다리 형태와 배치가 이상하다며 또다시 고칠 것을 권하자 "구두장이는 구두만 생각하라"고 면박을 주었다고 한다. 구두장이는 구두골 밖의 일에 참견하지 말아야 한다. 에스파냐 사람들은 "신도 편들어 줄 만해야 편들어준다"고 말한다. 다시 말해 자기 분수를 알아야 한다는 말이다.

폴립*에게서 배워라

Polypi mentem obtine / Adopt the outlook of the polyp

상황에 따라 삶의 계획을 바꾸고, 함께 살아야 하는 또는 친숙한 관계를 맺어야 하는 사람들의 성향에 스스로를 맞추라는 뜻을 담고 있다. "만나는 사람마다 다른 얼굴을 하라."

브루투스는 자신의 아버지와 형제를 살해한 타르퀴니우스의 악행 앞에서 바보를 가장함으로써 위기를 벗어날 수 있었다. 그런 덜떨어진** 인물이 자신에게 피해를 입힐 리 만무하다는 타르퀴니우스의 오판으로 인해 브루투스의 책략은 제대로 들어맞았다. 가까스로 목숨을 건진 브루투스는 때가 되자 타르퀴니우스의 폭정으로부터 나라를 구하고, 이후 700년 가까이 계속된 로마 공화제의 기초를 세우는 데 결정적 역할을 할 수 있었다.

이 격언은 달라붙은 물질에 따라 몸의 색깔을 자유자재로 바꾸는 것으로 알려진 폴립에서 유래했다. 폴립은 적에게 쫓기면 바위에 달라붙어 바위의 색과 같은 색깔을 띔으로써 쉽사리 적의 눈을 피한다.

---

* polyp. 고착 생활을 하는 강장생물의 기본 체형.
** 라틴어 'brutus'는 '우둔한'·'무감각의'란 뜻을 가진 형용사다.

끝보다 처음을 고치는 게 낫다

Satius est Initiis mederi quam Fini / It is better to heal the beginning than the ends

영국 속담에 "제때의 바늘 한 땀이 아홉 땀을 덜어 낸다"는 말이 있다. 아무리 위중한 병이라도 제때 치료하면 낫는 일이 종종 있다. "병은 초기에 대처하라. 병이 깊이 침투해 뿌리를 내리면 약을 써도 효과가 없기 때문이다."

같은 뜻으로 "부상당한 뒤 방패를 찾은들 무슨 소용이랴" 같은 속담이 있다. 에스파냐 사람들은 "집을 다 태운 뒤 물 떠 온다"*고 말한다. 아이들의 나쁜 기질은 습관으로 굳어지기 전에 고쳐야 한다. 그래서 프랑스 사람들은 "예쁜 아이일수록 회초리를 들어라"고 하고, 영국인들은 "매를 아끼면 아이를 망친다"고 말한다.

---

* 우리 속담에는 "소 잃고 외양간 고친다", "사후 약방문" 등이 있다.

구르는 돌에는 이끼가 끼지 않는다

**Saxum volutum
non obducitur musco** / A rolling stone
gathers no moss

이탈리아와 에스파냐에도 똑같은 격언이 있다. 이 말은 자기 주변 환경이나 직장을 자주 바꾸는 사람들을 지칭할 때 쓰는데, 그런 사람들은 자기 재산을 늘리기보다는 탕진하고 낭비할 가능성이 크다. 같은 뜻으로 "자주 옮겨지는 나무는 무성하지 않다"는 격언이 있다.

송아지를 몰아 본 사람이 황소도 몰 수 있다

Taurum tollet qui vitulum sustulerit, or tollere Taurum, Quae tulerit Vitulum, illa putest / Who has been used to carry a calf, may in time carry an ox

이 격언은, 송아지를 몰고 다니며 돌보는 일을 낙으로 삼았던 한 여인이 송아지가 자라는 만큼 힘도 세져 그 송아지가 황소가 되었을 때도 능히 그 일을 해낼 수 있었다는 이야기에서 비롯된 것으로 알려져 있다. 또한 에라스뮈스의 추측대로 크로토네* 사람 밀로(Milo)의 이야기에서 비롯되었다는 설도 있다. 밀로는 황소를 번쩍 들어 어깨에 올려놓을 수 있는 사람이었는데 "떡갈나무를 쪼개려다가 거기에 끼어" 비참하게 최후를 맞은 인물이다. 따라서 이 격언은 습관이나 관습의 힘, 그리고 그것이 우리의 정신력과 육체적 힘에 미치는 영향을 보여 주는 것으로도 해석될 수 있다. 우리의 육체적·정신적 힘은 사용할수록 거의 믿지 못할 정도로 커질 수도 있기 때문이다.

또한 아이들에게서 악의 싹이 자라나는 것을 막거나 그것을 뿌리 뽑을 필요가 있음을 보여 주는 격언이기도 하다. 그런 싹을 방치할 경우 언젠가는 감당하기 어려울 정도로 강력한 것이 될 수도 있기 때문이다.

---

* 고대 그리스 시대 이탈리아 남부 칼라브리아에 있던 항구 도시.

능력 밖의 일에 신중하라

Ultra Vires nihil aggrediendum / Do not engage in what is beyond your powers

영국 사람들은 "작은 경계심이 큰 곤경을 막는다"고 말한다. 이 격언은 아킬레우스와의 개인적인 갈등을 앞세우지 말라며 파리스가 형 헥토르에게 한 말이다. 헥토르가 동생의 경고를 귀담아들었더라면 좋았을 것이다. 헥토르는 아킬레우스와의 결투에서 목숨을 잃었기 때문이다.

이 격언이 모든 경우에 옳은 것은 아니다. 시도도 하지 않는다면 자신의 능력이나 힘이 어디까지 미칠 수 있는지를 알기 어렵기 때문이다. 위대한 목표가 눈앞에 있는데도 실패가 두려워 그냥 지나쳐서는 안 된다. "위대하고 고결한 행위는 시도한 것만으로도 영예롭다"는 격언도 있다. 그 일에 어울리는 기백으로 꾸준히 시도한다면 비록 성공하지 못하더라도 그 실패는 경거망동에서 비롯된 것은 아니다. 따라서 이 격언과 반대되는 생각을 할 수도 있다. "모험이 없으면 얻는 것도 없다."

chapter 6

진퇴양난·절체절명의 순간에

사리판단과 선택

Respice finem 레스피께 피넴

결과를 생각하라.

Mus uni non fidit antro 무스 우니 논 피디트 안트로

쥐는 한 구멍에만 의존하지 않는다.

꽉 조이는 반지는 끼지 마라

Arctum anulum ne gestato / Do not wear a tight-fitting ring

꽉 조이는 반지나 신발을 착용하지 마라. 걸음이나 다른 행동에 방해가 될 수 있다. 여기에는 다음과 같은 뜻도 내포되어 있다. 경솔하게 재산을 축내거나 빚을 지지 마라. 자유를 잃을 수 있다. 다른 사람의 견해를 제대로 검토해 보지도 않고 무턱대고 받아들이지도 마라. 그렇게 다루기 쉬운 사람은 언제든지 마음먹은 대로 쥐고 흔들 수 있는 사람 취급을 받는다. 교활한 사람을 만나면 그런 사람은 언제든 이용당할 수 있다.

어떤 행동을 하겠다거나 아니면 하지 않겠다고 약속해서 스스로를 옥죄지 마라. 상황 그 자체가 적절하다면 스스로 의무를 부여하거나 제한하지 않아도 그런 행동을 할 충분한 동기가 마련될 것이다. 정신이 박약하거나 자기 의견이 없는 사람에게는 그런 의무나 제한이 필요할지 모르겠지만 그런 정신적 상황은 치료하려 노력할 일이지 거기에 빠져들 일은 아니다.

현명한 양치기는 양의 털을 깎지 가죽을 벗기지는 않는다

Boni Pastoris est tondere Pecus, non deglubere / The good shepherd shears, but does not flay his sheep

지혜로운 주인은 하인들에게 몸이 상하지 않을 정도로만 일하게 한다. 이 격언을 처음 쓴 사람으로 알려진 티베리우스* 카이사르는, 이미 많은 세금을 거두고 있는 어느 한 지방에서 더 많은 세금을 거두라고 간언하는 신하들에게 과욕은 금물이라며 이 격언을 사용했다.

여기서 훌륭한 목동은 총독을, 양은 속주의 백성을 가리킨다. 양의 살갗이 다치지 않게 털만 깎아 내는 노련한 목동처럼 총독들도 강압적으로 세금을 부과하지 말고 백성의 불만이 없도록 통치하라는 말이다.

알렉산드로스 대왕도 비슷한 상황에서 이렇게 말했다고 전해진다. "어리석은 농부는 낟알을 거두지 않고 작물을 뿌리째 뽑아 버린다." 하루라도 빨리 부자가 되고 싶은 욕심에 날마다 황금알을 낳아 주던 암탉을 죽인 사람도 이 격언을 되새겨야만 할 것이다.

---

* 티베리우스 율리우스 카이사르 아우구스투스(재위 14~37). 로마 제국 초대 황제 아우구스투스의 양자로 들어가기 전 이름은 티베리우스 클라우디우스 네로이며, 아우구스투스의 황후였던 리비아 드루실라의 친아들이다. 아우구스투스 황제의 정복 사업을 도왔고, 즉위 후 공화정치의 전통을 존중하여 통치했으나 나중에는 공포정치를 자행했다.

가시를 차지 마라

Contra stimulum calces / You are kicking against the prick

이 격언은 어떤 고통이나 상처를 견디다 못한 사람들이 자기 자신에게 분풀이를 해서 결과적으로 자신의 불행을 키우는 상황을 빗댄 말이다. '아무 소용이 없는 반대'를 가리키기도 한다. 또한 자신이 당하는 고통보다 더 심각한 타격을 줄 능력이 있는 상대와 싸우는 사람에게도 적용되는 격언이다.

이 격언은 끝이 날카로운 막대기로 소를 모는 관습에서 비롯되었다. 앞으로 가기 싫어 반발하는 소들은 몸부림치며 뾰족한 막대기 끝을 자기 몸에 찔러댄다.

성경에도 이와 비슷한 비유가 나온다. "우리가 다 땅에 엎드려지매 내가 소리를 들으니 히브리 말로 이르되 사울아 사울아 네가 어찌하여 나를 박해하느냐 가시채를 뒷발질하기가 네게 고생이니라."★ |★사도행전 26:14

걱정은 몸에 해롭다

Cor ne edito / Don't eat your heart out

근심 걱정 때문에 마음 상하지 않도록 하라. 그러나 살면서 의기소침한 상태에 빠지지 않도록 해야 하지만, 실망이나 괴로움을 극복해 나가려면 오히려 지금 누리고 있는 과분한 축복일랑 멀리하고 근심 걱정들과 함께하는 게 어떨지.

에스파냐 사람들은 "일찍 일어난다고 해서 하루가 더 빨라지지 않는다"고 말한다. 정도 넘게 불안해하거나 걱정한다고 해서 원하는 것을 더 빨리 얻을 수 없다는 것이다. 그리고 이탈리아에서는 "한 수레의 걱정이 한 닢 빚을 갚아 주지 않는다"고 말한다. 걱정은 머리털을 희게 하고, 목숨이 아홉 개라 쉽사리 죽지 않는다는 "고양이도 근심 때문에 죽는다." 하지만 걱정 없는 사람이 누가 있으며, 그 송곳니를 피해 갈 수 있는 사람이 있을까! 우리는 고통을 인내로 견뎌야 한다. 고통이 매우 심하면 견딜 수 없지만, 어지간하면 견뎌 낼 수 있다. 불행을 견디지 못하는 것보다 더 큰 불행은 우리에게 일어날 수 없는 법이다.

두 번째 먹는 크람베는 죽음이다

Crambe bis posita, mors / Twice-served cabbage is death

좋아하는 음식도 물리듯이 듣기 좋은 말도 자주 하면 듣기 싫어지고, 결국에는 넌더리가 난다. 고대인들이 크람베(crambe)라 부르던 식물이 어떻게 생겼는지는 알 수 없다. 이집트를 비롯한 몇몇 나라 사람들은 술을 덜 취하게 하는 효과를 지닌 것으로 알려진 크람베를 미리 구워 식탁에 앉기 전에 먹었다고 전해진다. 술자리를 흥청망청 즐기기 위해서였다. 하지만 너무 많이 또는 자주 먹으면 격언에서 알 수 있듯이 메스꺼움과 구역질을 일으켰다고 한다.

유베날리스는 "똑같은 가르침을 너무 자주 듣다 보면 우리 불쌍한 주인들은 죽을 지경이다"라고 말했다. 또한 이런 말도 있다. "화해한 적과 두 번 삶은 고기를 주의하라." 예전의 적들이 앙심을 품고 교활하게 복수를 할지도 모른다는 뜻인데, 공공연한 적보다 화해한 적을 더 믿지 마라는 말이다.

유령과 씨름하기

Cum larvis luctari / To wrestle with ghosts

고대인들은 죽은 자와 다투거나 그를 헐뜯는 일을 크게 비난받아 마땅한 수치스러운 행동으로 여겼다. 그런 행위는 "죽은 사자의 수염을 움켜잡는 일"이었다. 그래서 "죽은 자에 대해서는 명예로운 것만 기록한다"는 속담이 생겨났다. "산 자에 대해서는 진실만 말하고 죽은 자에 대해서는 명예로운 일만 말하라"는 이탈리아 속담도 여기서 나왔다.

하지만 죽은 자는 해를 입지 못한다. 그리고 그들의 잘못을 알림으로써 세상에 이로울 수도 있다. 이집트에서는 왕이 죽으면 살아생전에 그가 남긴 행적을 샅샅이 조사할 관리를 임명한 것으로 전해진다. 조사 결과 그의 행적이 왕국에게 이로웠다면 최고의 찬사로 그를 기억한다. 하지만 그렇지 않았다면 후세에 경종을 울리기 위해 그의 행적은 비난의 대상이 되고 그를 떠올리는 것조차 금기시되었다.

염소 털 놓고 입씨름하기

De lana caprina / concerning goat's woo

염소 털처럼 아무런 가치도 없는, 말하자면 아무짝에도 쓸모없는 것을 두고 갑론을박하는 상황을 빗댄 격언이다. 세상의 논쟁 가운데 절반은 그다지 의미 없는 것을 두고 벌어진다. 적어도 그런 논쟁의 주제들은 대부분 다툼에 따른 소란과 비용을 감수할 만한 가치가 거의 없다. 비슷한 격언으로 "뜬구름 잡는 논쟁" 또는 "당나귀 그늘 논쟁"이 있다.

플루타르코스는 "당나귀 그늘 논쟁"이란 격언이 다음과 같은 우스꽝스러운 이야기에서 비롯되었다고 말한다. 그리스의 정치가 데모스테네스는 한 재판에서 변론을 하다가 판관들이 자신의 말을 한쪽 귀로 흘리면서 주제와는 상관없는 문제를 논하자 이렇게 말했다. "내 말에 잠시만 귀를 기울여 주면 재미있는 이야기 하나 해 드리리다." 판관들이 솔깃해하는 것을 본 데모스테네스는 말을 이어갔다. "한 젊은이가 이웃 마을에 식량을 나르기 위해 당나귀 한 마리를 빌렸는데 그날따라 날이 몹시 더웠답니다. 가던 길에 쉴 곳이 마땅치 않았던 젊은이는 당나귀를 세우고 당나귀 그늘에 앉아 쉬었다네요. 그러자 당나귀를 몰던 주인이 젊은이보고 일어서라고 고집을 피우더랍니다. 짐을 옮긴다기에 당나귀를 빌려준 것이지 그늘까지 빌려준 것은 아니라면서 말이죠. 이에 젊은이는 당나귀를 짐 옮기는 용도로 빌렸다면 도중에 햇볕을 가리는 용도로도 활용할 권리가 있다고 주장했지요. 게다가 당나귀 등에 실은 짐의 그림자가 절반도 넘는다고 말했다죠. 이렇듯 서로 자기 말이 옳다고 옥신각신하던 끝에 결국에는 주먹다짐까지 하게 되었죠."

판관들이 자기 말에 푹 빠져들었음을 본 데모스테네스는 갑자기 말을 끊고는 연단에서 내려와 법정 밖으로 걸어 나갔다. 그러자 판관들은 마저 이야기를 끝내라고 데모스테네스를 불러 세웠다. 그러자 데모스테네스가 말했다. "보자 하니 판관님들은 이 터무니없는 당나귀 그늘 이야기에는 아주 작정을 하고 귀 기울이시더군요. 그런데 내가 목숨이 걸린 피고에 대해 변론할 때는 마땅히 주의를 기울일 여유조차 없어 보이더군요. 정작 판결을 주관하는 여러분에게 도움이 될 이야기에는 관심이 없더라 그 말입니다."

　　여러 측면에서 이와 비슷한 이야기가 또 있다. 엘리자베스 여왕 시대에 런던의 주교를 지낸 존 에일머에 얽힌 일화다. 에일머가 아직 주교직에 오르기 전 자신의 교구 교회에서 설교하던 중에 청중이 자기 말에 귀 기울이지 않자 우연히 들고 있던 히브리어 책에 나오는 한 구절을 아주 근엄한 목소리로 읽기 시작했다. 그러자 신도들이 귀를 쫑긋 세우는 것을 보고 에일머는, 그들이 이해할 수도 없는 언어로 무언가를 들려줄 때는 귀 기울이다가 정작 그들이 구체적으로 알고 싶어 하고 이해하기를 바라는 교리를 모국어로 설명할 때는 들은 체 만 체하는 신도들의 모순된 행동을 꾸짖었다.

물 수 없을 때는 이를 드러내지 마라

Dentem dente rodere / Do not shew your teeth, when you cannot bite

이 격언은 자신의 능력 밖에 있는 대상에 해를 끼치려 하지만 실제로는 그 대상에 아무런 영향도 미칠 수 없는 사람에게 쓰는 말이다. 또한 누군가에게 상처를 주려다 오히려 그보다 몇 배로 되갚음을 당할 수도 있는 사람, 자신보다 위해를 가할 능력이 훨씬 많은 사람과 다툼을 벌이는 사람도 이런 말을 들을 수 있다. 비슷한 의미를 가진 격언으로는 "돌멩이 깨물기"*가 있다.

이 속담은 대장간에서 줄칼을 보고 다른 뱀인 줄 알고 물어뜯으려다 줄칼에는 흠집 하나 내지 못하고 자기 잇몸만 상한 뱀의 우화에서 비롯된 듯하다. '헛수고하다'라는 뜻으로도 쓴다.

---

* 비슷한 우리 속담으로 '계란으로 바위 치기'가 있다.

삼나무 기름칠을 할 만하다

Digna Cedro / Cedar of Worth

"황금 글자로 쓴 글"과 같은 의미의 격언으로, 영원히 잊히지 않도록 보존할 만한 가치가 있는 말이나 글을 지칭할 때 쓴다.

묻노니, 찬사에 무딘 자 누구일까?

계관을 씌워 주겠다는데 마다할 자 누구인가?

자기 글에 삼나무 기름칠을 해 좀벌레를 막아 주겠다는데

기뻐하지 않을 자 그 누구인가?

고대인들은 무언가를 기록한 파피루스에 삼나무에서 뽑아 낸 기름을 바르곤 했다. 삼나무 기름에는 이파리를 갉아먹는 곤충이나 독충을 물리칠 뿐만 아니라 부패도 막는 효능이 있었다. 향나무 기름도 같은 효능을 지니고 있어 같은 목적에 사용되었다고 전해진다. 책을 제본하는 데 사용되었던 러시아 가죽에 책 좀벌레를 죽이고 물리치는 속성이 있었다면 이는 이와 유사한 성분 덕이었을 가능성이 크다.

구걸하느니 사겠다

Emere malo, quam rogare / I had rather buy than beg

내가 원하는 것을 누군가에게 부탁하느니 차라리 사겠다는 뜻이다. 순진하고 마음 약한 사람은 누군가에게 "필요한 게 있으면 당신 돈을 주고 사고 돈이 없다면 스스로 노력해서 구하라"고 말하기 쉽지 않다. "원하는 것을 구걸해서 얻은 자는 이미 적지 않은 값을 치른 것이다."

소크라테스가 "돈이 있으면 오늘 아침 외투 한 벌을 살 수 있을 텐데"라고 말했다. 그 말을 들은 친구가 그 자리에서 돈을 주었지만 세네카가 보기에는 때가 너무 늦었다. 그런 사람은 이미 자기에게 필요한 것을 얻기 위해 수치심을 버렸기 때문이다.

카리브디스를 피하려고 스퀼라에게 잡히다

Evitata Charybdi in Scyllam incidi / Having escaped Charybdis I fell into Scylla

더욱 큰 위험을 피하고자 덜 위험한 쪽을 택하는 경우에 쓰는 격언이다. 두 가지 위험 중 하나를 선택해야만 하는 상황을 가리키기도 한다. 호메로스의 『오디세우스』 제12권을 보면, 트로이 전쟁이 끝나고 귀향길에 오른 오디세우스는 키르케의 조언에 따라 카리브디스를 멀리하고 스퀼라 쪽으로 가깝게 배를 몰아갔고, 동료 선원들 가운데 여섯 명을 이 괴물에게 잃었으나 자신은 살아남았다.

몇몇 시인들이 남긴 기록에 의하면, 스퀼라는 메가라 왕국의 니소스 왕의 딸이며 아버지의 금빛 곱슬머리를 훔친 죄의 대가로 바다 괴물이 되었다고 한다. 파우사니아스는 『그리스 기행』의 '코린트' 부분에 이렇게 기록했다. 베르길리우스는 『아이네이스』에서 이 두 괴물은 이탈리아 본토와 시칠리아섬 사이의 메시나 해협에 이는 거친 소용돌이가 의인화된 것이라고 말했다.

세르비우스*는 다음과 같이 전한다. 스퀼라는 포르쿠스와 요정 크라테이스의 딸인데, 키르케가 한 남자를 사이에 두고 스퀼라를 질투해 요정들이 목욕하는 샘물에 독약을 풀었고, 스퀼라는 이를 모르고 그 물에 목욕해 허리 아래 하반신이 끔찍한 짐승의 모습으로 변했다. 이를 비관해 스퀼라는 바다에 몸을 던졌는데, 이후로 그녀에 관한 전설이 생겨났

---

* 4세기 후반과 5세기 초반에 활동한 학자. 당대의 이탈리아에서 가장 박식한 사람이라는 평판을 받았다. 베르길리우스 작품의 라틴어 주석인 《베르길리우스 주해서》의 저자로 알려져 있다.

다고 한다.

진실로 어떤 일에서 이런 설화가 생겨났는지 여러 사람은 각자의 의견을 가지고 있다. 살루스티우스는 바닷가에 있는 바위가 멀리서 보면 여인과 같으며 이 바위에 파도가 부서지는 소리가 마치 개 짖는 소리처럼 들렸기에 그런 전설이 생겨났다고 한다. 그리스 신화를 모아 놓은 책에서는 스퀼라라는 이름이 그리스어 'skuleuein(약탈하다)'에서 나왔으며, 아주 빠른 삼단 노의 선박에 붙인 이름이었다고 한다. 이 배를 타고 해적들이 튀렌눔의 바다와 시칠리아의 바다를 불안하게 만들었고, 그 옆을 지나던 그 어떤 배도 무사할 수 없었기 때문에 이런 말이 생겨났다고 한다.

카리브디스는 탐욕스러운 여인의 모습을 한 괴물이다. 헤라클레스의 소들을 훔쳐 먹고 유피테르(제우스)의 벼락을 맞고 바다에 빠져 죽었는데, 그녀의 성격만 바다에 살아남아 카리브디스는 모든 것을 빨아들인다고 한다. 그리고 살루스티우스는 『단편』에서 그녀는 빨아들인 모든 것을 다시 타오르미나 해안가에 내뱉는다고 전하고 있다. 호라티우스는 『서정시집』에서 돈을 밝히는 욕심 많은 창녀를 '카리브디스'라고 부르기도 했다.

스퀼라는 이탈리아반도에, 카리브디스는 시켈리아(시칠리아)섬 쪽에 자리 잡고 있다고 세르비우스는 말한다.★

★ 세르비우스, 『베르길리우스「아이네이스」주석』 3, 420.

베르길리우스는 『아이네이스』 제3권에서 두 마리 괴물이 도사리고 있는 좁은 해협을 훌륭하게 묘사하기도 했다.

사람들은 이 격언을 세 가지 경우에 적용할 수 있다. 우선 어떤 사람이 두 가지 위험 중에 더욱 적은 것을 선택하여 자신을 보존할 수 있는 궁색한 처지에 놓였을 경우, 다시 말해 오디세우스처럼 더 적은 손해가 예상되는 것을 선택하는 경우다. 재산과 생명 가운데 하나만 선택해야 하는 경우 재산의 상실은 어떤 방식으로든 나중에 되찾을 수 있지만 생명은 한번 잃으면 영원히 되찾을 수 없기에 재산을 포기하는 게 나을 것이다. 또한 경제적 파산과 불명예 가운데 선택하는 경우도 비슷하다.

두 번째는 진퇴양난의 복잡 미묘한 문제에 사로잡힌 경우다. 그 어느 쪽으로도 손해를 입지 않기 위해서는 매우 신중해야 한다. 이 경우에는 어느 쪽 위험이 더 심각한지가 논의의 대상이며 양쪽에 위험이 도사리고 있음이 강조된다. 만약 당신은 민중을 위해 봉사하고자 한다면 고관대작들이 당신을 향해 공격하지 않도록 처신해야 한다. 외교적으로 조심스럽게 접근해 스퀼라와 카리브디스 사이를 빠져나가야 한다.

세 번째는 아직 준비가 충분하지 않지만 감당하지 못할 일에 부름을 받은 경우다. 즉 스퀼라를 피하려다가 졸지에 카리브디스에 빠지는 경우라 할 수 있다.

한 가지로 모든 것을 안다

Ex uno omnia specta / From one learn all

한 가지 행동이나 정황으로 어떤 사람의 진면모나 성향을 판단할 때
가 있다. 물론 그러한 면모나 성향이 얼마간 사람을 판단하는 시금석으
로 받아들여질 수도 있다. 누군가의 의도적인 악행이 들통났다면 거기
에는 다른 사람을 속이거나 해치려는 명백한 속셈이 존재하기 때문에
그 당사자를 지체 없이 나쁜 사람으로 낙인찍을 수 있다. 하지만 반대의
경우에는 사정이 다르다. 누군가 자선 행위나 친절한 행위를 했다고 해
서 그를 선량한 사람으로 세상에 알리고, 그대로 믿기에는 석연치 않은
구석이 있을 수 있다.

또한 배그샷 히스(Bagshot Heath)*를 훤히 꿰뚫고 있다고 자처하는 누군
가가 그 지역의 토질이 비옥한지 어떤지를 규정하면서 배그샷 히스 전체
가 척박한 불모지라고 밝힌다거나, 또는 사업상 거래에서 사기를 당한 사
람이 그 지역 주민은 하나같이 불성실하고 믿을 수 없다고 규정한다면,
두 경우 모두 섣부르고 경솔한 판단에 근거한 것이 분명하다. 베르길리
우스는 이렇게 말했다. "한 사람의 잘못으로 그들 모두를 알게 된다."

---

* 런던 남서부의 서리주 서리 히스 자치구에 있는 마을. 원저성의 재질인 배그샷 히스석으
로 유명하다.

아니 땐 굴뚝에 연기 나랴

Flamma fumo est proxima / Flame follows smoke

원래 플라우투스가 한 말이다. 악행을 저지른 곳에는 그것을 세상에 알릴 빈틈이 어딘가에 반드시 있다는 의미다. 우리에게는 이런 속담이 있다. "살인은 탄로 나는 법."

불이 없으면 연기도 있을 수 없다. 세평은 대체로 옳다. 우리가 들은 이야기가 모두 진실은 아닐 수 있지만 아무런 근거 없이 그런 소문이나 세평이 들려올 리 없다. 어떤 범죄나 위험에 첫발을 들이는 일 자체를 피하는 게 상책이다. 처음에는 사소해 보이지만 이내 어마어마한 규모로 커질 가능성이 있다. 모락모락 피어오르던 연기가 한순간에 활활 타오르는 불길로 바뀔지도 모른다. 흠집 없는 도덕성을 유지하고 싶다면 애초에 부패와 악행을 가까이해서는 안 된다.

로마의 희극작가 플라우투스의 『포로』 471편에는 다음과 같은 말이 나온다. "악이란 무시무시한 얼굴을 한, 미워해야 하지만 자꾸만 눈에 아른거리는 괴물이네. 그러다 어느덧 익숙해지지. 감탄하다 안쓰러워하다 그만 끌어안고 말지."

여우가 처음 사자를 보았을 때는 기겁해서 줄행랑을 치지만 두 번 보고 세 번 보면 어느새 다가갈 용기가 생겨 급기야 사자를 반기기까지 한다. 에스파냐와 프랑스에서는 미묘하게 차이나는 표현으로 속담을 전한다. 에스파냐 사람들은 "불이 있는 곳에는 연기가 있기 마련이다"라고 하는데, 프랑스 사람들은 "불이 없으면 연기도 없다"라고 한다.

잎이 아니라 열매를 보고 그 나무를 평가하라

Fuctu non foliis arborem aestima / Judge a tree by its fruit, not by its leaves

겉모습이 아니라 결과를 보고 판단하라는 말이다.

파리에도 침은 있고, 지렁이도 밟으면 꿈틀한다

Habet et Musca Splenam, and Inest et Formicæsua Bilis / Even a fly has its sting, and a worm if trodden upon will turn

아무리 하찮고 힘없는 적일지라도 얕보아서는 안 되며 공연히 누군가의 화를 돋우는 것도 금물이다. 누구든 언젠가는 피해를 입힐 힘을 갖출 수 있고 어떤 경우에도 쓸모없는 사람은 거의 없다. 소크라테스는 타인의 감정을 가장 덜 상하게 하는 사람이야말로 가장 현명한 자라고 말했다.

키 크고 똑똑한 녀석 못 봤다

Homo longus raro sapiens / A tale man is seldome wise

"키가 큰 사람들은 대체로 지혜롭지 못하다." 에스파냐 사람들은 "체격이 건장한 사람은 위인이 되기 힘들다"고 말한다. 또한 스코틀랜드 사람들은 "볼록 튀어나온 배만 보아도 그 사람 머리가 비어 있음을 알 수 있다"고 말하기도 한다. 로마의 역사가 리비우스 역시 그 견해에 동조하며 이렇게 말한다. "큰 키에 몸집이 건장한 사람들은 우리에게 실제보다 더 무시무시하게 다가온다." 그런데 여기에서 그가 관찰한 바는 그들의 천재성이나 분별력이 아니라 용기나 육체적인 힘과 관련된 것으로 여겨진다.

국왕 제임스가 프랜시스 베이컨에게 프랑스 대사에 대해 어떻게 생각하느냐고 묻자 베이컨은 그가 크고 적절한 사람이라고 대답했다. 그러자 국왕이 되물었다. "경이 생각하는 것은 두뇌를 말하는 것인가? 그가 대사직을 맡기에 적절하다는 뜻인가?" 이에 베이컨은 "키가 큰 사람은 4층 또는 5층 집과 같사옵니다. 그중에서 맨 꼭대기 층의 방은 보통 가장 부실하게 꾸며지지요." 버튼 남작은 이런 말을 한다. "당신의 육중한 몸집과 멋진 이목구비는 통상 몽롱하고 둔감하고 멍한 정신을 표현한다."

하지만 몸이 비대하고 키 큰 사람에 대한 여러 나라 사람의 견해가 대략 일치함에도 불구하고 생각이 다른 사람도 있을 수 있다. 그러한 견해를 확인해 주는 사례보다 그에 모순된 사례가 훨씬 더 자주 관찰되기 때문이다. 실제로 작고 왜소한 사람만큼이나 키 크고 비대한 사람에게서도 재치와 분별력을 흔히 찾아볼 수 있다. 따라서 거기에 일정한 원칙이란 있을 수 없다.

추락하는 벽에 기대기

In caducum parietem inclinare / To lean against a falling wall

이 격언은 자기 몸을 지탱해 줄 수 없는 깨진 석고에 기대는 일, 손을 찌르거나 몸에 상처를 입힐 쪼개진 갈대에 기대는 일, 말 그대로 약하고 위태로운 벽에 기대는 행위를 일컫는다. 비유적으로 말하면 당신을 배신할 못된 친구, 당신에게 한 약속을 지킬 능력이 없는 사람, 또는 도움을 주겠다고 나섰으나 막상 그럴 능력이 없는 사람을 신뢰할 때 하는 말이다.

이스트무스를 관통하다

Isthmum perfodere / Penetrate through Isthmus

이 격언은 어떤 일을 하는 데 성과도 없이 엄청난 노력을 쏟아 붓는 사람을 가리킨다. 이 격언은 이스트무스 지협*에서 유래한다. 그리스 본토와 펠로폰네소스반도 사이에 있는 이스트무스 지협은 그 폭이 매우 좁아서 배가 쉽게 통과할 수 없었다. 따라서 굳이 배를 타고 가자면 길고 험난한 우회 항로를 돌아가야만 펠로폰네소스반도의 반대쪽에 다다를 수 있었다. 그래도 많은 사람이 폭이 가장 좁은 곳을 골라 이 협로를 관통하려고 시도했다.

플리니우스는 『박물지』 제4권 제4장에서 데메트리오스 1세, 율리우스 카이사르, 가이우스 황제, 네로 황제 등이 이런 사업을 시도했으나, 그 결말이 증명하듯 성공하지 못했다고 적고 있다. 필로스트라투스는 『아폴로니우스의 삶』에서 말하기를, 네로가 그 사업을 포기한 까닭은 그 사업이 결코 어려워서가 아니라 완성되고 나면 바닷물이 넘쳐나는 것이 나쁜 징조가 되어, 즉 아이기나가 바다에 잠겨 결국 로마 제국이 몰락하지는 않을까 두려워했기 때문이었다고 한다. 이런 것들을 이집트의 예언자가 예언했다고 전한다.

'역사의 아버지' 헤로도토스는 『역사』 제1권에 다음과 같이 적고 있다. "크니도스시에 살고 있던 사람들은 자신들의 땅에서 대륙으로 이어

---

* 그리스 본토와 펠로폰네소스반도 사이에 있던 이스트무스 지협은 1882~1893년에 프랑스 자본으로 건설된 '코린토스 운하'(6.3km)로 바뀌었다.

지는 약 5스타디온 정도의 좁은 협로를 가로질러 운하를 파서 대륙과 분리해 자신의 도시가 있는 고장을 마치 하나의 독립된 섬으로 만들고자 했다. 그런데 운하공사 중에 인부들 앞에 돌들이 위로 튀어 오르는 일이 일어났다고 한다. 이를 델포이의 아폴론 신전에 물어보자 다음과 같은 세 걸음 운율의 신탁이 내렸다고 한다. '너희는 이스트무스에 아직 성벽도 쌓지 말고 운하도 파지 말아야 한다. 제우스가 원하는 때가 되면 신께서 그것을 섬으로 만들 것이다."

니카토르 셀레우코스*도 흑해와 카스피해 사이에 가로놓인 협로 가운데 가장 좁은 곳을 잡아 운하를 만들 계획을 세웠으나 끝내 시행하지는 못했다. 프톨레마이오스 케라우노스에게 살해당했기 때문이다.

---

* 알렉산드로스 대왕이 죽은 후 분열된 제국의 승계권을 두고 싸웠던 '디아도코이들 (Diadochi)' 중 한 명이다. 제국이 분열된 후 바빌론의 총독으로 임명되었고, 후에 시리아와 이란 지역에 셀레우코스 제국을 세워 기원전 281년 프톨레마이오스 케라우노스에게 암살당하기 전까지 통치했다.

모든 목재가 메르쿠리우스* 상(像)을 만드는 데 알맞은 것은 아니다

Ne èquovis Ligno Mercurius fiat / Not every wood is fit for a statue of Mercury

품격 있는 문학의 산책길을 걷는 데는 그에 알맞은 자질과 능력이 필요하다. 아이들을 교육하는 것은 부모의 의무다. 하지만 아이들의 재능과 맞아떨어지는 지도를 해야 한다. 장인은 자신이 붙잡고 있는 작품에 알맞은 재료를 선택하는 데 주의를 기울여야 한다. 금속 재질을 써야 할지 아니면 석재나 목재를 써야 할지 고려해야 하며 대충 만들어도 되는 평범한 물건이라면 거친 재료를, 보다 정교한 마감이 필요한 물건이라면 거기에 합당한 질 좋은 재료를 사용해야 한다.

영국에는 "돼지의 귀로 비단 지갑을 만들 수 없다"는 속담이 있다. 이와 유사하게 "돼지꼬리로 뿔피리를 만들 수 없다"거나 "조악하고 질 나쁜 양모로 고급 외투를 만들 수 없다"는 등의 속담도 있다.

---

* 로마 신화에 나오는 상업의 신, 곡물 거래의 신. 그리스 신화의 헤르메스에 해당한다. 영어로는 머큐리.

너 자신을 알라

Nosce te ipsum / Know yourself

델포이에 있는 아폴론 신전의 기둥에 새겨졌다는 격언이다.

지금 쇠가 불 속에 있다

Nunc tuum Ferrum in Igni est ⁄ Now your iron is in the fire

쇠가 불 속에서 부드러워진 지금, 쇠를 두드리면 당신이 원하는 모양을 만들어 낼 수 있을 것이다. 하지만 쇠가 차가워지도록 내버려 둔다면 그때는 아무리 망치로 내려쳐도 소용없는 일이다. 어떤 일을 시작했다면 그 일에 부지런히 매달리지 않으면 성공하지 못할 것이다. 이탈리아에서는 "쇠가 달구어졌을 때 두들겨라"고 말한다. 영국에는 "해가 있을 때 건초를 말려라"라는 속담이 있다. 즉 지금이 좋은 기회라는 뜻이다.*

---

* 우리 속담으로는 "쇠뿔도 단김에 빼라"가 있다.

증오할수록 쌓이는 건 두려움뿐

Oderint modo metuant / Let them hate, so long as they fear

나를 증오하도록 내버려 두라. 그럴수록 그들에게는 두려움이 쌓일 뿐이다. 하지만 많은 사람이 두려워하는 자는 많은 사람을 두려워할 수밖에 없다. 이 격언을 입에 달고 살았던 티베리우스 황제가 그 좋은 예다. 티베리우스는 늘 두려움의 대상인 동시에 증오의 대상이었다. 자신의 잔혹함과 욕망으로 인해 얼마나 많은 적이 생겨났는지 알고 있던 티베리우스는 스스로를 카프레아섬에 유폐시키는 결정을 내릴 수밖에 없었다. 그곳에서 티베리우스는 작은 소동에도 바짝 긴장하며 자신에게 접근하는 모든 사람의 손에 단검이 쥐어져 있다는 환영에 사로잡힌 채 비참한 생을 이어 갔다.

이 격언은 오로지 부를 쌓는 데서만 기쁨과 만족을 느끼는 사람에게도 적용이 가능하다. 그런 사람들은 "뭐라 하든 상관없다. 나는 내가 부자라는 사실에 기쁨을 느낄 뿐이다"라고 말할 것이다. 호라티우스도 『풍자시집』에서 "사람들이 내게 야유를 보낸들 무슨 상관이랴. 집에 앉아 돈궤에 쌓인 금화만 보아도 이렇듯 뿌듯하거늘"이라고 표현했다.

물고기 가시에 찔려 본 어부가 지혜롭다

Piscator ictus sapiet / The struck fisherman is wise

이 격언은 한 어부에게서 비롯된 것이라고 한다. 그가 그물에 서둘러 손을 집어넣었다가 물고기 등에 난 가시에 상처를 입자 "이렇게 혼쭐이 났으니 앞으로는 좀 더 신중해져야겠다"고 했던 말에서 나왔다는 것이다. 영국에서는 "경험에서 얻은 지혜가 최고다"라고 말한다. 어떤 상실이나 불편을 겪지 않고 얻은 지혜보다는 그런 지혜가 아무래도 좀 더 마음 깊이 새겨질 가능성이 크기 때문이다. 영국 사람들은 이렇게도 말한다. "한 번 경험한 지혜는 두 번 배운 지혜보다 가치 있다." 에스파냐에는 "젊은이들은 상실과 낙담을 통해 배운다"는 격언이 있다. "불에 덴 아이가 불을 무서워한다"도 비슷한 격언이다.

항아리는 처음 담았던 술의 향기를 오래 간직한다

Quo semel est imbuta recens, servabit Odorem Testa diu / The jar will long retain the odor of that with which it was once filled

이 격언은 호라티우스가 처음 한 말로, 어린 시절 젊은이의 정신에 좋은 원칙들을 심어 줄 필요성이 있음을 매우 적절히 보여 주고 있다. 라틴 격언은 "가장 크게 존중받아야 할 대상은 어린이"라고 말한다. 또 이런 구절도 있다. "어린이가 있는 방의 문지방을 넘을 때는 귀로 듣고 눈으로 본 모든 추악한 것을 내려놓기를."

우리는 젊은이들을 존중해야 한다. 그들의 눈앞에서는 선량한 도덕적 품성을 거스르는 그 어떤 것도 발설하거나 행하지 않도록 조심해야 한다. 우리를 본보기 삼아 젊은이들이 악의 길로 들어서는 그런 잔인한 거울이 되어서는 안 된다. 호라티우스는 이런 말도 했다. "그릇이 깨끗하지 않으면 거기에 담는 것마다 상해 버리느니." 젊은 시절에 타락해 버린 정신은 훗날 자신에게 유익한 교훈들을 모조리 거부할 것이다.

마케도니아의 필리포스 2세는 좋은 교육이 매우 중요하다고 생각한 인물이다. 그는 자신의 왕국을 이어받을 아들(훗날의 알렉산드로스 대왕)을 얻으면서 경험한 기쁨만큼이나 그 아들이 아리스토텔레스 같은 훌륭한 인물을 스승으로 둘 수 있는 시기에 태어났다는 기쁨도 소중히 여겼다. 필리포스 2세는 아들이 아리스토텔레스의 가르침을 받아들일 만한 나이가 되자마자 그를 스승으로 초빙했다.

로저 애스컴*은 이렇게 말한다. "아이들이 스물한 살이 될 때까지 학식을 쌓고 노동 실습을 하도록 하면서, 그런 교육 현장에서는 추악한 것을 보거나 부정직한 말을 듣지 못하도록 한 페르시아인들의 방식은 본받을 만하다."

---

* 케임브리지 대학교 강사를 지낸 영국의 교육가로 시대를 앞선 교육관으로 유명하다.

사태가 경첩 위에 달려 있다

Res in Cardine est / The business is on the hinge

　어떤 일이 마치 경첩 위에 매달려 아주 미세한 충격에도 열리거나 닫힐 상황에 있는 문처럼 어느 쪽으로든 곧 종결될 상태에 있을 때 이 격언을 사용한다. 또 사태가 경각(頃刻)에 달려 있다고도 말하는데, 말하자면 일의 성패가 곧 결정될 상황을 일컫는다.

두더지보다 눈이 어둡다

Talpa coecior / Be more blind than a mole

옛사람들은 두더지에는 눈이 없다고 생각했다. 하지만 두더지에게도 아주 작은 두 눈이 있어서 흐릿하나마 굴 밖으로 언제 나와야 할지를 알 수 있을 정도의 시력은 갖고 있다. 그래서 빛이 감지되는 순간 제 몸을 안전하게 지켜 줄 굴로 되돌아온다. 이 격언은 뭔가 들은 바를 이해하는 데 시간이 너무 오래 걸리는 사람에게 적용된다. 또는 찾고 있는 물건을 바로 눈앞에 두고도 헤매는 사람에게 쓸 수도 있다.

영국 사람들은 "곰이었다면 잡아먹혔겠다"고 말한다. 같은 의미로 "마른 허물보다 눈이 어둡다"라는 속담을 쓰기도 한다. 라틴어 'leberis'는 뱀이나 허물을 벗는 동물들이 벗어 놓은 마른 피부 껍데기를 뜻한다. 그 허물에는 눈이 있던 자리에 구멍이 나 있을 뿐이다.

영국에서는 이 같은 결점을 꾸짖는 표현으로 "딱정벌레만큼이나 눈이 어둡다"고 말하는 것이 보통이다. "우리는 모두 집 밖에서는 아르고스처럼 굴다가도 집에만 오면 두더지가 된다." 하지만 우리 이웃의 백 가지 허물을 찾느니 우리 자신의 결점을 바르게 고치는 편이 훨씬 낫다.

제비 한 마리가 봄을 가져오진 않는다

Una harundo non facit ver / one swallow does not make summer

직역하면 '한 마리의 제비가 여름을 만들진 않는다'(유럽 남부는 여름, 북부는 봄으로 표기한다)이다. 단 하나의 사례가 일반화된 원리는 아니라는 뜻이다. 즉 어떤 문제에 분명한 대답을 얻기 위해서는 단 하나의 이론만으로는 충분하지 않다는 말이다. 또한 한 번 올바른 행동을 했다거나 한 번 말을 잘했다고 해서 그가 바른 사람이라거나 좋은 연설가라는 명성을 얻기에는 무리라는 뜻이다. 참으로 많은 것이 행해지고 나서야 그런 명성을 얻을 수 있다.*

---

* 우리의 속담 "첫술에 배부르랴"와 비슷한 뜻이다.

우연히 한 마리 제비가 좀 일찍 나타날 수는 있다. 제비가 봄의 전령이라 불리는 것은 제비의 본성 때문인데, 제비는 겨울이 오면 따뜻한 곳으로 떠났다가 다시 돌아온다. 호라티우스의 『서간시집』에 표현된 "따스한 제피로스(서풍)가 불고 제비가 나타나면"은 봄이 온다는 말이다.

아리스토텔레스는 『니코마코스 윤리학』 제1권에서 "한 마리의 제비가 날아온다고 봄이 오는 것이 아니요, 하루아침에 여름이 되는 것도 아닌 것처럼, 인간이 복을 받고 행복하게 되는 것도 하루나 짧은 시일에 되는 것이 아니다"라고 했다. 주석가들은 이 말이 아마도 이 격언을 언급하는 것이라 보았다.

이와 비슷한 격언이 소포클레스의 『안티고네』에도 나온다. "한 사람이 도시 하나를 만들진 못한다." 제비 한 마리가 봄을 가져오지 않듯이, 한 사람이 국가를 만들거나 동전 한 닢이 부자를 만들지는 못하기 때문이다.

그러나 제비 한 마리가 봄을 가져오지 않더라도 제비가 날아오는 시기는 분명 봄이다. 더구나 제비 한 마리가 나타나면 곧이어 제비들이 떼지어 나타난다. 제비가 봄을 가져오는 것이 아니라 봄이 제비를 불러오는 것이다.

이웃집에 불이 났을 때가 자기 집을 경계할 때다

Tua Res agitur Paries quum proximus ardet / When your neighbour's house is on fire, it is time to look to your own

　　이웃을 중상모략하고 그 이름에 먹칠을 하는 소리를 들을 때 당신은 자신을 위해서라도 그 이웃을 변호할 것이다. 당신이 없을 때 자신도 똑같은 일을 당할 수 있기 때문이다. 타인의 불운을 당신 자신에게 이롭도록 활용하라. 당신도 같은 치욕을 당하지 않도록 타인의 실패와 불운으로부터 자신의 일을 도모할 길을 배워라.

chapter 04

팍스 로마나는 그들만의 평화

통치와 권모술수

Corruptissima re publica plurimae leges 코룹티시마 레 푸블리카 플루리마이 레게스

나라가 부패할수록 법률이 더 많다.

Emitur sola virtute potestas 에미투르 솔라 위르투테 포테스타스

덕목만이 권력을 가져올 수 있다.

Quaedam falsa veri speciem ferunt 콰이담 팔사 웨리 스페키엠 페룬트

어떤 허위는 진실의 탈을 쓰고 있다.

아미클라스*는 침묵으로 멸망했다

Amyclas perdidit Silentia / Amyclas was lost by silence

아미클라스가 세운 도시 아미클라이의 우두머리는 일부 겁 많은 주민들이 아무런 위험도 닥치지 않았는데도 적이 가까이에 있다고 알리면서 경보를 남발하자, 그런 헛소문으로 사람들을 혼란에 빠뜨리는 자는 엄벌에 처하겠다고 명령했다. 그러자 실제로 적이 쳐들어왔을 때 사람들은 법이 무서워 아무도 감히 그 사실을 발설할 수 없었던 까닭에 결국 도시는 함락되고 말았다. 이 격언은 무언가 꼭 필요한 일을 할 적절한 기회나 시간을 무시하고 지나치는 사람에게 적용될 만하다.

----

* 아미클라스는 스파르타의 신화에 나오는 왕으로 '아미클라이'라는 도시를 세웠다. 따라서 이 항목의 제목은 문맥상 아미클라스가 아니라 아미클라이가 맞는 것 같다.

늙고 교활한 여우는 쉽사리 잡히지 않는다

Annosa Vulpes haud capitur Laqueo / An old subtle Fox is not so easily caught

    늙은 여우는 올가미에 쉽게 걸려들지 않는다. 연륜이 조심성을 키워 주기 때문이다. 이 격언은 무언가 충격적인, 하지만 있을 법하지 않은 이야기로 우리를 속여 연민을 불러일으키려는 사람들에게 들려줄 만하다. 라틴어 속담에 "낯선 이를 찾아라"라는 말이 있다. 이는 '이곳에서는 아무도 당신 말을 믿지 않을 테니 당신을 잘 모르거나 당신이 처한 상황을 잘 모르는 사람에게나 이야기를 하라'는 뜻이다. 에스파냐 사람들은 "그 뼈다귀는 다른 개에게나 던져 주어라"라고 말한다.

    반면에 "늙은 원숭이도 결국에는 잡힌다"는 속담도 있다. 이 속담은 오랫동안 온갖 술수와 간계를 동원해 용케도 이웃의 재물을 빼앗아 온 사람이 마침내 붙잡혀 그가 저지른 범죄에 합당한 벌을 받게 되었을 때 쓴다. "늙은 여우도 언젠가는 붙잡힌다"는 속담도 함께 쓰인다.

뻐꾸기보다 더 교활하다

Astutior Coccyce / More crafty than the cuckoo

뻐꾸기는 애써 제 둥지를 틀지 않고 알을 낳기에 알맞은 다른 새의 둥지를 찾아 그 안에 있던 다른 새의 알들을 둥지 밖으로 떨어뜨리고 거기에 자기 알을 낳는다. 둥지의 원래 주인은 그 알이 자기 알이 아니라는 사실을 꿈에도 모른 채 뻐꾸기 알을 품고 기른다. 그래서 정작 새끼들의 진짜 어미인 뻐꾸기는 양육의 수고를 던다. 뻐꾸기는 철새여서 4월에 이 나라에 모습을 드러냈다가 6월에 떠난다.

다음과 같은 셰익스피어의 이행시에서 알 수 있듯이, 뻐꾸기 암컷은 보통 바위종다리의 둥지에 알 하나만을 낳는다.

바위종다리는 뻐꾸기 새끼가 자라 자기의 머리를 쪼아댈 때까지,

그렇게 오래오래 뻐꾸기 새끼를 기른다네★ | ★ 셰익스피어, 『리어왕』, 1장 4막

271

나누어 지배하라

Divide et impera / Divide and rule

알렉산드로스 대왕의 아버지인 마케도니아의 필리포스 2세가 한 말이라고 한다. 그는 고대 그리스 시대의 약소국이었던 마케도니아를 강대국의 반열에 올려놓았는데, 그 과정은 시련과 역경의 연속이었다. 그는 태어나자마자 강대국 테베에 볼모로 잡혀갔지만, 그곳에서 외교와 정치를 배우는 수완을 발휘했다. 마케도니아로 돌아온 그는 주변 강대국들을 상대로 외교적 동맹과 무력에 의한 정복을 병행하며 스파르타를 제외한 대부분의 그리스 국가들을 휘하에 두었다. 알렉산드로스 대왕의 군사적·정치적 기반은 바로 필리포스 2세가 마련해 준 것이었다.

수많은 적을 상대하면서도 자신의 세력을 키우기 위해서는 상대방을 서로 이간질하고 분열시켜 서로 싸우게 하는 것이 가장 우선적으로 필요했다. 이 전술은 매우 효과적으로 작동했고, 그는 전쟁을 하기 전 항상 상대방을 분열시켜 서로 견제하게 해 자신이 가진 군사력을 싸워 이길 만한 국가에 집중할 수 있도록 했다.

후세에 율리우스 카이사르와 니콜로 마키아벨리도 이것을 중요하게 받아들였는데, '분할 통치' 또는 '각개격파'를 뜻한다. 여기서 영어로 rule 대신 conquer나 govern을 쓰기도 한다.

엄격한 법, 그러나 법

Dura lex, sed lex / The law [is] harsh, but [it is the] law

'악법도 법이다'라는 말이다. 소크라테스가 말했다고 하나 정확하지 않다.

모든 사람의 마음에 들려는 것은 헛수고다

Frustra laborat qui omnibus placere studet / He labors in vain who strives to please everyone

남들이 자기를 싫어하는 것이 정말 두렵기 때문에 누가 자기를 싫어한다는 말을 들으면 속이 상해서 끙끙 앓는 사람이 있다. 하지만 현실적으로 세상 모든 사람이 나를 좋아할 수는 없다. 내가 아무리 성격이 좋고 잘생기고 재력이 풍부해도 나를 싫어하는 사람이 반드시 있기 마련이다. 따라서 모든 사람의 마음에 들려는 것은 그야말로 허황된 짓이다.*

---

* '방탄소년단' 지민의 인스타그램에 들어 있는 문구이기도 하다.

왕년에 밀레토스라는 도시가 잘나갔지

Fuere quondam strenui Milesii / The city of Miletus enjoyed a high standard of living

"밀레토스 시민들도 한때는 용맹하고 강인한 사람들이었지"라고도 한다. 비슷하게 "옛날 옛적 트로이란 도시가 있었지"라고도 쓴다. 지금은 성벽과 사원이 모두 허물어져 그 폐허의 흔적조차 남아 있지 않지만, 저 옛날에는 장엄한 도시가 존재했었다는 이야기다. 말하자면 '나도 한때는 부자에 힘깨나 썼지만, 지금은 처량한 빈털터리 신세'라는 뜻이다. 예전에는 사람들을 호령하던 곳에서 남의 시중이나 들며 살고 있거나 옥에 갇힌 신세로 전락했다는 의미다. 요즘으로 말하면, 불법 행위나 잘못된 통치로 인해 권좌에서 떨려난 수많은 통치자에게 해당되는 말인지도 모른다.

만일 이들 통치자가 색욕을 탐하는 생활이나 그릇된 행동 원칙의 결과로 강력한 권한을 행사할 힘을 잃고 방종을 일삼는 상황에서 정복자의 무력이 강력히 가해져 그들을 파멸의 길로 이끌지 않았다면 유럽의 국왕들의 처지에는 이런 엄청난 변화가 찾아오지 않았을 것이다. 그들을 노예 신세로 전락시킨 것은 과도한 욕망이었다. 그 욕망 때문에 그들은 신민을 탄압하고 결국 민심을 잃었다. 민중은, 지척에 강도가 쫓아오니 서두르라는 재촉에 주인을 돌볼 겨를 없이 등에 잔뜩 실은 짐만 실어 나르는 우화 속 당나귀였다.

본래의 주제로 돌아가면, 이 격언은 "나도 한때는 젊고 힘도 있고 혈기왕성했지만, 이제는 나이 들어 힘도 없는 늙다리에 불과하다"는 신세

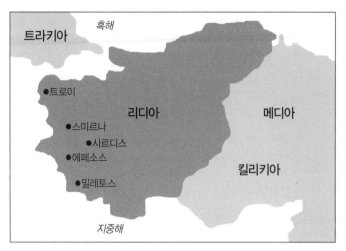

밀레토스는 아나톨리아 서부 해안에 있던 고대 그리스 이오니아와 리디아 왕국의 도시다. 상업적 중심지였을 뿐만 아니라 탈레스, 아낙시만드로스, 아낙시메네스 같은 유명한 철학자들을 배출했다.

한탄과 같은 것일지 모른다. 이러한 자기반성은 비록 진부하다 해도 그 나름으로 유용한 측면을 지닌다. 이러한 불운이나 좌절·퇴보는 언제든 일어날 수 있다는 사실을 가르쳐 줌으로써 한창 시절에 오히려 절제할 줄 아는 겸양을 발휘하도록 해 주기 때문이다. 밀레토스 시민들은 적에게 정복당함으로써 이미 오래전에 역사의 뒤안길로 사라져 버렸다. 그들이 그런 지경에 빠진 것은 힘과 용기를 잃었기 때문이며 성공과 풍요로 인해 사치와 방탕에 빠짐으로써 나약해졌기 때문이다.

가장 낮은 의자에 앉는 자

Imi Subsellii Viri / Base and of the lowest degree

비난이나 경멸의 표현이다. 지체 높은 사람들의 식사 자리에 어쩌다 낄 수 있도록 허용된 식객, 어릿광대, 신분이 낮은 사람 등에게는 그들의 비천한 분수를 깨닫도록 등받이 없는 가장 낮은 의자가 따로 배정되었는데, 바로 그러한 자리에 앉는 사람을 일컫는 말이다. 유베날리스는 이러한 가해 행위 또는 굴종 행위를 참으로 치욕스러운 일이라며 혹독히 비판했다. 이 문구는 말단 관리나 지식 수준이 낮은 사람을 일컫는 데도 쓰였다.

한 배에 타다

In eadem es navi / Be in the same boat

원래는 각 개인이 국가와 운명을 함께하는 공동체라는 뜻이다. 에라스뮈스는 "모두가 함께 난파의 위험을 같이 겪기 때문이다. 배꼬리에 앉아 있든, 뱃머리에 타고 있든, 아니면 배의 중앙에 있든지 간에 아무런 차이가 없으며, 어떤 경우에서도 위험은 모두에게 마찬가지"라고 말했다.

로마의 정치가 마르쿠스 툴리우스 키케로는 이렇게 말했다. "인간은 다른 사람이 잘되는 꼴을 보고 싶어 하지 않으며, 다른 사람을 파멸시키려고 배 밑에 구멍을 내기도 한다. 자신도 함께 타고 있는데도 말이다." 이 말은 지금 사업이나 계획의 흥망을 같이하는 공동체를 비유하는 말로 많이 쓰인다.

늙어 가는 데 보답하는 나라는 스파르타뿐이다

In sola Sparta expedit senescere / Only in Sparta does it pay to grow old

스파르타는 노인이 가장 살기 좋은 나라였다. 그 나라에서는 나이 먹은 이들을 특별한 방식으로 존중하고 공경했다. 발레리우스 막시무스의 『여섯 번째 구경꾼』에 나오는 다음과 같은 이야기가 그런 상황을 잘 보여 준다.

아테네에서 한 연극이 공연되던 중 일어난 일이었다. 나이가 들면 흔히 그렇듯 한 늙은 신사가 그곳에 너무 늦게 도착했다. 그가 허둥대는 모습을 본 젊은이들이 자신들이 앉아 있는 곳으로 오면 자리를 내주겠다고 손짓을 했다. 노신사는 손짓하는 젊은이들을 향해 청중 사이를 비집

발레리우스 막시무스는 고대 로마의 작가다. 9권으로 된 『기억할 만한 공적과 격언들』 등을 썼다.

고 들어갔다. 그런데 젊은이들은 자기들 사이에 끼어 앉으려면 앉아 보라며 짓궂게 장난을 쳤다. 무안해진 노신사가 멀뚱하게 서 있자 청중의 시선이 그에게로 쏠렸다. 아테네 사람들의 객석에서 노인을 희롱하느라 한바탕 소란이 일었다. 그러자 노신사는 거의 기다시피 해서 스파르타 사람들의 지정석 쪽으로 몸을 숨겼다. 그러자 순수한 스파르타 사람들은 일제히 노인을 향해 일어서서 그를 극진히 예우하며 받아들였다. 스파르타인들의 선행에 뒤통수를 맞은 듯 부끄러워진 아테네 사람들이 우레와 같은 박수를 보냈다. 노신사는 그만 울음을 터뜨리고 말았다. 아테네인들은 무엇이 옳은지를 이해하지만, 스파르타인들은 그것을 실천한다.

적과 샘 많은 자는 이웃을 넘어다보는 눈이다

Inimicus et invidus vicinorum oculus / An enemy and an envious man is an eye over his neighbor

적이나 샘 많은 자는 이웃의 일거수일투족을 면밀히 지켜보는 눈이다. 하지만 누군가 자신을 지켜본다는 사실을 알았을 경우 그에 대한 경계를 늦추지 않음으로써 이웃에게는 매우 유용한 존재가 된다. 자신의 행동 하나하나에 트집을 잡겠다고 작정하고 있는 누군가가 자신을 지켜보고 있다는 사실을 알게 됨으로써 그는 자신에게 위해를 가할 기회를 가능한 한 주지 않기 위해 매사에 조심할 것이기 때문이다. 따라서 적과 샘 많은 자는 이웃에게 눈 하나를 더 붙여 준다고 말할 수 있을지도 모르겠다. 그것이야말로 이 격언이 갖는 보다 직접적인 의미다.

도덕 없는 법은 쓸모가 없다

Leges sine moribus vanae / Lacking moral sense, laws are in vain

자유로울 수 있도록 법의 노예가 된다

Legum servi sumus ut liberi esse possimus / We are slaves of the law in order that we may be able to be free

키케로는 기원전 66년 양아버지를 독살한 혐의로 기소된 소(小)아울루스 클루엔티우스 하비투스의 변호를 맡으며 작성한 「클루엔티우스를 위하여」에서 이런 말을 했다. 이 변호의 글은 불리한 증거에도 불구하고 승소로 이끄는 기술을 가장 잘 보여 주는 사례인데, 후에 키케로는 자신이 "배심원들의 눈에 흙먼지를 끼얹어 멋지게 그들을 속였다"고 털어놓기도 했다.

쉽게 이해하기 어려운 키케로의 이 말은 교환적 정의의 미덕과 법치 그리고 자유의 관계에 대한 가장 간결한 설명 중 하나다. 얼핏 보기에는 거의 명백한 모순처럼 들리지만, 오히려 이것은 사람들의 행동을 예측 가능한 방식으로 제한하여 자유를 보장하는 법의 본질을 요약적으로 말해 준 문장이라 할 수 있다.

가치가 서로 다른 물건을 교환할 때 따라야 하는 공정한 비례, 즉 '교환적 정의(正義)'에 대한 복종과 자유는 동전의 앞뒷면이다. 한쪽 면은 교환적 정의가 그에게 요구하는 복종이며, 다른 한쪽 면은 그에게 자유를 약속한다. 그러므로 우리는 사회생활에서 법의 노예인 한에서 완벽하게 자유롭다는 말이다.

거짓말쟁이는 기억력이 좋다

Mendacem memorem, esse oportet / A liar needs a good memory

로마 공화정 시기의 수사학자인 퀸틸리아누스가 한 말이다. 프랑스에도 같은 격언이 있다. "거짓말을 하려면 기억력이 좋아야 한다." 가령 어떤 거래가 있었다면 그리고 그 거래의 당사자가 당시의 상황을 있는 그대로 정확히 묘사할 수 있다면, 말하는 사람의 설명이 바뀔 개연성은 없다. 하지만 허구의 이야기를 말하는 사람은 기억력이 좋아야 한다. 지어낸 이야기를 언제나 똑같이 말할 수 있어야 하기 때문이다.

거짓말쟁이는 자신의 거짓말이 오랫동안 탄로 나지 않게 버틸 재간이 그다지 없다. 무언가 다른 상황으로 인해 거짓이 발각되지 않는다 해도 결국은 똑같은 이야기를 되풀이할 수 없음으로 해서 자신의 거짓말을 무심코 드러내고야 만다. 그렇게만 된다면 다행스러운 일이 아닐 수 없다. 거짓말을 하다 들통나는 것이야말로 세상 그 어느 악행보다도 부끄러운 일일 터이기 때문이다.

베룰람 경*은 이렇게 말한다. "투명하고 숨김없는 거래는 인간 본성에 영예로운 행위이지만 거기에 거짓이 섞이면, 애초에 금속물의 질을 높이기 위해 주조된 합금 금화나 은화가 그 자체로는 금화나 은화의 가치를 떨어뜨리는 상황과 흡사하다." 또한 몽테뉴의 다음과 같은 말도 통렬하다. "거짓말을 한 사람을 고발하는 행위는 곧 그자가 신에게는 용감하지만 인간에게는 비겁한 자라는 사실을 알리는 것이나 다름없다."

---

* 프랜시스 베이컨의 별칭.

강으로 보내라

이 표현을 그대로 대체할 만한 구절은 찾기 어렵다. 영국에서는 소매치기를 하다가 붙잡혔거나 재판을 통해 적절히 교화할 만하다고 생각되는 범죄를 저지르다 검거된 불쌍한 죄인에게 즉결처분을 내려야 할 때 때때로 군중이 "우물가로" 또는 "연못으로" 하고 외친다. 고대인들은 특정 범죄를 범한 죄인을 자루 속에 묶어 익사시키는 처벌을 내렸는데, 이 격언이 그런 상황을 암시하고 있다. 독일에서는 이런 종류의 처벌이 오늘날에도 존재한다. 로마에서는 존속살인범을 닭, 원숭이, 시종, 개 따위와 함께 자루에 담아 강이나 바다에 던졌다.

호지슨이 번역한 유베날리스의 『풍자시』에는 이런 구절이 나온다.

투표가 제 맘대로 이루어질 수만 있다면,
그 어느 노예라서 부끄러움 없이 세네카가 아닌 네로의 명성을 택하리오?

1808년, 프랜시스 호지슨이 번역하고 삽화를 그린 유베날리스의 『풍자시』

자루에 꼼짝없이 홀로 갇힌다 한들

시종과 원숭이가 함께한다 한들

네로의 존속살해죄는 씻기지 않을 것을.

네로는 자신의 어머니와 아내 둘, 그리고 스승 세네카를 죽음으로
몰아넣은 장본인이다.

왕에게는 귀와 눈이 많다

Multae regum aures atque oculi / Many are the ears and eyes of kings

"왕의 팔이 왜 긴지 아는가"라는 격언도 있다. 영국 사람들은 "왕의
팔은 길다"고 말한다. 왕에게 귀와 눈이 많다는 것은 그들이 까마득한
윗자리에 앉아 있지만 자신의 이익에 해가 될 일들이 도모되고 있는지
살피고 범법자를 찾아내 벌을 주는 데 활용할 시종과 신하가 많다는 이
야기다. 따라서 우리는 누군가의 화를 돋울 말을 지나치게 함부로 하는
사람들에게 조심하라는 뜻에서 "벽에도 귀가 달렸다"고 말한다. 프랑스
에서도 그렇게 말한다.

이러한 정서를 성경에서는 이렇듯 멋지게 표현하고 있다. "심중에라
도 왕을 저주하지 말며 침실에서라도 부자를 저주하지 말라. 공중의 새
★전도서 10:20 | 가 그 소리를 전하고 날짐승이 그 일을 전파할 것임이니라."★

잔혹한 독재자였던 프리기아의 왕 미다스가 고용한 첩자
와 밀사의 수는 미다스가 당나귀 귀를 갖게 된 우화를 낳았다. 의심으
로 가득 찬 사악한 괴수인 로마 황제 안토니누스 카라칼라는 어디선가

미다스는 소아시아 중서부에 있던 고대 왕국 프리기아의 왕이었다. 그는 디오니소스의 스승을 보호해 준 보답으로 자신의 손에 닿는 모든 것을 황금으로 변하게 하는 능력을 갖게 되었으나, 음식마저 황금으로 변해 버리자 디오니소스에게 그 힘을 없애 달라고 청했다. 황금에 진저리가 난 미다스는 궁전을 떠나 판을 섬기며 살았다. 판과 아폴론의 음악 경연에 개입했다가 아폴론의 분노를 사 당나귀 귀를 갖게 되었다.

진행될지도 모르는 자신의 목숨을 노리는 음모를 찾아내기 위해 자주 점쟁이와 예언가를 찾았다. 하지만 자신에 대한 모든 이야기를 제 귀로 들을 수 있는 능력을 부여해 주지 않은 신의 뜻에 불만이 컸다. 부와 명예란, 티투스*처럼 사람들에게 축복을 전하기 위해서 쓰는 경우가 아니라면 그것을 소유한 자에게 행복을 가져다주는 데 매우 무력한 법이다. 에스파냐에도 이런 속담이 있다. "벽에도 귀가 있다. 벽이나 담장 뒤에서 비밀을 이야기하지 마라."

---

* 티투스는 제10대 로마 황제로 재위 기간(79~81) 중 선정으로 국민의 환영을 받았다. 베수비오 화산 폭발과 로마 대화재 등 대재난을 겪은 후 로마의 재건과 구제 사업에 힘썼다.

지나친 친밀감 속에 경멸이 싹튼다

Nimia familiaritas parit contemptum / Familiarity breeds contempt

플루타르코스는 말한다. "인간사의 세 가지 훌륭한 일로부터 우리의 감정 중 가장 나쁜 세 가지가 생겨난다." 진실은 증오를 부르고, 친근함은 경멸을 낳고, 성공은 시기를 야기한다. 반면에 "무지(無知)가 칭찬을 부른다"고 한다. 우리에게는, 전해들은 것 외에는 그 사람의 장점이나 성격에 관해 아무것도 모르는 사람을 극찬하는 경향이 있다.

"선지자는 자기 나라만 빼고 모든 곳에서 존경을 받는다"는 말도 있다. 위인들은 세상과 너무 친숙한 관계를 맺으면 안 된다. 세상은 흉내낼 수 없는 위인들의 재능과 자질을 존경하기보다는 결점을 부각시켜 자신들과 같은 수준으로 깎아 내릴 준비가 언제든 되어 있다. 결국 위인들은 재능과 능력에 합당한 대우, 말하자면 자신의 시대와 나라에서 받지못했던 존경을 후손들에게 기대할 수밖에 없다. "저마다 받을 만한 찬사의 몫을 지불하는 것은 후손이다."

이 격언은 이렇게 해석될 수도 있다. 나누어 생각하면 아무런 감흥도 일지 않는 일이라도 통틀어 말하면 놀라운 일이 된다. 가령 누군가 1년에 4,000여 킬로미터를 꾸준히 걷는 사람이 있다고 말하면 허풍이라고 할지 모르지만, 1년 동안 하루에 10킬로미터 남짓 걷는다고 말하면 아무도 호들갑을 떨지 않는 것과 같은 이치다.

복종에 익숙하지 않은 자는 통솔할 줄도 모른다

Non bene imperat, nisi qui paruerit imperio / He does not command well who has not obeyed command

지나치게 제멋대로 자란 아이들은 기분 좋은 친구도 좋은 주인도 되지 못한다. 좌중이 자신의 우스갯소리에 몰입하는 것을 즐기는 사람은, 또한 자신의 모든 바람을 충족시켜야 직성이 풀리는 사람은 세상과 쉽사리 섞이지 못한다. 사회적 지위와 상관없이 모든 사람이 불가피하게 만나게 되는 얽히고설킨 세상사와 직면할 준비도 되어 있지 않다. 그는 자신의 의지와는 반대되는 모든 상황에 짜증을 내고 뜻하지 않은 사건에 질겁한다.

영국의 사립학교에 강력히 주문하고 싶은 바는 학생들이 명령을 배우기 전에 먼저 복종하는 법을 배워야 한다는 것이다. 이 격언은 자기 자신의 열정과 애착을 통솔할 능력이 없는 자는 타인 역시 통솔하기 힘들다는 점을 시사해 주고 있다.

저무는 태양보다 떠오르는 태양에 기원하다

Plures adorant solem orientem, quam occidentem / More do homage to the rising sun than to the setting one

대부분 사람은 저무는 태양보다 떠오르는 태양을 경배한다. 젊은이가 늙은이보다 더 많은 추종자를 거느리기 마련이다. 플루타르코스가 말하기를, 폼페이우스는 킨나를 위협할 때 이 말을 사용했다고 한다. 왜냐하면 폼페이우스는 자신이 떠오르는 태양이자 젊은 영웅이며 날마다 그 명성이 높아가는 인물인 반면에, 킨나는 저무는 태양, 즉 시들어가는 인물이라 그 권위와 존엄이 점차 빛을 잃기 시작했다는 걸 잘 알고 있었기 때문이다. 폼페이우스와 킨나가 이런 관계였다면, 나중에 카이사르도 폼페이우스도 비슷한 관계에 놓인다. 아테나이오스는 『현자들의 저녁 식사』 제3권에서 어느 한 시인으로부터 비슷한 말을 인용한다. "나는 옛것을 오래하지 않는다. 새로운 것이 더욱 힘찬 것이다. 새로운 젊은이 제우스가 지배한다."

고대에는 태양을 신으로 간주해 기도를 올리는 풍습이 있었다. 페르시아 사람들은 태양을 특별히 숭배했으며, 태양신을 '미트라스'라고 불렀다. 이집트 사람들도 태양을 숭배하고 '오시리스'라는 이름을 붙였으며, 그리스 사람들은 '아폴론'이라고 불렀다. 다른 민족들도 저마다 달리 이름을 붙이고 숭배했다. 태양이 떠오를 때 사람들은 온갖 정성을 다해 고개를 숙여 모셨다. 플라톤은 『향연』에서 소크라테스도 그렇게 경배했다고 전한다. 심지어 플루타르코스는 『동물의 지능에 관하여』에서 코끼리도 태양이 떠오를 때 태양 앞에 몸을 숙인다고 말했다.

물론 태양이 저물 때도 경배를 했지만 떠오를 때만은 못했다. 사람은 살아 보면 인생 만년에 접어들게 된다. 황혼이 시작되면 이내 청춘의 매력은 염증으로 바뀐다. 일몰 직전에 땅거미가 드리운다. 에우리피데스는 말한다. "노년이란 과연 땅거미와 무엇이 다른가?"

처음 만나서 산더미만 한 금을 약속하다

Prima fronte aureos montes polliceri / At first encounter promising mountains of gold

이 말은 페르시아 사람들이 자신들이 소유한 금광을 떠벌리며 오만을 부리는 데서 비롯되었다. 엄청난 약속을 해 앞으로 아주 멋진 것을 가지리라는 헛된 희망을 심어 준다는 뜻이다.

플라우투스는 희극 『스티쿠스』에서 "그래 그 사람은 금으로 가득하기로 유명한 페르시아 사람들의 산을 받을 만한 자격이 있지"라고 말하고 있다.

로마의 소설가 아풀레이우스는 『변론』에서 말한다. "어떤 사람이 지나친 욕심 때문에 늘 부족함을 느끼고 많은 이익을 얻어도 만족할 줄 모른다면, 그는 금으로 가득한 산에도 만족하지 않을 것이다."

로도스 출신 소요학파인 히에로니무스는 『루피누스 책들에 대한 반박』에서 "당신은 황금산을 약속했다. 하지만 사람들이 당신의 금은보화를 받은 적이 있는가? 누런빛도 찾을 수 없었다"라고 말한다.

그리스의 수사학자이자 문법학자인 아테나이오스는 『현인들의 저녁 식사』 제12권에 시인 포이닉스가 황금산 대신 황금바다를 가지고 있는 니노스를 노래한 대목을 실었다. "내가 듣기로 니노스라는 아시리아의 왕은 카스피해의 모래 전체보다 많은 황금의 바다를 가지고 있었다."

로마의 역사가 살루스티우스는 『카틸리나의 음모』에서 이 격언을 약간 바꾸어 사용했다. "그는 바다와 산을 약속했다."

페르시우스도 『풍자시』(총 6편)에서 "어마어마한 산을 약속했다"고 적었다. 이 과장법은 황금과 관련된 것이 아니라 그저 산과 연관되어 있다.

사람 눈에 재 뿌리기

Pulverem oculis offundere / Throwing dust into the eyes of any one

같은 뜻의 격언을 프랑스에서도 쓴다. 이는 누군가의 앞에 연막을 쳐서 눈앞의 상황을 보지 못하도록 하는 행위를 가리킨다. 이 격언은 그 자체로 명백한 일을 모호하게 또는 난해하게 만들고자 시도하는 사람에게 적용되는 말이다. 그러한 시도가 제대로 효과를 발휘하는 곳이 전쟁터다. 적을 향해 진군할 때 적들의 눈앞에 먼지가 자욱하게 일어날 만한 곳에 군대를 배치하는 책략을 쓰는 것이다. 바로 이런 상황에서 이 격언이 생겨났을 것으로 추측된다. 어떤 일을 벌이면서 부당한 결정을 받아낼 목적으로 뇌물을 주는 것 역시 상대방의 눈에 재를 뿌리는 행위라 볼 수 있다.

국가는 그대에게 감사한다

Ratias tibi agit res publica / The state should thank you

3세기 로마 황제 세베루스 알렉산데르가 군인들에게 했던 인사말이다.

늘 구멍을 찾는 자

Reperire rimam / To find a chink

　이 격언은 늘 자기 의중을 조심스럽게 숨긴 채 호시탐탐 달아날 방도를 찾는 음흉하고 교활하며 술책이 뛰어난 사람, 말하자면 뮌하우젠 같은 사람에게 쓴다. 하지만 이 격언은 어떤 약속이나 합의를 해 놓고 거기에 걸린 조건들을 이행하는 쪽이 더 이상 자신에게 이익이 아닐 때 그 빈틈을 찾아내는 재주가 탁월한 사람 또는 어떤 증서를 살펴보면서 관련 당사자들의 목적이 무엇인지를 찾기보다는 그것이 다른 의미로 해석될 수 있는지를 먼저 살피는 법조계의 하급직을 가리킬 때도 사용한다.

　영국 속담에 "없는 의미를 찾는 자"라는 말이 있다. 이는 어떤 문서를 작성할 때 언제나 무언가 술책을 부려 자신의 이익을 도모하겠다는 생각에 계약의 의미를 해칠 수도 있는 수상쩍거나 모호한 의미의 단어를 끼워 넣기 위해 골몰하는 사람을 이른다.

폭탄을 타고 적진을 향해 날아가 날아오는 적의 폭탄을 낚아채는 뮌하우젠. 18세기 독일의 귀족 뮌하우젠은이 겪은 거짓말 같은 무용담이 민담으로 전해진다. 그의 이름을 딴 '뮌하우젠 증후군'은 타인의 관심을 끌기 위해 거짓말이나 자해 등을 하는 정신질환이다.

아름다운 영혼에게는 정치가 어울리지 않는다

Respublica nihil ad Musicum / Politic is not fit for the fine soul

학식을 두루 갖추고 정의로운 사람은 정치와 거리를 두어야 한다는 말은 이미 오래전부터 내려온 견해이며, 오늘날에도 많은 사람이 이런 견해에 고개를 끄덕인다. 플라톤은 정치를 사양했으며, 소크라테스는 별로 성공을 거두지 못했고, 데모스테네스와 키케로는 그 결말이 좋지 않았다. 로마 시대의 역사가 수에토니우스의 『황제 열전』 「네로」 편을 보면, 네로 황제의 어머니는 아들에게 철학 공부를 철저히 금지시켰다고 한다. 미래의 통치자에게 철학 공부는 어울리지 않는다고 생각했기 때문이었다.

아우구스티누스는 편지에서 그리스도의 가르침이 정치에는 다만 방해가 될 뿐이라고 주장하는 일부 모리배를 비난했다. 아리스토파네스는 이런 생각을 그의 희극 『기사들』에서 매력적으로 표현했다. 음악 교육을 받지 않았다면서 나랏일에 몸담기를 거부하는 순대 장수는 다음과 같은 소리를 듣는다. "나랏일은 음악 교육과 아무런 상관이 없는 일. 명예로운 품성도 나랏일과 아무 상관없지." 음악 교육이란 사실 고대에서도 교양 교육 전반을 두루 섭렵하는 것이었다.

뱀이 뱀을 먹지 않으면 결코 용이 될 수 없다

**Serpens ni edat serpentem,
draco non fiet** / Unless a serpent devour a serpent,
it will not become a dragon

　놀랄 만한 성장은 결국 남을 희생시킨 결과다. 귀족들의 재산도 그들이 잘해서 늘어난 게 아니다. 그들이 먹어 없앤 희생양들이 있었기에 그리된 것이다. 물고기나 짐승도 마찬가지다. 큰 것들이 작은 것들을 살육함으로써 자신을 살찌운다(약육강식). 이 말은 백성의 욕지기가 담긴 또 하나의 격언이다.

피터르 브뤼헐의 도판 〈작은 물고기는 큰 물고기의 먹잇감이다〉(1557)

자주색 관복을 입은 원숭이

Simia in purpura / A monkey dressed in a purple robe

이 격언은 옷차림이나 몸가짐이 겉보기에 대단해 보이지만 생각하는 게 유치한 사람을 가리킬 때 쓴다. 또 전혀 어울리지 않는 권위의 상징을 걸치고 다니는 사람을 가리키기도 한다. 원숭이가 자주색 관복을 입었다고 한번 생각해 보라. 이보다 꼴사나운 것이 어디 있겠는가? 그런데 어떤 사람들은 원숭이를 오락용 도구로 여기기 때문에 원숭이를 사람처럼 꾸미고 심지어는 자주색 관복까지 입히곤 한다. 이렇게 해서 그들은 꿈에도 생각지 못했던 사람들이 원숭이에게 경의를 표하도록 하고, 마침내 속임수를 드러내면서 깜빡 속은 그들을 조롱함으로써 분위기를 띄운다. 우리는 왕후의 궁전에서 또 다른 원숭이들을 만날 수 있다. 그자들이 걸친 겉옷과 목걸이나 팔찌 같은 장신구들을 떼어내면 정말이지 돈만 밝히는 형편없는 인간임이 드러난다.

이 격언을 전혀 연관이 없는 데 적용해 보면, 정말이지 훨씬 더 재미있을 것이다. 예를 들어 턱수염을 기르고 성직자의 예복을 입고서 성자 흉내를 내고 있는 사람에게 적용하면 어떨까? 아우구스티누스는 이런 자들을 '예복 현자들'이라고 비꼬기도 했다. 또 로마의 역사가 암미아누스는 자신의 책 『역사』에 나오는 안티고노스라는 사람을 가리켜 "예복만 받쳐주는 현자"라고 말했다.

늑대가 양 사랑하듯

Ut lupus ovem / As the wolf loves the sheep

"악마가 성수(聖水)를 사랑하듯"이라고도 한다. 이 격언은 누군가를 해치고 망칠 속셈이 있으면서도 겉으로는 그를 위하는 것처럼 행동하는 사람을 이른다.

갈망하지만 얻기 쉽지 않은
부와 거래

Aurea nunc vere sunt saecula; plurimus auro venit honos; auro conciliatur amor
아우레아 눙 웨레 순트 사이쿨라, 플루리무스 아우로 웨니트 호노스, 아우로 콘칠리아투르 아모르

지금은 정말 황금시대다. 너무나 많은 명예가 황금으로 오가며, 사랑까지도 황금으로 타협된다.

Facit avidos nimia felicitas
파키트 아위도스 니미아 펠리카타스

과도한 부는 사람들을 탐욕스럽게 만든다.

Justitiae fundamentum est fides
유스티티아이 푼다멘툼 에스트 피데스

정의의 기반은 신용이다.

죽은 자에게 세금을 매기다

A mortuo tributum exigere / To exact tribute tax from the dead

이 격언은 재산을 불리기 위해서라면 온갖 수단과 방법을 동원해 손톱만큼의 먹을거리도 놓치지 않는 사람의 행태를 꼬집는다. 아리스토텔레스는 『수사학』 제2권 16장 '부(富)' 항목에서 이 격언을 인용하고 있다. "이 격언은 낯 두껍게도 이득이 되는 거라면 뭐든지 취하려는 철면피에게 적용된다."

이런 사람들은 흉물스럽고 지저분한 것-내가 읽은 바로는 베스파시아누스는 오줌세를 거두었다고 한다-과 사악한 것-예를 들어 포주와 창녀들에게서-에서 또는 친구를 비롯해 구호 대상자나 거지, 심지어 죽은 자에 이르기까지 물불 안 가리고 뜯어낸다.

아리스토텔레스 두상과 1619년 영어판 초판 『수사학』

그리스인들은 명목이 무엇이든 이렇게 부과된 부역이나 물목을 조세 (phoros)라고 했다. 그리스어 동사 '거두다(pherein)'에서 비롯된 이 말의 어원은 라틴어의 '이자(fenus)'와 같다. 이 단어는 땅에서 거두어들이는 이익만을 가리키는 데 사용했는데, 땅은 자신이 받아들인 씨앗을 몇 백 배의 수확으로 되돌려 주는 훌륭한 채무자였기 때문이다.

이 격언은 "동상에서조차 빵을 요구한다"는 말과 마찬가지다. 여기서 빵은 모든 먹을거리를, 또는 앞에서 말한 세금을 의미한다. 동상은 죽은 자를 기념하기 위해 세워지는 것이기 때문에 동상으로부터 빵을 뜯어내는 사람은 다름 아닌 죽은 자에게서 세금을 갈취하는 자와 같다.

이교도 국가에는 가난한 사람을 위한 공동묘지가 있다. 가난한 자는 누구든지 거기에 그냥 묻힐 수 있다. 그런데 기독교 국가에서는 땅 한 뼘이라도 성직자에게 돈 주고 빌리지 않으면 묻힐 수 없으며, 지불하는 액수에 따라 묘지의 위치와 면적도 달라진다. 이교도 헤브론은 전혀 모르는 이방인 아브라함에게 기꺼이 묘지를 세울 땅을 내주었다. 우리의 성직자들은 낯짝 두껍게도 공동의 땅에 묻힐 권리를 팔고 있다. 마치 자기 땅인 것처럼 공동의 재산을 돈 받고 빌려주고 있다. 성직자들은 우선 자신의 이익을 추구하고 있다. 백성을 위해 씨앗 한 알도 뿌리지 않으면서 그저 자신들을 위해, 기껏해야 제후를 위해 목숨을 부지하고 있다.

돈 싫다는 사람 없다

Auro Loquente nihil Collet quævis Ratio / Money is welcome every where

돈이나 뇌물에는 도리도 이치도 무용지물이다. 백 가지 말이 다 무효다. 이 나라에서 이 격언만큼 널리 알려지고 수긍이 가는 격언도 없다. 로버트 월폴 경의 말에 따르면, 이 나라에서는 액수만 다를 뿐 돈으로 매수할 수 없는 사람은 없기 때문이다.

이탈리아에는 "돈만큼 좋은 통행증도 없다"는 속담이 있고, 에스파냐 속담으로는 "돈을 가지면 친구와 명성과 자기가 좋아하는 모든 것을 가질 수 있다"고 한다. 따라서 모두 돈에 경의를 표한다는 면에서 보면 우리는 하나다. 말하자면 돈 싫다는 사람은 없다. 오비디우스 역시 이미 오래전에 돈이라는 것을 두고 골머리를 앓으면서 이렇게 말했다. "황금에 대한 저주받은 목마름 앞에서 사람들이 무슨 짓인들 못하랴!"

사실상 영국 최초의 수상이었던 로버트 월폴

301

살 때 조심하라

Caveat emptor / Let the buyer beware

구매 물품의 하자 유무에 대해 구매자가 확인할 책임이 있다는 '구매자 위험 부담 원칙', 또는 '매수자 책임 원칙'을 말한다. 이것은 초기 관습법(common law)의 원칙으로서 공개시장 또는 친밀한 이웃 간에 행해지는 매매에 널리 적용되었다. 이후 상업이 복잡하게 발달하면서 구매자가 불리한 위치에 놓이게 되었는데, 점점 더 판매자와 제조업자의 기술·판단·정직함에 의존할 수밖에 없게 되었다.

뒤통수 앞에 이마

Frons occipitio prior / Forehead before occiput

두 눈이 있는 이마가 후두부 앞에 있다? 이 수수께끼 같은 표현을 통해 고대인들은 모든 사업은 그로부터 이익을 보는 사람들이 추진할 때 성공할 가능성이 가장 크다는 사실을 전하고자 했다. 어느 철학자는 자기 말을 살찌우는 데 가장 좋은 비책이 무엇인지 물어오는 이웃에게 "주인의 두 눈"이라고 대답했다. 밭주인의 발걸음이 그 땅을 위한 최고의 거름인 까닭에 주인이 그곳에 나와 일하는 것이야말로 땅을 가장 비옥하고 생산적으로 만드는 길인 것과 마찬가지의 이치다. "고양이가 사라지면 쥐들이 판을 친다"는 속담은 이와 비슷한 맥락이라고 볼 수 있다.

같은 주제를 두고 로마의 역사가 리비우스는 이렇게 말한다. "외부인에게 관리를 맡긴 사업은 성공할 가능성이 적다." 우리뿐만 아니라 이탈리아·프랑스·에스파냐에서도 이 철학자가 내놓은 대답을 자신들의 속담에 그대로 수용했다. 모두 "주인의 두 눈이 말을 살찌운다"는 뜻의 속담이다.

애처로울 정도로 삐쩍 마른 말에 올라탄 건장한 남자에게 누군가가 물었다. "당신은 아주 좋아 보이는데, 말은 어찌 그리 부실해 보일까요?" 그러자 그 남자는 이렇게 대답했다고 한다. "저야 제 스스로 잘 챙겨 먹지만 말은 하인이 돌봐서 그렇답니다."

칭찬 속 냉대

Laudatur et alget / (Honesty is) praised and is left out to freeze

가는 곳마다 칭찬을 받지만 곤궁한 삶을 면치 못하는 사람이 있다. 선량한 사람이 여러 면모로 보아 격려와 지원을 받을 만한데도 썩 그런 대접을 받지 못한다는 사실은 오래된 그리고 무척 이유 있는 항변이다. 격려와 지원은커녕 사회적으로 그리 존중받지 못하는 사람이나 심지어 도덕적 자질 면에서 명백히 흠이 많은 사람이 올곧고 정의로운 사람이 받아야 할 보상을 가로채는 상황을 눈뜨고 보아야 하는 굴욕을 치른다.

한편 보상을 받는 사람을 면밀히 살펴보면 활동적이고 근면해서 그런 특혜를 받을 자격이 있어 보인다. 그는 사람들의 발전에 도움을 줄 유용하고도 심지어 필수적인 수단들을 제공하는 수고를 아끼지 않음으로써 주변의 감사를 한 몸에 받는다. 반면에 보상을 받지 못하고 무시당한 선량한 사람에게는 자신이나 타인에게 스스로를 유용한 존재로 부각시키는 데 필요한 근면성이나 재주가 부족했을지도 모른다.

도덕적으로 흠결이 많은 사람을 편애한다고들 하지만, 그러한 편애는 그들의 사악한 자질 덕이 아니라 그들이 자기 재능을 갈고 닦아 스스로를 쓸 만한 사람으로 만들었기 때문에 생겨났다고 보는 게 타당하다. 마찬가지로 선량한 사람이 무시를 당한 것은 그들의 덕성 탓이 아니라 그 덕성을 두드러지게 만드는 데 필요한 자질들을 계발하지 못했기 때문이다. 만약 그들이 그런 자질을 갖고 있다면 자신들에게는 제공해 주지 않는다고 불평했던 그 지원을 요구할 수도 있을 것이다. 땅은 그 땅을 소유한 자들의 좋은 또는 나쁜 성격에 따라 산물을 생산하지 않는

304

다. 오히려 땅을 경작하는 데 투여한 지식과 근면성의 많고 적음에 비례해서 산물을 생산한다.

로마의 시인 유베날리스는 이렇게 말한다.

> 행운아에게는 하루 온종일, 온 날이 기회이지만
> 불운한 자에게는 겨우 몇 시간의 기회가 주어질 뿐,
> 그마저 놓쳐 버린다네.

활력과 재주가 공을 놓고 찰 공간, 즉 행운을 가져다준다. 그러나 자신이 불행하거나 불운하다고 불평하는 사람은 사실상 어리석고 게으를 가능성이 크다. 그 가능성은 우리가 기꺼이 인정하는 것 이상으로 흔하다.

구린 돈도 냄새는 좋다

Lucri bonus est Odor ex Re qualibet / The odour of gain is sweet

그 출처와는 상관없이 자신에게 굴러 들어온 돈의 냄새는 향기롭다. 아무리 출처가 불결하다 하더라도 구두쇠에게 이익이 된다면, 방탕한 자에게 쾌락을 가져다만 준다면 좋은 것이다. 돈에 대한 지나친 집착만 아니었다면 로마 최고의 황제로 손꼽혔을지도 모르는 베스파시아누스*가 길가에 용기를 비치하고 소변을 받아 염색업자들에게 넘기면서 세금을 부과한 데 대해 자신을 나무라는 아들에게 이 경구를 들먹였다. 베스파시아누스는 세금으로 받은 동전 한 닢을 호주머니에서 꺼내 아들의 콧구멍에 들이대며 이렇게 따졌다. "어디, 이 동전에서도 고약한 냄새가 나는지 한번 맡아 보거라."

하지만 이 같은 추궁이 강도나 살인 또는 다른 부당한 수단을 통해 손에 넣은 돈에 대해서도 있을 수 있었다. 그리고 불행히도 우리는 너무도 쉽게 빠져나갈 길을 찾는다. 호라티우스는 『서간시집』에서 이렇게 풍자했다. "오, 시민들이여, 시민들이여 돈이 최고라네. 덕은 동전 다음일세."

실제로 당신이 어떻게 부자가 되었는지 아무도 묻지 않을 것이다. 오히려 세상의 존경을 받으려면 마땅히 돈이 있어야 한다.

---

* 베스파시아누스(재위 69~79)는 로마 제국의 제9대 황제다. 고대 로마에서 외인부대 병사들과 가난한 민중은 소변으로 빨래를 했다. 소변의 암모니아 성분이 기름때를 제거하는 데 탁월했기 때문이다. 또한 무두질이나 염색을 하는 데도 소변은 필수재료이자 첨가물이었다. 따라서 세탁업자 등은 커다란 그릇을 길모퉁이에 놓아두고 소변을 수거해 갔다. 베스파시아누스는 이와 같은 '화장실 산업'에 종사했던 사람뿐만 아니라 공중화장실 이용자에게 '오줌세'를 걷었다.

부정한 소득은 돈을 잃은 거나 마찬가지

Lucrum malum, æquale dispendio / Gain gotten by unfair means is no better than a loss

부정하게 손에 넣은 돈은 불어나지 않는다. 부를 손에 쥐기 위해 지나치게 서두르는 사람은 그 과정에서 자기 목표를 좌절시킬 실수를 저지를 공산이 크다. 또한 추구한 바를 손에 쥐었다고 해도 그것을 적절한 곳에 쓸 분별력을 가진 자는 극히 드물다. 서둘러 오른 자는 순식간에 추락하기 마련이다. 부정하게 쌓은 부는 궤양이 되어 그것에 접촉하는 것마다 좀먹히고 썩어 문드러진다. "옴에 걸린 한 마리 양이 백 마리 양을 망친다."

오웬 펠덤은 이렇게 말한다. 무언가를 지나치게 열심히 추구하다 보면 "거기에 따르는 즐거움을 놓치고 만다. 편법을 동원하기 때문이다. 이따금 그런 편법으로 번창할 수 있을지언정 결코 축복을 받지는 못한다. 부정하고 불법적인 방식으로 움켜쥔 부는 한 마리 병든 양처럼 건강한 양 떼 전체에 병을 옮길 것이다."

영국의 작가 오웬 펠덤이 쓴 146편의 짧은 에세이를 수록한 『결심: 신성, 도덕, 정치』(1620)는 당시에 큰 인기를 끌었다.

돈이 만사를 지배한다

Pecuniæobediunt omnla / Money does master all things

돈 앞에서는 모든 것이 무릎을 꿇고 모든 일은 돈 다음이 된다. 따라서 첫 번째 관심사는 돈이다. "어쨌든 당신이 인정하는 것은 내가 부자라는 사실뿐이다." 누군가와 거래를 하거나 사업을 할 때 "누구나 그가 좋은 사람인지 묻기보다는 부자인지를 묻는다." 사람들은 "어떻게 벌었느냐가 아니라 얼마를 갖고 있는지를 묻는다."

영국 사람들은 "선물은 돌담도 뚫는다"고 한다. 뇌물을 거절했다는 게 미덕이 아니라고 생각해서일까? 그래서 이런 속담도 있다. "지갑에 돈을 가진 자에게는 자기 일에 다른 머리가 필요 없다." 그에게는 조언하고 돕고 변호해줄 사람이 따로 필요 없다는 말이다. 또 이탈리아에서는 "말을 달리게 하는 것은 돈이다"라는 속담을 쓴다. 에스파냐에는 "돈은 개도 춤추게 한다"는 속담과 함께 "돈을 가진 자가 원하는 바를 얻는다"는 속담도 있다.

셰익스피어는 『리어왕』에서 그의 입을 빌려 "죄에 황금을 입히면 정의라는 강력한 무기도 흠집 하나 못 낼 테지만 누더기를 씌워 봐. 힘없는 밀짚도 꿰뚫고 말 거야"라고 말한다.

또한 볼포네는 황금에게 말을 걸며 이렇게 말한다. "오, 재물이여, 내 사랑스러운 성자여! 그대의 아름다움은, 우리의 사랑은 그와 같다네. 그대는 모든 사람들에게 혀를 주었지만 정작 자신은 말 못하는 신이구려. 자신은 아무것도 할 수 없는 신세지만 사람들에게는 모든 일을 할 수 있게 해 주었지. 영혼을 판들 무슨 문제겠소. 그대와 함께라면 지옥조차도

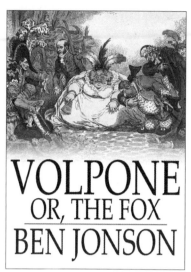

영국의 극작가이자 비평가인 벤 존슨의 대표작 『볼포네』의 주인공 볼포네는 욕심 많은 귀족이다. 볼포네는 이탈리아어로 '큰 여우'라는 뜻이다.

천국에 다름 아닐 것이오. 그대는 미덕, 명성, 명예요, 아니 세상 모든 것이오. 그대를 얻는 자 어찌 고결하고 용맹하고 정직하고 지혜롭지 않을 것인가."

반면에 "행운의 여신은 자신이 가장 총애하는 사람을 바보로 만든다"는 말이 있다. 또한 "지식이 풍부할수록 돈이 없기 십상이다"라고도 한다. 재물이 주변의 시기심을 부추겨 그것을 가진 자를 위험에 빠뜨리는 경우를 흔히 본다. 폭풍은 키 작은 나무는 그냥 스쳐 지나가지만, 떡갈나무는 뿌리까지 갈가리 찢어놓는다. 영국에는 "신은 가난한 자가 구걸할 수 있는 부자를 돕는다"는 속담이 있다. "빈털터리 나그네는 강도 앞에서도 노래를 흥얼거린다." 말하자면 부자를 떨게 만드는 도둑도 거지의 가슴에는 한 치의 경각심도 일으키지 못한다. 잃을 게 없기 때문이다. 도둑은 저 너머 화려한 대문을 노린다. 시기심을 유발하지 않는 가난이 가난한 자를 보호한다. "욕심을 버리는 것, 재물을 탐하지 않는 것이 곧 돈이요, 사치하지 않는 것, 낭비하지 않는 것이 곧 재산이다."

사람들은 가난을 평화와 안전의 항구라 여기며 가난 속에 편안한 잠과 진정한 기쁨이 깃들어 있다고 생각했다. 그래서 궁궐의 웃음보다 "오두막의 웃음소리가 더 따뜻하고 참되다"고 말한다. 막대한 부는 행복에 이바지하는 것이 거의 없기 때문이다. "건강한 자가 젊듯이 빚 없는 자가 부자다." 성 아우구스티누스는 이렇게 말한다. "선한 자에게는 사람들이 사악하지 않다고 여길 만한 재물이 주어지고 악한 자에게는 썩 높은 평가를 받지 못할 재물이 주어진다."

운임마저 날린 꼴

Perdere Naulum / To waste the fare after all that

에스파냐에는 "두레박을 던진 뒤 밧줄까지 던진다"는 속담이 있고, 영국에서는 "두레박을 던진 뒤 밧줄마저 던지고 도끼 던진 뒤 자루까지 던진다"는 속담을 쓴다. 이 격언은 어떤 불행한 일을 당한 사람이 자신이 잃은 것을 되찾기 위해 애쓰는 대신에 좌절에 빠져 남아 있는 재산마저도 비슷한 방식으로 잃어버렸을 때 쓴다. "운임마저 모두 잃고 화내는 꼴"★이다.

| ★ 유베날리스의 『풍자시』 8-97

이 격언은 수요가 거의 없는 나라에, 또는 매우 낮은 값어치밖에 쳐 주지 않는 나라에 재화를 들여다 놓는 모험을 하다 실패한 사람에게 보다 직접적으로 적용된다. '그렇다고 그 화물을 폐기하지 마라. 최소한 운임은 건지라'고 격언은 충고한다. 잘못된 흥정을 했더라도 끝까지 최선을 다해야 한다. 빵 반쪽이라도 있는 쪽이 아예 없는 것보다 낫다.

남을 통해서 행하는 것은 바로 자기 자신이 행하는 것이다

Qui facit per alium facit per se / He who acts through another
does the act himself

사람은 자기가 위임한 대리인의 행위에도 책임을 져야 한다는 말이다. 이것은 대리인법(law of agency)의 근본적인 법률적 격언이다. 이는 고용인의 직무 행위에 대한 고용주의 법적 책임을 '사용자 책임(vicarious liability)'의 측면에서 논하는 경우에 흔히 언급되는 경구다.

소금을 핥다

Salem lingere / To lick salt

　초라하고 빈약한 식사를 한다는 뜻으로, 가난한 사람들이 소금으로 간을 한 단순한 콩 요리를 주식으로 삼았던 데서 비롯된 격언이다. 많은 고대 철학자는 이런 식사에 만족했다. 부유한 귀족이 베푸는 만찬에 초대를 받은 디오게네스는 아테네에서 소금을 핥는 편이 더 즐겁다며 귀족이 내놓은 식사를 거절했다. 디오게네스는 산해진미를 먹으며 사느니 소박한 식사를 하는 쪽이 더 마음이 편하다고 말했다.

　세네카는 이렇게 말한다. "자주색 관복을 입은 귀족들과 그들의 호화로운 식탁을 버리고 데메트리우스*의 소박한 식사를 즐겨라. 이 훌륭한 인물이 지푸라기 침상에서 행하는 강연을 듣고 나는 그가 단순한 스승을 넘어선 진리의 증인임을 직감했다. 그러한 덕성과 재능을 부여한 것이 신의 섭리이며 그가 이 시대의 본보기이자 관찰자일 수도 있음을 의심할 수 없다." 데메트리우스는 지체 높은 사람들의 악행을 거리낌 없이 고발하다 로마에서 추방당했다.

---

* 데메트리우스는 1세기경 견유학파 철학자다. 세네카의 친구인 그는 네로를 비판하여 그리스로 망명했다가 나중에 로마에 귀환했으나 다시 추방당해 망명지에서 사망했다.

현자는 자신의 보물을 지니고 다닌다

Sapiens sua bona secum fert / A wise man carries his possessions with him.

현명한 사람은 늘 자신의 모든 보물을 지니고 다닌다. 내가 틀리지 않는다면 이 말은 비아스라는 사람이 "당신은 왜 불타는 당신의 고향 도시로부터 재산을 하나도 가지고 나오지 않았습니까"라는 질문에 "나는 내 모든 재산을 가지고 나왔소"라고 대답한 것에서 유래한다. 이것은 키케로의 『스토아학파의 역설』 제6편 「현명한 자만이 부자다」에 나오는 이야기다. 비아스가 말한 의미는 우리의 모든 소유는 바로 우리의 내적인 영역이라는 것이다. 즉 교육과 성격이 바로 그것이다. 거꾸로 말하자면, 그런 경지에 미치지 못하면 우리는 결코 우리의 모든 가난*을 떨쳐버릴 수 없다는 것이다.

『스토아학파의 역설』 제6편의 내용은 축약하면 다음과 같다. "어떤 부자의 부를 그가 가지고 있는 재물(goods)의 양으로 측정한다면, 덕목(virtue)을 갖추지 못한 부자는 가난하다. 덕목이 유일무이한 선(good)이기 때문이다. 사람들은 사리에 맞는 욕구와 불합리한 욕망을 혼동하는데, 이는 사람들을 비합리적인 열정을 추구하도록 이끈다."

---

* 'bona'를 '보물'이라 번역했는데, '선'·'재물'로도 번역된다. '가난'과 대비되는 말이다. '가난'은 '악'·'결함'으로 번역할 수도 있다.

칼로 흥한 자, 칼로 망하리라

전쟁과 애국심

Nulla salus bello
눌라 살루스 벨로
전쟁에서 안전은 없다.

In pace, filii sepelire patribus eorum, in bello, patres sepelire eorum
인 파케 필리 세펠리레 파트리부스 에오룸 인 벨로 파트레스 세펠리레 에오룸
평화로울 때는 자식이 부모를 땅에 묻고, 전쟁이 일어나면 부모가 자식을 땅에 묻는다.

주사위는 던져졌다

Alea iacta est / The die has been cas

　루비콘강을 건너기 직전에 한 율리우스 카이사르의 명언이다. '엎질러진 물' 또는 '결의에 찬 행위'를 가리킨다. 그는 그리스 희극 작가 메난드로스의 작품에 나오는 이 말을 인용했다.

루비콘강은 갈리아와 로마 제국의 경계를 이루는 강이다. 로마 제국 당시 파병 군대가 귀국할 때 충성의 서약으로 무장을 해제한 뒤에야 루비콘강을 건널 수 있었다. 무장한 채 루비콘강을 건너 로마로 진군한 것은 곧 반역을 뜻했다. 폼페이우스를 앞세운 원로원은 갈리아 정복 등으로 인기가 하늘을 찌를 듯한 카이사르를 반역죄로 몰아 군대를 해산하고 비무장으로 로마로 귀환할 것을 명령했다. 그러나 카이사르는 기원전 49년 1월 10일, 갈리아 키살피나와 이탈리아의 국경인 루비콘강을 무장한 채로 건넜다. 카이사르는 속전속결로 원로원 의원들을 몰아내고 에스파냐에서 폼페이우스의 군대를 물리쳤다. 기원전 48년 그는 그리스의 파르살루스에서 결정적인 승리를 거두고 내란을 종식시켰다.

왔노라, 보았노라, 이겼노라

Veni vidi vici / I came, I saw, I conquered

혼란스러운 로마의 내전을 틈타 폰투스 왕국의 파르나케스 2세가 소아시아(지금의 터키 지역)를 차례차례 정복해 나갔다. 그러자 기원전 47년 이를 격퇴하러 나선 율리우스 카이사르는 그와 소아시아의 북부에 있는 젤라에서 일전을 벌였다(젤라 전투). 여기서 대승을 거둔 직후 카이사르는 로마 시민과 원로원에 보낸 승전보에 이 말을 적었다고 한다.

전쟁은 어머니들에게 혐오감을 준다

Bella detesta matribus / War hateful to mothers

호라티우스는 "전쟁은 어머니들에게 공포다"라고 말하기도 했다.

전쟁의 첫 번째 희생자는 진실이다

Belli casus veritas prima / In war, truth is the first casualty

기원전 5세기경 고대 그리스의 비극 작가 아이스킬로스가 한 말이다. 진실은 전쟁 중에 있는 양측이 내세운 선전의 뒷전으로 밀린다는 뜻이다. 대부분의 사람들은 전쟁을 원하지 않기 때문에 지도자들은 전쟁에 대한 명분을 국민에게 팔아야만 한다. 옛날 많은 지도자들은 전쟁을 자기의 위상을 높이거나 더 많은 권력을 잡을 수 있는 기회로 보았다. 노골적인 거짓말 수준에 이르는 과장된 미사여구까지 동원해 백성이 편향적인 정당성에 편승하도록 만들곤 했다. 더구나 대부분의 전쟁은 분쟁을 평화적으로 해결하는 데 실패했다. 전쟁 중에 사람들은 평화시에 누렸던 온갖 자유를 포기하면서 그들 지도자 주위로 모인다. 나라가 붕괴 직전에 이를수록 항상 진실은 큰 손상을 입는다. 전쟁이 끝나도 진실은 온데간데없고 승자의 견해만 남게 된다.

전쟁은 겪어 보지 않은 사람들에게는 달콤하다

Dulce bellum inexpertis

/ War is sweet to those who have never experienced it

핀다로스가 한 말이다. 전쟁이 야기하는 목숨과 재산상의 끔찍한 손실을 경험한 적이 없는 사람들에게, 철없는 젊은이들에게 전쟁은 용인할 만한 일이다. "전쟁을 알고 경험한 사람들은 전쟁을 두려워한다." 인간을 사랑했던 현자 키케로는 이렇게 말한다. "아무리 정당한 전쟁이라 해도 졸렬하고 불편한 평화보다 못하다."

그럼에도 불구하고 숱한 나라들이 사소한 일을 빌미로 얼마나 경솔하게 전쟁에 뛰어들었던가! 만일 국가의 통치자가 전쟁을 놓고 저울질을 하다 전쟁으로 희생될 수많은 목숨보다 그것을 통해 얻을 것이 더 많다고 생각하면, 숱한 여인네들이 자식을 잃고 이제 막 가족을 꾸렸을 사람들이 생계를 책임질 가장을 잃는다 해도 전쟁의 참화를 막기보다는 자신의 존엄을 지키는 쪽이 더 중요하다고 생각할 게 분명하다.

이것은 전쟁이 초래하는 수많은 재난 가운데 극히 일부에 불과하다. 이 나라는 이미 오랜 세월에 걸쳐 이러한 참화를 실제로 경험해 왔다. 가령 유럽 대륙에서 적군이 한 나라를 침공해 들어올 때 대학살과 대량 파괴가 얼마나 스스럼없이 자행되고 있는가! 모든 도시가 약탈되어 폐허로 변하고 궁지에 몰린 주민은 칼날 아래 목숨을 잃고 가까스로 빠져나온 사람들은 거처할 곳도 옷도 식량도 없이 허허벌판으로 내몰린다. 그들에게는 잠시 죽음이 미루어졌을 뿐 이내 칼날에 베여 죽은 사람보다 더 비참한 죽음을 맞이하게 된다. 우리는 이러한 파멸의 위협에 오랫동안

핀다로스는 테베 출신의 서정 시인으로서 그리스 10대 시인 중 한 명이다. 그는 신에 대한 송가, 아폴론 찬가, 디오니소스 찬가, 만가, 제전 승자에 대한 헌시, 전승가 등을 지었다. 그리스 서정시의 새로운 장르를 개척한 것으로 알려져 있다.

시달려 왔다. 그러한 파멸이 언제 닥칠지 그 누가 장담할 수 있겠는가!

이런 상황에서 나라를 걱정하는 사람들은 떠들썩하고 호전적인 가짜 애국자들의 공격을 시간과 공력을 들여 반박할 수밖에 없다. 그리고 사회의 진중하고 지각 있는 성원들은 이런 상황을 지켜보며 통탄해마지 않는다. 이런 사람들은 가짜 애국자들의 눈에는 이상한 열병이 나라 안으로 퍼져 들어올 가능성이 극히 적은데도 호들갑을 떨며 국정의 흐름을 막는 데 혈안이 된 사람처럼 보인다.

나라의 큰 부자들이 나라의 파멸에 가장 앞장선다. 가공할 수순이 진행되고 이는 결국 끔찍스러운 대파국의 전조가 된다. "신은 가장 먼저 파멸에 이를 자들의 이성을 마비시킨다." 알다시피 "신은 파라오의 판단력을 마비시켜 이스라엘의 자식들을 나라 밖으로 보내지 않겠노라고 고집 피우게 했다." 그리고 신은 예정했던 대로 이집트인에게 가혹한 응징을 가했다.

내 화살촉도 뾰쪽하다

Et meum telum cuspidem habet acuminatum / Even my dart has also a point

나는 싸우고 싶지 않지만 당신이 싸우겠다면 내게도 당한 만큼 돌려 줄 능력도 의지도 있다는 뜻을 담고 있다. 말하자면 내 화살에도 촉이 달려 있어 당신만큼은 아닐지 몰라도 당신에게 상처를 입힐 수 있다는 의미다. 싸움을 피하고 싶지만 계속 괴롭힌다면 홀로 당하지는 않겠다는 의지의 표현이다. 어떤 식으로든 상대방도 피해를 볼 것이라는 경고다.

이런 정서를 대변하듯, 스코틀랜드에서 가장 오래되고 유명한 엉겅퀴 기사단의 모토는 "나를 괴롭히면 당신도 온전치 못하리라(Nemo me impune lacessit)"이다.

혀로 전쟁을 치른다

Linguâbellare / To war with the tongue

십중팔구 실행에 옮길 힘도 의향도 없으면서 거칠고 상스러운 말로 상대를 위협하며 자신의 분노를 모조리 토해 내는 것은 나약하고 비겁한 자들이 흔히 의지하는 수단이다. 이른바 설전(舌戰)은 법정에서 흔히 볼 수 있는데 대체로 명분이 약한 측에서 자신을 변호하기 위해 동원한다.

설전이나 날이 선 언어 표현과 관련된 격언은 무수히 많다. "독사의 맹독은 입술 아래에 있다." "혀로 입은 상처는 칼로 입은 상처보다 더 아프다." "나쁜 친구의 혀는 칼보다 더 날카로워 깊은 상처를 낸다." "뼈 없는 혀가 뼈를 부순다." "흔히 혀가 삶과 죽음을 가른다." 무절제한 혀는 타인뿐만 아니라 그 혀의 주인에게도 해를 끼친다. 사람들은 "혀를 신중히 놀려라. 그렇지 않으면 그것이 당신 자신을 옭아매는 덫이 되어 돌아올 것"이라고 말한다.

이렇듯 언제든 흉기로 돌변할 수 있는 인체 기관을 감시하기 위해서는 강력한 경구들이 숱하게 등장할 수밖에 없었다. "입을 다무는 자 목숨을 구할 것이요, 입술을 크게 놀리는 자 파멸에 이를지어다." "현명한 자의 혀는 건강하다." "파리는 다문 입으로는 들어가지 않는다." "침묵으로 피해 입을 일 없다." "한 바가지의 식초보다 한 방울의 꿀이 더 많은 파리를 잡는다."

헨리 8세, 에드워드 6세, 메리 여왕과 엘리자베스 여왕 통치기에 고위직을 지냈던 윌리엄 폴렛에게, 그 숱한 변화의 소용돌이 속에서 자신

윈체스터 후작 윌리엄 폴렛

을 지켜 낸 비결이 무어냐고 누군가 묻자 그는 이렇게 대답했다. "참나무
가 아니라 버드나무가 되고자 했지요."

오직 죽은 자들만이 전쟁이 끝나는 것을 보았다

Mortui soli finem belli viderunt / Only the dead have seen the end of war

플라톤의 이 말은 아무도 전쟁을 막을 수 없다는 것을 의미한다. 많은 사람이 전쟁 때문에 죽어 나간다. 그 시체들은 모든 전쟁의 결과나 산물이다. 그 시체들을 보고서야 비로소 전쟁이 끝났음을 알 수 있다. 또한 살아서 한평생 전쟁을 봐야 하며 죽어야만 더 이상 전쟁을 볼 수 없다는 뜻이기도 하다. 그러므로 살아 있는 사람은 전쟁이 끝나는 것을 볼 수 없을 뿐만 아니라 다른 전쟁이 일어나는 것을 봐야만 한다.

칼로 흥한 자, 칼로 망하리라

Omnes enim, qui acceperint gladium, gladio peribunt / All they that take the sword, shall perish with the sword

성경에도 비슷한 말이 있다. "네 칼을 도로 칼집에 꽂으라 칼을 가지는 자는 다 칼로 망하느니라."★

| ★ 마태복음 26:52

조국의 연기는 다른 나라의 화염보다 환하다

**Patriae fumus igni
alieno luculentior** / The smoke of the fire of our
fatherland is brighter than another

"우리 집 굴뚝의 연기조차 다른 집 불보다 환하다." 또 "아무리 누추해도 집은 집이다"라고 말한다. 또 다른 라틴어 속담에는 "집 떠나온 소는 자주 문 쪽을 바라본다"는 말이 있다. 지금 머물고 있는 곳에서 고향으로 언제든 돌아가고 싶어서다. 또한 개는 현재의 주인이 아무리 잘 대해 주어도 옛 주인에게 되돌아가려고 한다. 프랑스에서는 "모든 새에게 자기 둥지보다 나은 둥지는 없다"라고 하고, 이탈리아에도 같은 속담이 있다.

비교적 적은 비율의 인류만이 지구의 온화한 지역에 살 수 있고, 생존에 필요한 것 이상의 재화를 확보할 수 있는 인류의 비율도 썩 높지 않은 까닭에 신의 섭리에 따라 우리가 자신이 태어난 땅이나 집의 품에 안기고 싶은, 그곳을 선호하는 성향을 갖지 않았다면 이미 세상에 만연해 있는 빈곤과 고통은 지금보다 훨씬 더 컸을 것이다.

하지만 이러한 애정이 지나쳐 자신이 가진 것을 더 좋아하는 데 그치지 않고 이웃이 가진 것들을 지나치게 하찮게 여기거나 심지어 멸시하는 경우를 흔히 볼 수 있다. 우리는 이러한 종류의 편견을 이웃 국가들을 대하는 영국인의 태도에서 가장 잘 엿볼 수 있다. 프랑스를 언급할 때 영국의 보통 사람들이 사용하는 경멸적인 표현들이야말로 가장 명징한 사례. 영국인은 프랑스가 세상에서 가장 비옥한 나라로 손꼽힘에도 불구하고 프랑스가 그 국민을 충분히 부양할 만한 산물을 생산하지 못한다고 생각하는 듯하다.

올리버 골드스미스*가 자신의 시 『나그네』에서 묘사하고 있는 다음 구절은 이런 조국애를 잘 보여 준다.

　　살을 에는 추위에 몸서리치면서도
　　소작인은 자기 사는 곳이 최고란 말을 천연덕스레 입에 담네
　　거친 풍랑이 이는 바다 속 보물들을 자랑하고
　　긴긴밤 환락과 편안한 잠자리가 그리 좋다며 입에 침이 마르네.
　　벼랑 끝에서 허덕이는 헐벗은 미개인은
　　금모래와 이제는 옛 영광을 잃은 포도주를 뿌듯해하며
　　섬광에 몸을 내맡기거나 아니면 지루한 물결을 거슬러 가면서도
　　이 모든 것을 주신 신들에게 감사하고
　　만나는 이들마다 애국자를 자처하며
　　자기 나라가 제일이고 최고라지.

같은 심성을 다룬 다음 구절도 계속 읽어 볼 만하다.

　　누추한 헛간에나마 가정을 꾸릴 수 있고
　　마음의 정처를 둘 수 있다면,
　　척박하나마 손톱만 한 땅뙈기라도 있어
　　입에 풀칠이라도 할 수 있다면.
　　하늘이 그대 몫으로 남겨둔 것이

---

* 영국의 작가, 극작가, 시인. 대표작으로는 소설 『웨이크필드의 목사』와 장시 『황폐촌』이 있다.

딱딱한 빵 쪼가리에
강가 벼랑 끝이나 산등성이에서 아무렇게나 자라는 푸새뿐이라 해도
이 황량한 거처가 그대에게 세상 어느 곳도 주지 못할 마음의 평안을
준다면
그대, 고향을 뜨지 마라.

평화를 원하거든 전쟁을 준비하라

Si vis pacem, para bellum / If you want peace, prepare for war

4세기경에 활동한 로마의 군사 저술가 플라비우스 베게티우스 레나투스가 『군사론』에서 처음 쓴 말이다. 유비무환(有備無患)과 비슷한 뜻인데, 한 나라의 평화 정책은 강력한 힘에 의해서만이 이룰 수 있다는 것이다. 로마인이 생각하는 평화는 전쟁을 통한 정복의 성공으로 얻는 부산물이었다. 이러한 논리로 볼 때 이 말은 '전쟁이란 평화를 성취하기 위한 수단과 방법의 길'이다. "평화를 원한다면 평화롭기로 협의하라(Si vis pacem, para pactum)"가 더 낫지 않을까 싶다.

에스파냐 마드리드의 '군인문화회관'에 걸려 있는 문장에 새겨 있는 "평화를 원하거든 전쟁을 준비하라."

스파르타에서 태어났다면 스파르타를 영예롭게 하라

Spartam nactus es hanc orna / Your lot is cast in Sparta, be a credit to it

에우리피데스의 연극 『텔레포스』에서 아가멤논이 동생 메넬라오스에게 한 말이다. 자기 삶의 상황이나 조건이 운명처럼 주어진 것이라면 그 조건에서 최선을 다해 행동하라는 의미다. "영욕엔 조건이 없나니 그대의 본분을 다하라. 그곳에 모든 영예가 있다."

이 격언의 일반적인 의미는 이렇다. 왕이든, 귀족이든, 교황이든, 변호사든, 군인이든, 아니면 가장 미천한 개인이든 그들에게는 그들만의 고유한 영역이 있으니 스스로를 가치 있게 채워라. "각자에게는 잘 통솔할 몇 가지 영역이 있으니 모두가 그저 자신이 이해한 것에만 웅크리기를."

"영국은 국민 모두가 자신의 의무를 이행할 것을 바란다." 트라팔가르 해전에서 넬슨 제독이 힘 있게 외쳤던 발언이다. 그는 이 해전에서 불행히도 최후를 맞았다. 하지만 그 자신에게는 불행한 일이 아니었을지 모른다. 전투는 한창 승리의 개가를 올리던 중이었고 그에게 영예를 안겨다 주었기 때문이다. 만일 넬슨이 프랑스 해안에서의 불운했던 전투 직후나 덴마크 원정길에서 목숨을 잃었다면 그의 명성은 다소 빛이 바랬을 수도 있다. 하지만 넬슨은 빛나는 마지막 작전을 통해 역사의 주역으로 올라설 수 있었다. 게다가 나일에서의 승리 역시 트라팔가르에 버금가는 공훈이었다. 이 두 전투 가운데 어느 쪽도 그에게 불멸의 이름을 부여하기에 부족하지 않았다.

알아 두면 쓸모 있는
라틴어 관용구와 격언*

*개인의 생각이나 의지 등을 간결하게 표현할 수 있는,
따라서 쉽게 외울 수 있는 함축적인 표현들을 골라서 묶었다.

A

Absens haeres non erit 압센스 하이레스 논 에리트
Out of sight, out of mind 눈에서 멀어지면, 마음에서도 멀어진다

Absit omen 압시트 오멘
May this omen be absent 제발 그런 불길한 일이 없기를

Absurdum est ut alios regat, qui seipsum regere nescit 압수르둠
에스트 우트 알리오스 레가트, 퀴 세입숨 레게레 네시트
It is absurd that he should rule others who knows not how to rule himself
자기 자신도 다스릴 줄 모르면서 다른 이를 다스린다는 것은 모순이다

A cappella 아 카펠라
Music in church style, i.e unaccompanied voices 성당풍으로
_ 원래는 중세 유럽에서 반주 없이 부르던 합창곡

Acta Non Verba 악타 논 베르바
Deeds, not words 말이 아니라 행동으로
_ 미국 국립해양사관학교의 모토

Acumen 아쿠멘
Ability to make good judgments
올바로 판단하는 능력

A.D. (anno Domini) 아노 도미니
In the year of our Lord 그리스도 기원(서력 기원, 서기)
_ 이슬람력은 A.H(Anno Hegirae). 마호메트가 메카를 떠난 서기 622년을 원년으로 삼는다).
_ 기원전은 B.C.(Before Christ) 또는 B.C.E.(Before the Common Era. 주로 미국에서 사용)

Ad absurdum 아드 압수르둠
To the point of absurdity 불합리하게

Ad hoc 아드 호크
For this purpose 적격인, 특별한

Ad infinitum 아드 인피니툼
Without limit; endlessly 무한정한

Adios Amigo 아디오스 아미고
Good-bye, friend 친구여, 안녕

Ad nauseam 아드 나우세암
To a sickening extent 지겹도록

Ad rem 아드 렘
To the point 문제의 본질을 찌른, 요령 있는, 적절한

Ad rem mox nox 아드 렘 목스 녹스
Get it done before nightfall 밤이 오기 전에 끝내자

Ad vitam 아드 비탐
For life 인생을 위해

Agenda 아겐다
List of things to be done 어젠다, 해야 할 일들의 목록

Agere sequitur Esse 아게레 세퀴투르 에세
Action follows being 행위는 존재를 따른다 _ 토마스 아퀴나스

Agnus Dei 아뉴스 데이
Lamb of God 하느님의 어린 양

Alibi 알리비
Elsewhere 다른 곳에서[으로]
_ 알리바이, 즉 '현장 부재(또는 타소 존재)'

Alis volat propriis 알리스 볼라트 프로프리스
She flies with her own wings 그녀는 자신의 날개로 난다
_ 미국 오레곤주의 모토

Alma Mater 알마 마테르
Kind Mother 친절한 어머니, 또는 모교(One's old school)

_ 서양에서 가장 오래된 볼로냐 대학교(1088년 설립)의 표지에는 "Alma Mater Studiorum(모든 학문이 퍼져 나간 곳)"이라고 새겨져 있다.

Alter ego 알테르 에고
Other alternative self 또 다른 자아

Altruism 알트뤼슴
Selfless concern for others 이타주의, 이타심

Amantes sunt amentes 아만테스 순트 아멘테스
Lovers are lunatics 사랑하는 사람들은 미치광이들이다

Ambiguous 암비구오스
Having a double meaning 이중의 의미를 갖는 것

Amicus ad adras 아미쿠스 아드 아드라스
A friend until one's death 죽을 때까지 친구

Anima Sana In Corpore Sano 아니마 사나 인 코르포레 사노
A sound mind in a sound body 건전한 육체에 건전한 정신이 깃든다

Annus horribilis 아누스 호리빌리스
A horrible year 끔찍한 해

Ante meridiem [A.M.] 안테 메리디엠
Before noon 오전
↔ Post meridiem(P.M.) **포스트 메리디엠** After noon 오후

Ante victoriam ne canas triumphum 안테 빅토리암 네 카나스 트리움품
Do not sing your triumph before the victory
승리를 거두기 전에 승전가를 부르지 마라

A priori 아 프리오리
From what comes before 선험적인, 연역적인

A posteriori 아 포스테리오리
귀납적인

Aqua pura 아쿠아 푸라
Pure water 증류수

Aqua vitae 아쿠아 비타이
Alcoholic spirit 생명수(브랜디나 위스키 같은 알코올 증류주)

Ars longa, vita brevis 아르스 롱가 비타 브레비스
Art is long, life is short 예술은 길고 인생은 짧다
_ 히포크라테스의 명언. ars는 원래 예술이 아니라 '기술'이며, 의술을 포함하고 있다.

Au pied de la lettre 아우 피에드 데 라 레트레
Literally 문자 그대로

Audaces fortuna iuvat 아우다케스 포르투나 유바트
Fortune favors the brave 행운은 용감한 자에게 미소 짓는다

Audere est facere 아우데레 에스트 파케레
To dare is to do 용감하다면 행동으로 증명하라, 실천이 곧 도전이다, 하면 된다

Ave Maria 아베 마리아
Hail Mary 로마 가톨릭교의 성모송

B

Bella, horida bella! 벨라, 호리다 벨라!
Wars, horrible Wars! 전쟁, 아 끔찍한 전쟁이여! _ 베르길리우스

Bona fide 보나 피데
With good faith 신의성실한, 선의의
↔Mala fide 말라 피테 bad faith 악의적인

Bono malum superate 보노 말룸 수페라테
Overcome evil with good 선으로 악을 이겨라

C

Cacoethes scribendi 카코이테스 스크리벤디
Insatiable desire to write 끊을 수 없는 집필욕 _ 유베날리우스의 명언

Calamus gladio fortior 칼라무스 글라디오 포르티오르
The pen is mightier than the sword 칼보다 펜이 더 강하다

Camera obscura 카메라 옵스쿠라
Dark chamber 어두운 방, 어둠 상자
_ 카메라 옵스쿠라 또는 암상(暗箱)은 그림 등을 그리기 위해 만든 광학 장치로 사진술의 전신이다

Cave canem 카베 카넴
Beware of the dog 개 조심

Canes timidi vehementius latrant quam mordent 카네스 티미디
베헤멘티우스 라트란트 쾀 모르덴트
Timid dogs bark more fiercely than they bite
겁 많은 개들은 물기보다는 맹렬히 짖는다

Circa (c.) or (ca.) 키르카
around, approximately, about 대략(주로 시간에 쓰인다)

Cogito ergo sum 코기토 에르고 숨
I think, therefore I am. 나는 생각한다, 고로 존재한다 _ 데카르트

Consuetudinis magna vis est 콘수에투디니스 마그나 비스 에스트
The power of habit is great 습관의 위력은 대단하다 _ 키케로

Corpus Christi 코르푸스 크리스티
The body of Christ 예수 그리스도의 육신(聖體)
_ 미사 때 성체를 받아 모시는 행위를 영성체라 한다

Crede quod habes, et habes 크레데 쿼드 하베스, 에트 하베스
Believe that you have it, and you do 갖고 있다고 믿어라, 그러면 갖게 될 것이다.

D

De facto 데 팍토
In fact; In reality 사실상

De nihilo nihilum 데 니힐로 니힐룸
Nothing can be produced from nothing 무에서는 아무것도 생겨나지 않는다

De oppresso liber 데 오프레소 리베르
Free from having been oppressed 억압(된 것)으로부터의 해방
_ 미 육군특전부대의 모토 "Free From Having Been Oppressed"

Dei Gratia 데이 그라티아
By the grace of God 신의 은총으로
_ 정식 문서에서 왕호(王號) 뒤에 붙인다

Dei sub numine viget 데이 수브 누미네 비게트
Under god's power she flourishes 신의 전능 아래 번영한다
_미국 프린스턴 대학교 모토

Deo volente 데오 볼렌테
God willing 신의 뜻대로
_ 십자군 전쟁의 핵심 슬로건

Deus ex machina 데우스 엑스 마키나
God from the machine 신의 기계적 출현
_ 극의 사건 진행 과정에서 도저히 해결될 수 없을 정도로 뒤틀어지고 비꼬인 문제가 파국 직전에 무대
꼭대기에서 기계 장치를 타고 무대 바닥에 내려온 신의 대명(大命)에 의해 해결되는 기법. 고대 그리
스 비극에서 주로 이런 연출 기법을 썼다. 그 대표적인 작품으로 에우리피데스의『메데이아』,
『이피게니에』등이 있다

Dicta docta pro datis 딕타 독타 프로 다티스
Smooth words in place of gifts 고운 말은 선물을 대신한다

Dives aut iniquus est, aut iniqui haeres 디베스 아우트 이니쿠스 에스트, 아우트 이니쿠이 하에레스
A rich man is either a knave, or the heir of a knave 부자는 악한 자이거나, 악한 자의 노예다

Dominus illuminatio mea 도미누스 일루미나티오 메아
The Lord is my light 주님은 나의 빛
_ 옥스퍼드 대학교의 모토

Dum vita est, spes est 둠 비타 에스트, 스페스 에스트
While there's life, there's hope 생명이 있는 한 희망이 있다

E

E Pluribus Unum 에 플루리부스 우눔
One from many 여럿이 하나로

Ego spem pretio non emam 에고 스펨 프레티오 논 에맘
I do not buy hope with money 나는 희망을 돈으로 사지 않는다

Ergo 에르고
Therefore 그러므로, 따라서, 고로

Errare humanum est 에라레 후마눔 에스트
To err is human 인간이라면 실수도 할 수 있는 법이다

Et alii 에트 알리
And others et al. 그리고 다른 사람들, 등등

Et cetera(etc.) 에트 케테라
And the rest, And so on 기타 등등

Et tu, Brute 에트 투, 브루테
And you, Brutus 브루투스, 너마저도

Ex libris 엑스 리브리스
Out of the books, i.e. from the library ~의 장서에서
_ 책의 앞면에 책 주인 이름 앞에 붙이는 글귀

Exempli gratia (E.g.) 엑셈플리 그라티아
For example 예를 들면

Extra 엑스트라
In addition to ~에 더하여, 게다가

F

Faber est suae quisque fortunae 파베르 에스트 쏴이 퀴스퀘 포르투나이
Every man is the artisan of his own fortune
모든 사람은 자신의 운명을 만드는 장인이다

Facsimile 팍시밀레
Exact copy 정확한 복사

Festina lente 페스티나 렌테
Hurry slowly 천천히 서둘러라(급할수록 돌아가라)

Fortuna est, ut matrem, ut alius est noverca 포르투나 에스트 우트 마트렘,
우트 알리우스 에스트 노베르카
Fortune to one is mother, to another is stepmother
행운이 한 사람에게 어머니라면, 다른 사람에게는 계모다

Fortuna vitrea est; tum cum splendet frangitu 포르투나 비트레아 에스트;
툼 쿰 스플렌데트 프란기투
Fortune is like glass; the brighter the glitter, the more easily broken
행운은 유리와 같다. 밝게 반짝일수록 더 쉽게 깨진다 _ 푸블리우스 시루스

G

Gloria in excelsis deo 글로리아 인 엑스켈시스 데오
Glory to God in the highest 지극히 높은 곳에서는 하느님께 영광

Graeca fides, nulla fides 그라이카 피데스 눌라 피데스
Greek honesty is no honesty 그리스의 정직함은 정직함이 아니다
(아무도 그리스를 믿지 않는다)

Gratia gratiam parit 그라티아 그라티암 파리트
Thanks give birth to thanks 고마움은 고마움을 낳는다

Gutta cavat lapidem non bis, sed saepe cadendo; sic homo fit sapiens non bis, sed saepe legendo 구타 카바트 라피뎀 논 비스, 세드 사이페 카덴도; 시크 호모 피트 사피엔스 논 비스, 세드 사이페 레겐도
A drop hollows out the stone by falling not twice, but many times; so too is a person made wise by reading not two, but many books 물방울이 두 번 떨어져서가 아니라 수없이 떨어져야 돌을 뚫는다. 마찬가지로 사람은 책 두 권이 아니라 여러 권을 읽어야 현명해진다 _ 조르다노 부르노

H

Habe ambitionem et ardorem 하베 암비티오넴 에트 아르도렘
Have ambition and passion 야망과 열정을 가져라

Habeas corpus 하베아스 코르푸스
We, a Court, command that you have the body 인신보호영장

Hic et nunc 히크 에트 눙크
Here and now 여기 지금
_ 외교 용어로는 '현 상황에서'(At the present time and place, In this particular situation)

Hic et ubique 히크 에트 우비쿼
Here and everywhere 여기나 어디에나, 도처에

Hic jacet sepultus (H.J.S.) 히크 야케트 세풀투스
Here lies buried 여기에 묻혀 잠들다

Hinc lucem et pocula sacra 힝크 루켐 에트 포쿨라 사크라
From here, (we receive) light and sacred draughts
여기로부터 빛과 신성한 술잔들을 (얻는다)!

I

Id est [i.e.] 이드 에스트
That is to say, To wit 말하자면, 정확히 말하면, 즉

In absentia 인 압센티아
In one's absence 부재중에

In camera 인 카메라
In private chamber 개인 방 안에서, 비공개로

In flagrante delicto 인 플라그란테 델릭토
In the act of committing an offence 현행범으로

In loco parentis 인 로코 파렌티스
In the place of a parent 부모 대신에

Intro 인트로
Within 이내에, 안쪽에

In vino veritas 인 비노 웨리타스(베리타스)
In wine (there is the) truth 술 속에 진리가 있다. 취중진담

In vitro 인 비트로
In a test tube 체외[시험관]에서 진행되는

Ipsa scientia potestas est 입사 스키엔티아 포테스타스 에스트
Knowledge itself is power 지식은 그 자체가 힘이다

Ipso facto 입소 팍토
By that very fact 앞에서 언급한 그 사실 때문에

Ira deorum 이라 데오룸
wrath of the gods 신의 분노

L

Labor omnia vincit 라보르 옴니아 빈키트
Labor Conquers All Things 노동은 모든 걸 정복한다
(즐거움은 일하는 것 자체에 있다)

Laboremus pro patria 라보레무스 프로 파트리아
Let us work for the fatherland 조국을 위해 일하자
_ 칼스버그 맥주회사의 모토

Lectio difficilior potior 렉티오 디피킬리오르 포티오르
The more difficult reading is the stronger 더 어려운 것을 읽을수록 더 강해진다
↔Lectio brevior potior 렉티오 브레비오르 포티오르 The shorter reading is the
better 짧게 읽는 것이 더 낫다

Lex parsimoniae 렉스 파르시모니아이
Principle of parsimony, Law of succinctness 논리 절약의 법칙

Locus a non lucendo 로쿠스 아 논 루켄도
Bright because not bright 밝지 않아서 밝은, 즉 역설이나 불합리

Lucete 루케테
To shine 밝게 빛나라

Lumen Gentium 루멘 겐티움
Light of the Nations 인류의 빛

Lumen in caelo 루멘 인 카일로
Light in the Sky 하늘에서의 빛

Lux et veritas 룩스 에트 베리타스
Light and truth 빛과 진리
_ 예일 대학교 모토

M

Mater Dei 마테르 데이
Mother of God 성모 마리아

Magnum opus 마그눔 오푸스
A great work 대작

Mea Culpa 메아 쿨파
Through my fault 내 잘못이오
_ 1988년 천주교의 '평신도의 날'을 맞아 신뢰회복운동을 벌일 때 나온 슬로건
↔Tua Culpa 투아 쿨파 네 잘못이다

Medicus curat, natura sanat 메디쿠스 쿠라트, 나투라 사나트
Doctor treats, the nature cures 의사는 치료하고, 자연은 치유한다

Mens et Manus 멘스 에트 마누스
Mind and Hand 마음과 손

Mens sana in corpore sana 멘스 사나 인 코르포레 사나
A sound mind in a sound body 건전한 정신은 건전한 육체에 깃든다 _ 유베날리스

Modus operandi(M.O.) 모두스 오페란디
Mode of operating 작동 모드

Modus vivendi 모두스 비벤디
manner of living, way of life 생활 방식, 생활 양식
_ 외교 용어로는 분쟁 중인 당사자 간 평화 공존을 위한 '잠정협정'

Mors sola 모르스 솔라
Together till death, 죽을 때까지 한 몸

Mortui vivos docent 모르투이 비보스 도켄트
The dead teach the living 죽음이 삶을 가르친다

Multum non multa 물툼 논 물타
Not many things, but much 많게가 아니라 깊게

Mundane 문다네
Worldly as opposed to spiritual 세속적인

Mundus vult decipi, ergo decipiatur 문두스 불트 데키피,
에르고 데키피아투르
The world wants to be deceived, so let it be deceived 세상은 속아 넘어가려
한다, 고로 그 세상은 속아 넘어간다 _ 페트로니우스(로마 풍자시인)

N

Naive 나이베
Exhibiting lack of experience 경험 부족을 드러내다

Nemo autem regere potest nisi qui et regi
네모 아우템 레게게 표테스트 니시 퀴 에트 레기
No one is able to rule unless he is also able to be ruled
그 누구도 지배당할 수 없으면 지배할 수 없다 _ 세네카

Nil Satis Nisi Optimum 닐 사티스 니시 옵티뭄
Nothing but the Best is Good Enough 최고가 아니면 충분하지 않다

Non Desistas Non Exieris 논 데시스타스 논 엑시에리스
Never give up, Never surrender 절대 포기하지 말고, 절대 굴복하지 마라

Non ducor, duco 논 두코르, 두코
I am not led; I lead 나는 끌려가지 않는다, 이끈다

Non fert ullum ictum inlaesa felicitas 논 페르트 울룸 익툼 인라이사 펠리키타스
A complete bliss can't withstand any stress
완벽한 행복은 어떠한 충격도 견디지 못한다 _ 세네카

Non omne quod nitet aurum est 논 옴네 쿼드 니테트 아우룸 에스트
All that glitters is not gold. 반짝인다고 모두 금은 아니다

Nulla salus bello 눌라 살루스 벨로
There is no security in war 전쟁에서 안전이라는 것은 없다 _ 베르길리우스

Nunc scio quid sit amor 눙 스키오 퀴드 시트 아모르
Now I know what Love is 난 이제야 사랑이 뭔지를 알았다 _ 베르길리우스

O

Omne trinum perfectum 옴네 트리눔 페르펙툼
Every combination of three is perfect. All good things go by threes
3으로 이루어진 모든 것은 완벽하다

Omniae viae quae ad romam duxerunt 옴니애 비에 퀘 아드 로만 둑세룬트
All roads lead to Rome 모든 길은 로마로 통한다

Omnium rerum principia parva sunt 옴니움 레룸 프링키피아 파롸 순트
The beginnings of all things are small 모든 것들은 작게 시작한다 _ 키케로

Opus Dei 오푸스 데이
The work of God 신의 작품

Optimus magister bonus liber 옵티무스 마기스테르 보누스 리베르
Books are the best teachers 최고의 스승은 책이다

P

Panem et circenses 파넴 에트 키르켄세스
Bread and circus 빵과 서커스
_ 시인 유베날리스는 제정 초기 로마의 주민들이 공화정 시기와는 달리 정치적 소신도 없이 물질적 이
득과 쾌락만을 좇는다면서 『풍자시』에서 "그들은 조바심을 내면서 두 가지 것만을 간절히 바라고 있으
니, 빵과 서커스가 그것이다"라고 비난했다.

Pecunia non olet 페쿠니아 논 올레트
Money does not smell 돈에서는 냄새가 나지 않는다
_ 베스파시우스

Per ardua ad astra 페르 아르두아 아드 아스트라

Through difficulties to the stars 역경을 헤치고 별을 향하여

Per fumum 페르 푸뭄
By means of smoke 연기를 통해서, 향수의 어원

Per se 페르 세
In itself 그 자체가, 본질적으로

Plus ratio quam vis 풀루스 라티오 콤 위스(비스)
Reason means more than power 이성은 힘보다 강하다

Post partum 포스트 파르툼
After childbirth 아이를 낳은 뒤의

Potius mori quam foedari 포티우스 모리 콤 포에다리
Better to die, than to be dishonored 불명예보다는 차리리 죽는게 낫다

Potius sero quam numquam 포티우스 세로 콤 눔콤
Better Late Than Never 안 하는 것보다는 늦게라도 하는 것이 낫다

Praemonitus, praemunitus 프라이모니투스 프라이무니투스
Forewarned is forearmed 경계가 곧 경비다, 유비무환

Prima facie 프리마 파키에
At first sight, on the face of it 처음 볼 때는, 언뜻 보기에 증거가 확실한

Principium dimidium totius 프링키피움 디미디움 토티우스
Well begun is half done 시작이 반이다

Pro bono publico 프로 보노 푸블리코
Without charge for the good of the public 공익을 위해 무료로
_ 자신의 재능, 기술이나 지식을 사회나 공공의 목적을 위해 제공하는 자원봉사활동. 미국에서는 주로
변호사들이 사회적 약자에게 무료로 제공하는 법률 서비스를 지칭

Q

Quam bene non quantum 쾀 베네 논 콴툼
How well, not how much 얼마나 많이가 아니라 얼마나 잘 해내는가

Quam libet 쾀 리베트
As much as you wish 필요한 만큼, 마음대로

Quantocius quantotius 콴토키우스 콴토티우스
The sooner, the better, as quickly as possible 빠를수록 좋다, 되도록이면 빨리

Quid pro quo 퀴드 프로 쿼
Something for something, this for that 보상으로 주는 것,
오는 게 있어야 가는 게 있다, 눈에는 눈 이에는 이

Qui fert pondus coronae velit 퀴 페르트 폰두스 코로나이 웰리트(벨리트)
The one who wants to wear the crown; Bear its weight 왕관을 원하는 자
그 무게를 견뎌라

Quo vadis 쿼바디스
Where are you going? 주여 어디로 가시나이까

Quot homines tot sententiae 쿼트 호미네스 토트 센텐티아이
How many people, so many opinions; So many men, so many minds;
There are as many opinions as there are people 사람 수만큼 많은 의견, 각인
각색, 십인십색 _ 테렌티우스

R

Requiescat in pace 레퀴에스카트 인 파케
Rest in peace 편히 잠드시오

Res, non verba 레스, 논 웨르바(베르바)
Facts instead of words 말만이 아닌 사실 또는 Action, not words 말이 아닌 행동

Rigor mortis 리고르 모르티스
The rigidity of death 죽음의 엄격함

S

Simile gaudet simili 시밀레 가우데트 시밀리
Like takes pleasure in like 비슷한 것은 서로에게서 기쁨을 얻는다, 유유상종

Si vis vitam, para mortem 시 비스 비탐, 파라 모르템
If you want to endure life, prepare yourself for death
삶을 원하거든 죽음을 준비하라

Suaviter in modo, fortiter in re 수아비테르 인 모도, 포르티테르 인 레
Resolute in execution, gentle in manner 행동은 꿋꿋하게, 태도는 부드럽게

Semper apertus 셈페르 아페르투스
Always open 언제나 열려 있는

Scientia est potentia 스키엔티아 에스트 포텐티아
Knowledge is power 아는 것이 힘이다 _ 프랜시스 베이컨

Sine qua non 시네 콰 논
Indispensable 필요불가결한

Sit vis tecum 시트 비스 테쿰
May the Force be with you 힘이 너와 함께하길

Solum omnium lumen 솔롬 옴니움 루멘
The Sun shines everywhere 태양의 빛은 모든 곳을 비춘다

Status quo 스타투스 쿼
The current [Existing] state of affairs 현재의 상태, 현상 유지

Sub judice 수브 유디케
Before a court 미결 상태, 소송 사건의 심리 중인

T

Taedium vitae 타이디움 위타이(비테)
Pessimism 삶의 권태, 염세

Tempus fugit, amor manet 템푸스 푸기트, 아모르 마네트
Time flees, love dwells 시간이 흘러도 사랑은 남는다

Terra firma 테라 피르마
Solid ground; Solid earth 하늘과 바다와 대비되는 육지, 대지

U

Ubi fumus, ibi ignis 우비 푸무스, 이비 이그니스
Where there's smoke, there's fire 연기가 있는 곳에 불이 있다
(아니 땐 굴뚝에 연기 나랴)

Ultra 울트라
beyond ~ 넘어 또는 to extreme degree 극도로
↔Infra 인프라 below [lower] than ~보다 낮은

Uni navi ne committas omnia 우니 나비 네 코미타스 옴니아
Do not entrust everything to one ship 한 배에 전부를 맡기지 마라

Urbi et orbi 우르비 에트 오르비
To the city and to the globe 로마시와 전 세계를 향해
(고대 로마에서 성명문 맨 앞에 썼던 문구)
_ 현재는 교황이 라틴어로 행하는 공식적인 축복(강복)과 강론을 뜻함

V*

Vade in pace 바데 인 파케
Go in peace 편히 가시오

Vade retro Satanas 바데 레트로 사타나스
Go back, Satan 사탄아 물러가라

---

* v의 발음: 고전 라틴어에서는 [ㅜ], 교회 라틴어에서는 [ㅂ]. 이 항목에서는 상대적으로 좀
더 익숙한 교회 라틴어로 표기하고 몇몇 경우 괄호 안에 고전 라틴어 발음을 넣었다.

Verba volant, scripta manent 베르바 볼란트, 스크립타 마넨트
Spoken words fly away, written words remain 말은 날아가지만 글은 남는다

Verbatim 베르바팀
In exactly the same words 말(글자) 그대로

Veritatis lumen 베리타티스 루멘
The Light of Truth 진리의 빛

Veritas lux mea 베리타스 룩스 메아
The truth is my light 진리는 나의 빛
_ 서울대학교의 모토

Veritas omnes mortales alligat 베리타스 옴네스 모르탈레스 알리가트
The truth shall be binding upon all people 진리는 모든 사람을 구속한다

Veritas vos liberabit 베리타스 보스 리베라비트
The truth will set you free 진리가 너희를 자유롭게 하리라(요한복음 8:32).
_ 연세대학교의 교학 이념

Veritas in vino 베리타스 인 비노
In wine, there is truth 취중진담

Veritas vincit 베리타스 빈키트
The truth win 진리가 승리한다

Versus 베르수스
Against ~에 반대하여[맞서], 원래 라틴어로는 toward(~로 향하여)라는 뜻도 있다

Veto 베토
An official power or right to refuse to accept or allow something 거부권

Via 비아
By way of ~을 경유해서, 통해서
_ via air mail 항공 우편으로

Viceversa 비체베르사(위케웨르사)
The other way around 거꾸로, 반대로

Vincit omnia veritas 빈시트 옴니아 베리타스
Truth conquers all 진리는 모든 것을 정복한다

Vivat 비바트
To live 장수와 번영을 기원하는 외침, 만세

Vivere militare est 비베레 밀리타레 에스트
To live is to fight 삶은 투쟁이다.

본래 뜻을 찾아가는 우리말 나들이

알아두면 잘난 척하기 딱 좋은 **우리말 잡학사전**

'시치미를 뗀다'고 하는데 도대체 시치미는 무슨 뜻? 우리가 흔히 쓰는 천둥벌거숭이, 조바심, 젬병, 쪽도 못 쓰다 등의 말은 어떻게 나온 말일까? 강강술래가 이순신 장군이 고안한 놀이에서 나온 말이고, 행주치마는 권율장군의 행주대첩에서 나온 말이라는데 그것이 사실일까?
이 책은 이처럼 우리말이면서도 우리가 몰랐던 우리말의 참뜻을 명쾌하게 밝힌 정보 사전이다. 일상생활에서 자주 쓰는 데 그 뜻을 잘 모르는 말, 어렴풋이 알고 있어 엉뚱한 데 갖다 붙이는 말, 알고 보면 굉장히 험한 뜻인데 아무렇지도 않게 여기는 말, 그 속뜻을 알고 나면 '아하!'하고 무릎을 치게 되는 말 등 1,045개의 표제어를 가나다순으로 정리하여 본뜻과 바뀐 뜻을 밝히고 보기글을 실어 누구나 쉽게 읽고 활용할 수 있도록 하였다.

이재운 외 엮음 | 인문·교양 | 552쪽 | 28,000원

역사와 문화 상식의 지평을 넓혀주는 우리말 교양서

알아두면 잘난 척하기 딱 좋은 **우리말 어원사전**

이 책은 우리가 무심코 써왔던 말의 '기원'을 따져 그 의미를 헤아려본 '우리말 족보'와 같은 책이다. 한글과 한자어 그리고 토착화된 외래를 우리말로 받아들여, 그 생성과 소멸의 과정을 추적해 밝힘으로써 올바른 언어관과 역사관을 갖추는 데 도움을 줄 뿐 아니라, 각각의 말이 타고난 생로병사의 길을 짚어봄으로써 당대 사회의 문화, 정치, 생활풍속 등을 폭넓게 이해할 수 있는 문화 교양서 구실을 톡톡히 하는 책이다.

이재운 외 엮음 | 인문·교양 | 552쪽 | 28,000원

우리의 생활문자인 한자어의 뜻을 바로 새기다

알아두면 잘난 척하기 딱 좋은 **우리 한자어사전**

《알아두면 잘난 척하기 딱 좋은 우리 한자어사전》은 한자어를 쉽게 이해하고 바르게 쓸 수 있도록 길잡이 구실을 하고자 기획한 책으로, 국립국어원이 조사한 자주 쓰는 우리말 6000개 어휘 중에서 고유명사와 순우리말을 뺀 한자어를 거의 담았다.
한자 자체는 단순한 뜻을 담고 있지만, 한자 두 개 세 개가 어울려 새로운 한자어가 되면 거기에는 인간의 삶과 역사와 철학과 사상이 담긴다. 이 책은 우리 조상들이 쓰던 한자어의 뜻을 제대로 새겨 더 또렷하게 드러냈으며, 한자가 생긴 원리부터 제시함으로써 누구나 쉽게 익히고 널리 활용할 수 있도록 했다.

이재운 외 엮음 | 인문·교양 | 728쪽 | 35,000원

인간과 사회를 바라보는 심박한 시선

알아두면 잘난 척하기 딱 좋은 **문화교양사전**

정보와 지식은 모자라면 불편하고 답답하지만 너무 넘쳐도 탈이다. 필요한 것을 골라내기도 힘들고, 넘치는 정보와 지식이 모두 유용한 것도 아니다. 어찌 보면 전혀 쓸모없는 허접스런 것들도 있고 정확성과 사실성이 모호한 것도 많다. 이 책은 독자들의 그러한 아쉬움을 조금이나마 해소시켜주고자 기획하였다.

최근 사회적으로 이슈가 되고 있는 갖가지 담론들과, 알아두면 유용하게 활용할 수 있는 현실적이고 실용적인 지식들을 중점적으로 담았다. 특히 누구나 알고 있을 교과서적 지식이나 일반상식 수준을 넘어서 꼭 알아둬야 할 만한 전문지식들을 구체적으로 자세하고 알기 쉽게 풀이했다.

김대웅 엮음 | 인문 · 교양 | 448쪽 | 22,800원

옛사람들의 생활사를 모두 담았다

알아두면 잘난 척하기 딱 좋은 **우리 역사문화사전**

'역사란 현재를 비추는 거울이자 앞으로 되풀이될 시간의 기록'이라고 할 수 있다. 그런 면에서 이 책 《알아두면 잘난 척하기 딱 좋은 우리 역사문화사전》은 그에 부합하는 책이다.

역사는 과거에 살던 수많은 사람의 삶이 모여서 이루어진 것이고, 현대인의 삶 또한 관점과 시각이 다를 뿐 또 다른 역사가 된다. 이 책은 시간에 구애받지 않고 흥미와 재미를 불러일으킬 수 있는 주제로 일관하면서, 차근차근 옛사람들의 삶의 현장을 조명하고 있다. 그 발자취를 따라가면서 역사의 표면과 이면을 들여다보는 재미가 쏠쏠하다.

민병덕 지음 | 인문 · 교양 | 516쪽 | 28,000원

엉뚱한 실수와 기발한 상상이 창조해낸 인류의 유산

알아두면 잘난 척하기 딱 좋은 **최초의 것들**

우리는 무심코 입고 먹고 쉬면서, 지금 우리가 누리는 그 모든 것이 어떠한 발전 과정을 거쳐 지금의 안락하고 편안한 방식으로 정착되었는지 잘 알지 못한다. 하지만 세상은 우리가 미처 생각지도 못한 사이에 끊임없이 기발한 상상과 엉뚱한 실수로 탄생한 그 무엇이 인류의 삶을 바꾸어왔다.

이 책은 '최초'를 중심으로 그 역사적 맥락을 설명하는 데 주안점을 두었다. 아울러 오늘날 인류가 누리고 있는 온갖 것들은 과연 언제 어디서 어떻게 시작되었는지, 그것들은 어떤 경로로 전파되었는지, 세상의 온갖 것들 중 인간의 삶을 바꾸어놓은 의식주에 얽힌 문화를 조명하면서 그에 부합하는 250여 개의 도판을 제공해 읽는 재미와 보는 재미를 더했다.

김대웅 지음 | 인문 · 교양 | 552쪽 | 28,000원

그리스·로마 시대 명언들을 이 한 권에 다 모았다

알아두면 잘난 척하기 딱 좋은 **라틴어 격언집**

그리스·로마 시대 명언들을 이 한 권에 다 모았다
그리스·로마 시대의 격언은 당대 집단지성의 핵심이자 시대를 초월한 지혜다. 그 격언들은 때로는 비수와 같은 날카로움으로, 때로는 미소를 자아내는 풍자로 현재 우리의 삶과 사유에 여전히 유효하다.

이 책은 '암흑의 시대(?)'로 일컬어지는 중세에 베스트셀러였던 에라스뮈스의 《아다지아(Adagia)》를 근간으로 한다. 그리스 · 로마 시대의 철학자, 시인, 극작가, 정치가, 종교인 등의 주옥같은 명언들에 해박한 해설을 덧붙였으며 복잡한 현대사회를 헤쳐나가는 데 지표로 삼을 만한 글들로 가득하다.

데시데리위스 에라스뮈스 원작 | 김대웅·임경민 옮김 | 인문·교양 | 352쪽 | 19,800원

알아두면 잘난 척하기 딱 좋은

라틴어 격언집

Latin Proverbs from Adagia

A Perfect Book for Humblebrag

ERASMUS   ADGIA